大方廣佛華嚴經

八十華嚴講述

淺說華嚴大意

夢參老和尚 講述

八十華嚴講述

總敘

2004年早春 夢參老和尚以九十嵩壽之高齡，在五台山普壽寺如瑞法師請法下，發願講述《大方廣佛華嚴經》，他以五年的時間，近五百個講座圓滿；前後又輔以〈大乘起信論〉、《大乘大集地藏十輪經》、《法華經》等大乘經論，完整開演華嚴甚深奧義，實為中國近代百年難得一遇的殊勝法緣。

回顧 夢參老和尚一生學法、求法、受難，乃至發願弘法度生，儼然是一部中國近代佛教史的縮影；而老和尚此次開講《華嚴經》，剛毅內斂，猶如屋漏痕渾然天成，將他畢生所學之顯密經論、華嚴、天台義理，搭配清涼國師、李通玄長的疏論，交插貫穿於其中，層層疊疊，彷若千年古藤，最終將華嚴七處九會不思議境界全盤托出。

夢參老和尚為圓滿整部《華嚴經》，以堅忍卓絕的意志力，克服身心的重重障礙；他不畏五台深山的大風大雪，縱使在耳疾的折磨下，也能夠對治一切病苦，包容一切的順逆境界，堅持講經說法不令中斷，寫下中國近代佛教史上九十歲僧人開講《華嚴經》的紀錄。

老和尚雖老耄已至，神智依舊朗澈分明，講法次第有序，弘法音聲偉岸，陞座講經氣勢十足，宛如文殊菩薩來臨法座加持，令親臨法會者信心增長；無緣親臨法會者，相信透過閱讀整套的八十華嚴講述，也能如臨現場，親聞法義。

惟華嚴玄理過於高遠，聞法者程度不一，老和尚為方便接引初入門者，往往費盡心思，委委曲曲，勤勤懇懇，當機裁剪玄義，又輔之以俚語民間典故，情無不周，辭無不達，俾使初學者聽聞華嚴境界生起學法的信心；間或有不識老和尚悲心者，輕易檢點過失，如指窮於為薪，闇然不知薪爐火傳的法界奧義。

如今海內外各地學習華嚴經論者與日俱增，持誦《大方廣佛華嚴經》的道場方興未艾，方廣文化繼出版整套八十華嚴講述DVD光碟之後，秉承 夢參老和尚殷重之交付囑託，在專修華嚴法門出家法師的協助下，將陸續出版全套八十華嚴講述書籍。

最後願此印經功德，迴向真如實際、菩提佛果、法界眾生，祈願 夢參老和尚長壽住世，法緣鼎盛，障礙銷除，廣利群生；所有發心參與製作、聽聞華嚴法義者，福慧增長，同圓種智！

> 願此功德殊勝行　　無邊勝福皆迴向
> 普願沉溺諸有情　　速往無量光佛剎

二〇〇九年歲次己丑六月初二
夢參老和尚九十五歲壽誕日
方廣文化謹誌

大方廣佛華嚴經
八十華嚴講述

目錄一

大方廣佛華嚴經

八十華嚴講述

目錄二

目錄三

大方廣佛華嚴經
八十華嚴講述

目錄四

目錄 五

大方廣佛華嚴經
八十華嚴講述

目錄六

能在末法共同學習華嚴經　真是不可思議

諸位菩薩！現在我們能在末法的時候，佛法不振興的時候，共同學習《華嚴經》，真是不可思議！

這種不可思議對我來說，算是第二次了。以前在加拿大溫哥華，一些居士請我講講《華嚴經》。我感覺年齡大了又動過大手術，覺得不可能，沒有這個力量，那時候跟他們共同學習的時候，說了一次華嚴大意，叫〈疏論導讀〉，就已經感覺不可思議了。現在年滿九十歲了，如瑞法師請我來講解《華嚴經》，最初聽了嚇了一跳！九十歲了，請我講《華嚴經》！八十歲時，他們請我講，我都感覺太老了，講不下來了；哪曉得隔了十年，現在又有人請我講《華嚴經》。這次我答應了，這真是不可思議！我也不曉得我是怎麼答應的。十年前我不答應，老了，又活了十年，九十歲，答應了。

我說的這不可思議，含著很多的意思！我有願力晚年講講《華嚴經》，但是沒有這個因緣。「法不孤起，仗境方生，道不虛行，遇緣即應。」這次我到五臺山來準備等死，就算沒有講《華嚴經》，我來這裡

也不走了。本來是在這裡閉關等死的，可是舊的習氣很不容易改，講經也是習氣啊！別人三說兩說我就答應了。這次答應可不是隨便答應的，必須得圓滿。我請求諸佛菩薩加持！我剛才稱你們為諸位菩薩，你們要加持我，大家共同的圓滿這個法。現在我請求諸位菩薩加持，大家加持的力量大！你們加持我，我就帶領你們共同學習，這就是不可思議！不是意念所想的。

想要講《大方廣佛華嚴經》，前方便就得花一周兩周的時間。其它的經論可以照本宣科，但這部經照本宣科，我都宣不下來，必須得事先準備。大家要知道，這部經跟其他的經不大相同，怎麼不相同呢？因為這部經是毗盧遮那佛說的，不是釋迦牟尼佛、化身佛說的，而是毗盧遮那佛。在其他的典籍，講經也好講論也好，幾乎都是先因後果；這部經則是先果後因，這是不同點，而且文字多篇幅大，講的時間特別短！

佛住世一生說法，阿含說了十二年，方等說了八年。《華嚴經》是佛一成道就說的，說了三七二十一天，在我們來看，這是不可思議的事。佛說《華嚴經》的地點，我想也許有人去過。我是去了，在印度菩提迦耶，這是聖境，不是我們現在看到的菩提場，但也沒有離開菩提場。佛在這個地方開悟了，成道了。成道了，是法身佛，就開始講《華嚴經》，講經的處所是七處九會。

說什麼呢？果海因源。說的是果海，也就是佛成道以後的境界，成佛的境界。其他的經是先講修行，先講發心；這部經是不同的，先講果德，先講果後講因，告訴你這是因果同時的意思；果中有因，因中又有果，因果同時。

　　學《華嚴經》之前要先給大家打個基礎，所以我先講講〈大乘起信論〉，信大乘。要想聽《華嚴經》你先得有信心，這不是說我們信佛了，學一部或者兩部經，或者受個三歸、五戒，或者受沙彌戒、比丘、比丘尼戒，再受菩薩戒；這個不同，要相信你自己就是毗盧遮那佛。《華嚴經》講的是果海，果海就是我自己本來具足的。現在我們是因，因該果海。可是講的時候是毗盧遮那佛成佛的，就是果徹因源，顛倒的。

　　為什麼三七天就講完了？頓演！什麼是頓演呢？在法堂也說，普光明殿也在說，七處都在說。七處九會就是一時說的，七天就說完了。不像我們在這個地方講完了，再到那個地方說。像我在溫哥華講，到臺北講，在這講，在那講；在這說完了，再到那兒說。這個不是的，這是頓演！頓演同時在說，也在菩提場說，也在普光明殿說，也在忉利天、夜摩天說，也在他化自在天說。塵說、剎說、有情說、無情說，全都在說法，這是佛的果海，這叫果海因源。

你們是有心來聽　還是無心來聽

　　大家都念《彌陀經》，知道《彌陀經》的七寶行樹也在說法，八功德水也在說法，有情無情同在說法，這叫頓演。佛所說的果海，就是我們現前一念心。我們經常說密宗的大圓滿次第，大圓滿次第究竟成就了一念心，就是我們現前一念心。這個心要怎麼理解呢？這裡現在是華嚴道場，我們講《華嚴經》，那麼諸位菩薩，你們是有心來聽的？還是無心來聽的？有心來學？還是無心來學？有心是妄心，妄想執著心怎麼能學華嚴呢？不能學；無心，心都沒有了，誰又來學習？大家想想看！

這個問題在〈大乘起信論〉就講了，現在我不講，讓你們自己去體會！你到底是有心來聽，還是無心來聽？有心不可以，無心也不可以；過去心不可得，現在心不可得，未來心不可得！三心皆不可得！這要大家想。為什麼要先建立信心？就是這個涵義。

這部經最初開始說的時候，是沒有次第的次第。佛的果德有什麼次第？顯果必須有因，有因就有次第了。因地之中，講十信、十住、十行、十迴向、十地，《華嚴經》特殊又加個十一地。這在其他經典沒有提過，只有《華嚴經》講十一地。

這部經每個人的看法也不同，過去有兩位祖師作過注解，是解釋《華嚴經》的。一部是〈華嚴疏鈔〉，清涼國師著的；一部是〈華嚴合論〉，李通玄長者著的，他是一位在家居士。李通玄講十處十會，清涼國師講七處九會；因為華嚴義以十為圓滿，一至十。依世間法、世間相來說，佛說的是在七處說的，為什麼七處卻有九會呢？在普光明殿裡說了三次，兩個合起來就是七處，所以是七處九會。

先要有信心　不要用分別心去分別

先要有信心，不要用你的分別心去分別，分別就沒有頓演，頓演就不叫分別了。現在我們學習還沒有證果，我們現在算哪一位呢？哪一位都算不上，連十信位都還沒有！信、住、行、向。十住、十行、十迴向，就入位了；十信，沒入位。十地，十一地，完了才能成佛。但是就是我們這個心，從我們本具的果德上來講，果徹因源；不但要有信心，還得行到了，也證到了，也迴向了，等你成就那一天，就知道你今天與《華嚴經》的關係。因為你今天與《華嚴經》的關係，就知道你必定成

佛！為什麼呢？本具有的，不是外頭得來的。

這部《大方廣佛華嚴經》，從文字上說非常多，多到什麼程度呢？多到我們意念不到的多；從深、從廣，一直到成佛境界都理解不到，這是深。

廣到什麼程度呢？龍樹菩薩取《華嚴經》的時候，《華嚴經》分下、中、上三本，上本有好多偈頌呢？有十個三千大千世界微塵數，把十個三千大千世界，抹為微塵，一微塵一偈，四句算一偈。「若人欲了知，三世一切佛，應觀法界性，一切唯心造。」這四句算一偈，偈子有好多呢？有十個三千大千世界的微塵數偈，不說三千大千世界，就把南閻浮提抹成微塵，誰能知道這個數？就我們這個屋子，把它抹成微塵，誰能算出來？所以說非常的廣。這個我們沒辦法學的，娑婆世界的人沒辦法接觸的，這是上本。

中本有四十九萬八千八百偈，二百品。我們現在所學的是七處九會三十九品，而中本就有二百品四十九萬八千八百偈。下本〈華嚴〉就是現在所學的這部經本，下本沒有翻譯完整，它有十萬偈四十八品。漢文只翻譯到三十九品，現在學的《華嚴經》還是不完整的。

現在所讀的這部經本，是文殊師利菩薩跟阿難尊者在大鐵圍山裡結集的，不過這裡頭有個疑問。佛成道時就說《華嚴經》了，佛成道阿難尊者才降生。佛說《華嚴經》時，阿難尊者才一歲，他怎麼跟文殊菩薩結集《華嚴經》？這是一個問號。佛成道二十年了，阿難尊者二十歲時才跟佛出家，佛講阿含十二年方等八年，阿難尊者還沒出家，但是這些經都是阿難尊者結集的，這也是個問號。

淺說華嚴大意

　　有一種說法是，阿難尊者在佛身邊當侍者，佛把所有講過的經，都跟阿難尊者說了一遍。佛說的法像水，阿難尊者就像瓶子一樣，水都流到瓶子裡頭，全都收下了，點點滴滴都不漏，所以後來他才能結集，這是一種說法。另一種說法，他跟佛多生多劫早成菩薩道了，他是大權示現；佛所說的法他都知道，他能結集。

　　不管是哪種說法，《華嚴經》是文殊師利菩薩跟阿難尊者結集的。《大方廣佛華嚴經》在印度沒有流傳。佛教史上記載了，佛在世時，那些大阿羅漢從來沒有見過這部經；沒見過也沒聽說過，佛也沒有演說過，怎麼傳到我們中土來的？佛入滅六百年之後，印度出來一位大菩薩，叫龍樹菩薩；他到龍宮去，龍宮者，即守藏的鐵塔，他看見這三本華嚴，就是剛才說的上本、中本、下本。他一看生大歡喜，但是南閻浮提人，也就是這個世界的人沒有辦法受持上本、中本，領會不了；他只把下本華嚴帶回來，傳到人間。

　　這部經傳到中國有三譯。晉朝時候開始譯的華嚴六十卷，叫晉譯華嚴。那是在東晉義熙十四年，由天竺來的，也是龍樹菩薩的弟子，叫佛陀跋陀羅。他譯的是三十四品六十卷，這叫晉譯華嚴，但不完整，缺欠的很多。到了唐朝證聖元年，于闐國（現在的新疆）的三藏沙門實叉難陀，翻譯八十卷華嚴，就是現在我們所要學習的《華嚴經》。但是這兩次翻譯的都不夠十萬偈，沒有翻譯完整，請來的經典也不全，現在我們所讀的〈普賢行願品〉，翻的時候就不全。

　　這是翻譯的問題嗎？不是的，沒有這個緣！這部經流傳到中國，經文雖然沒翻全，道理已經具足了。杜順和尚把《華嚴經》定為「五教止

觀」，小、始、終、頓、圓，五教止觀。他立了三觀，真空絕相觀、理事無礙觀、周遍含容觀這三觀。還有些單行本，以後要想學的時候，學單行本。像〈華嚴三昧章〉、〈金獅子章〉，這是相應於華嚴的。

清涼國師著〈疏〉，大家還感覺得不圓滿理解不到，所以又請清涼國師再著〈鈔〉。〈鈔〉就是解釋〈疏〉的，所以〈華嚴疏鈔〉是合起來，也就是他著了兩次，前頭叫〈疏〉，後頭叫〈鈔〉。另一種，剛才我介紹過的，方山長者李通玄，他著了一本〈華嚴合論〉，把華嚴一切境界會歸為心，這個境界很深。

禪宗人喜歡看〈合論〉，不太愛看〈疏鈔〉；教下人看〈疏鈔〉，不看〈合論〉。我們不是禪也不是教，什麼都看，兩個都做參考。清朝康熙年間，鼓山的道霈禪師把〈論〉跟〈鈔〉兩個合起來，叫〈纂要〉。我們可以拿〈纂要〉作參考，因為我們的智慧小，沒有智慧，看看那些大德們對於華嚴的境界是怎樣理解的，理解完了就向他們學。

現在大家學習《華嚴經》的時候，最好多看看〈纂要〉，你想再廣了，就依據〈華嚴疏鈔〉。〈華嚴疏鈔〉解釋的文字特別深奧，〈疏鈔〉經常有四、六排偶這種句子，這是唐朝文章的作風，他的注解，往往因為文字上的關係，義理上很晦澀，非常難入。〈纂要〉是近代清朝作的，我們就比較容易進入。〈合論〉就是剛才我講的，你要是學〈合論〉就懂得這個意思了。到底是有心？是無心？有心，是妄；無心，心都沒有還學什麼？在〈合論〉裡，對這個道理有很多的解釋。

學華嚴有耐心　愛心

　　但是，我們現在要有什麼心呢？這些心都不要！現在我希望大家學的時候要有耐心，忍耐的耐；還有就是愛心，就是你對華嚴有情，愛華嚴，把你的情識都用在華嚴上，愛華嚴。

　　今天先把學習華嚴的這個愛心，好好跟大家說一說。為什麼呢？這叫作準備工作，你要想學東西，要想成就道業，得先準備準備，才能學得好。為了這個，如瑞法師付出很大的心力，一方面請我來跟大家學習學習，一方面籌備準備，用了很多心血，希望大家學的時候，一定要有耐心、愛心，這兩種都要有；沒有耐心，你學學會生煩惱的。我先給大家敲敲警鐘，學華嚴障礙會很多，警策一下預防一下。要預先想好那些生活上的、心理上的、身體上的、周圍環境上的障礙，否則會學不成。

　　《華嚴經》，我也講十幾次了，每次都講不成。有一次在廈門南普陀寺，講得最多了，講到〈離世間品〉，差不多快到〈入法界品〉了，就進不去，入不到法界，還是沒講完。這次希望大家共同地求佛菩薩加持，讓我們能夠學完。

第一講竟

清凉國師　七處九會三十九品

　　我們要想走直路的話，必須得繞彎，先走彎路才能走到直路。這是什麼意思？要學《華嚴經》，為什麼不從《大方廣佛華嚴經》第一品「如是我聞」學起？為什麼前頭講這些話？這些話就是彎路。

　　因為這部經意義很深，有時二十幾個字是一句。以前我開始學的時候，沒有句點、沒有逗點，念都念不成，連句子的句讀都搞不清楚。現在我們讀的本子改進了，那就容易了。

　　說這段話的意思，是因為先前我學的時候，直接學正文感覺到非常的難。後來當我每次講經的時候，前頭先講個方便；把這部經的大意，先給你畫一個輪廓，等你到這個理路上，你就知道我們現在學到什麼地方。

　　所以在講經前先跟大家談一談，不要直接去學正文。直接學正文，你學不進去的，得先掌握全經的大概，先有個輪廓。你看那畫畫的、寫字的，都先來個素描。建築先要有個草圖，不是一下就畫成的，就是這

個涵義。大家學的時候，先把你一切的愛，愛到《華嚴經》上。學的時候還要有個耐心，不是一下子就能聽得懂的，一下子就能進得去的。

古來時候爭辯，是知道容易？還是做起來容易？有一種學說是知難行易，你要求知，知道很不容易，做起來就容易了。另一種學說，是知易行難，翻過來了，知道很容易，行起來可就難了。是知容易嗎？還是行起來容易？知難行易，知道非常的困難。就像要建這個法堂，建這個樓，得先從那個圖上知道怎麼樣繪圖，怎麼樣建築，完了就算出來，用多少鋼筋，用多少水泥，這都屬於知的部分；接著，建築工人就依照這圖來修建。我們學經、修行、了生死也如是。

開始學，學完了去做，這看各人的根機。有的人他感覺學習的時候很難，做起來就很容易，這是一種想法。比如說我們想參學一位善知識，讓善知識給我們指導方向，但是找這個善知識就很難。有很多人問過我，讓我給他介紹善知識，讓他能開悟。我說：「要是有這樣善知識，我給你介紹？我先去了！先開悟了再說。」我們找不到，不是這樣嗎？你到哪找善知識？打開經本，佛就在你面前！那不是善知識嗎？

不論哪部經你一打開，佛就對你說法！你看《金剛經》，是須菩提請問，佛對須菩提說，你打開《金剛經》，佛就是對你說的！不是一樣嗎？佛就是大善知識。看經時，佛就在面前。經看不懂，可以看看祖師的著作，那祖師就在面前了，那不是善知識嗎？

學經、律、論，學戒、定、慧，必須有前方便，我剛才說的就是前方便。真知那很難，真正知道了，領會到了去做，行起來就很容易。雖然以為知易，感覺自己知道，拿著一本經一念，好像就懂了，實際上你

完全沒懂。認為自己知道了，以為知很容易，但是做起來？跟你所知的對不上號，原因是什麼？你知的還不透徹！

知也難　行也難

根據我個人的經驗，知也難、行也難；當你進入了，知也容易、行也容易。現在大家存在的問題是煩惱重，妄想多；你想用功，不是打妄想，就是昏沉，就是發煩。當你在普壽寺住的時候，業障發現了，它就生起煩惱，起煩惱時就住不下去！誰遷你的單？你自己遷自己的！沒人遷你的單。要懂得這個道理。

慈舟老法師在北京淨蓮寺講了兩次華嚴，智悲法師代老法師代座講三次，完了，問這些聽經的人，茫然！講的是什麼？種種善根而已，聽過《華嚴經》，可是《華嚴經》說什麼？怎樣認識的？根本沒進入。

我不是看不起大家，現在在座學華嚴的，能有十分之一學進去的，就已經很了不得了，其他的道友種種善根而已。第一個你用什麼心來聽華嚴，來學華嚴？這個你自己才知道。我不說別的，第一個是信心。昨天開頭是講信心，為什麼重重無盡？「於一毛端現寶王刹，坐微塵裡轉大法輪」。這句話懂了？不說一微塵，就這個桌子，我們坐在這裡轉大法輪，這個桌子裡能容的下多少萬億聽眾，你怎麼理解？必須得信你的心，心把太虛都包過來！

你這個心就是那一毫端，就是那一微塵。所謂信心者，是這樣的信！信你那個真心就是一法界。一毫端也好，你舉什麼事物，就是全心所在，十方法界就在你一心，你得先建立這麼個信心，還甭說你去做、

去學,你先得有這麼個心「信」。學〈起信論〉也如是,信大乘這個大;《華嚴經》是方法,用這個方法,運到你自己所信的那個心,所信的外頭的境,心和境合一。

現在我們學華嚴了,華嚴是境,毗盧遮那佛是相,相也是境!是心內的?是心外的?還沒明白,我們就先講懸談,為什麼沒有講經文?先講懸談、講導讀,將來你學的時候,這個步驟必須得走的,因為我以前沒有走過,學起來就很困難。

前頭這些方便就是這個道理,讓你依著清涼國師的〈疏鈔〉,依著〈疏〉也好,依著李長者的〈論〉也好,就把這部經的大意分了。現在前頭講的這些,就是使你將來聽經時不至於茫然。

比如說清涼國師的〈疏鈔〉,他把全經分成十門。十門就是你走哪一門,怎麼進入,進入哪一門,分類的意思。就像我們這裡有三門,前頭、後頭、左右三門,為什麼從哪個門也進來一批,從這面來又有一部分,往前正門也走一部分,就是容易進入,能夠通達的意思。你要想通達《華嚴經》,先看看古德怎麼做的,我們直接的學正文,學不會,就把古來的祖師的解釋,拿來學一下較容易進入,是這個涵義。

不論李長者也好,清涼國師也好,他們把《華嚴經》的大意分為十門;十門又把它分成了六段。佛在什麼地方說的?這個法會之中有好多的人,哪些是當機眾?品就是一類一類的,一品跟一品不同,《華嚴經》一共有多少會?都在什麼地方說的?整個全部把它分成了好多品?也就是明處、會、品。

　　第二種，再把這整個一部經分成幾大科，這叫分科判教，把經分成幾大類。第三種，佛說這部經宗旨是什麼？它的目的是什麼？怎麼樣能趣向這個目的？怎麼能達到這個目的？這是經的宗旨和目的。

　　第四種，判斷《華嚴經》屬於哪一教。這是判教說的，依五教說的，小、始、終、頓、圓五教，他說哪個屬於哪一教。第五種，這部《華嚴經》屬於圓教，圓是圓滿的，沒有欠缺的；這部經所顯的道理，全是圓教的道理。教就是聖人被下之言，教就是佛加被眾生的言教。第六種，佛不在世了就立成文字，但是這部《華嚴經》加被哪些人？哪些人得好處？十門又分成六段來解釋。整部《華嚴經》在哪個會上說的哪一類，這個會上所說的是哪一類人得到利益，這只是標題。

一、明處會品第

　　《華嚴疏鈔》分了七處九會，分成三十九品。論，是方山長者李通玄作的論，叫〈華嚴合論〉。他又分成十處，十處十會，在顯義的時候，各有各的意思。為什麼方山長者李通玄要分成十會十處？他以十為主，十者是圓滿的意思。為什麼〈疏鈔〉分成七處九會？按照佛當初說法的實際情況，開了九次；就是我們開會，開一次說一次，開一次說一次。處所是在什麼地方？是在法堂嗎？是在客堂嗎？那是處所的意思。

　　我們先解釋七處九會三十九品。第一會在菩提場，菩提場就是印度迦耶，地名叫迦耶。佛是在菩提樹下金剛座成道，成道之後就開始說華嚴。在菩提道場，也就是佛成道的地點，第一次開始說華嚴的地點。普光明殿，離菩提場沒好遠，在經論上說只有三華里；注解是這樣解釋的，其他的印度祖師也是這樣解釋的。

第一會，佛在菩提場說法的時候，是在成佛的菩提道場。「菩提」就翻「覺」，覺場，覺悟的處所。會主就是召集人，主持第一會的人是誰？是普賢菩薩。

開這個會的時候，佛不做主，誰做主？普賢菩薩做主。佛是遍一切處的，佛就在會場，在一邊聽，如果說不對，佛就給他糾正。以前我們最初覆小座的時候，老法師就在旁邊坐著，輪著抽到誰就誰講。老法師坐在後邊，聽你講的對不對，不對給你糾正一下，對了就不說了，這叫會主。

第一會的道場裡頭，普賢菩薩做會主，有問的、有答的，是辯論的形式。西藏的學習完全追隨佛在世的教導，是辯論，互相問答式的。佛問須菩提，須菩提答，這是問答式的，有時須菩提向佛請問。那麼普賢菩薩為會主，所有來會的諸大菩薩，所有問題向會主提出來，普賢菩薩就回答，這是第一會，有的是請法的，普賢菩薩說法，以普賢菩薩為會主。

為什麼普賢菩薩為會主？因為這一會說的都是佛的因果，依正因果。佛自己沒有說，自己是怎麼樣修行，怎麼樣成果的。這是多分顯果，顯佛的果德，依正因果。依是什麼？國土，華藏世界。正是正報，毗盧遮那佛的法身。普賢菩薩顯示佛的依正因果，比佛自己說更好一點，所以初會的會主是普賢菩薩。

說的是什麼法？普賢菩薩說的是毗盧遮那佛。「毗盧遮那」，翻成華言的意思就是「光明遍照」。依就是說依報，依的國土；正就是身體，身體就是正報。依報就是所依的處所，菩提場就是處所，普光明殿

也是處所。像祇樹給孤獨園，這是說法的地點，也是處所，這就屬於依報。釋迦牟尼、盧舍那、毗盧遮那，這都是屬於正報。這是華藏世界開始的時候，依報是華藏世界，正報是佛的三身。

普光明殿這一會說了多少？從一卷到十一卷，全是說毗盧遮那佛的依正因果，就是因果關係。

分了幾類？就是幾品。第一〈世主妙嚴品〉、第二〈如來現相品〉、第三〈普賢三昧品〉、第四〈世界成就品〉、第五〈華藏世界品〉、第六〈毗盧遮那品〉。六品的經文分成十一卷。為什麼叫卷？那時候的佛經，不是像我們現在這個本子，是一卷一卷的，奏摺都是卷起來的，所以稱為卷不是稱為本；一本兩本的稱為卷。六品經文十一卷，在這六品經文十一卷說這個法當中，說佛的依正二報，毗盧遮那佛的佛果，依報和正報。

這部經跟其他經不同，其他經先講因後講果，這部經不但講果，連佛的依報也講了，依報就是講他所依止的處所；這個大家一定要記住，到講經的時候，一會二會不能混淆的，八十卷經文，哪品到哪，是哪個為會主，哪個代表佛說的，佛也在證明。這是第一會。

第二會普光明殿，處所是普光明殿，會主變了，不是普賢菩薩，是文殊師利菩薩為會主；果說完了，必須得說因，文殊菩薩是表因的，普賢菩薩是表果的。文殊師利菩薩為會主，說的是什麼？十信法門。從十二卷至十五卷，有這麼多卷。卷，有大卷小卷不一定的，有長的有短的；品，有六品，〈如來名號品〉、〈四聖諦品〉、〈光明覺品〉、〈菩薩問明品〉、〈淨行品〉、〈賢首品〉，等你讀經的時候，就知道

淺說華嚴大意

這幾品是文殊師利菩薩說的，普光明殿爲處所，文殊師利菩薩爲會主；處所是普光明殿，說的法是十信法門。

佛法是很深很廣，像大海一樣深廣難測。怎樣入？唯信能入，經中說：「信爲道源功德母，長養一切諸善根。」說完佛果，你要信毗盧遮那佛的因果，讓你去學。信就是學，先學信心，等你學信心學好了之後再去修，修完之後才能證得毗盧遮那佛的果德。

釋迦牟尼佛修成佛的時間，要三大阿僧祇劫。劫是劫波，印度話。阿僧祇是無央數，三個無央數的劫波，時之最長者爲劫，時之最短爲刹那際；一刹那有九十生滅，念頭的生滅，九十個爲一刹那。你的意念一起一滅，起了滅了，滅了又起，九十個生滅，這叫一刹那，時間最短的。時間最長的就是劫。說法的時間，說什麼法的時間？說修行成佛的時間，在其他經論上講，從凡夫地到成佛，要經過三大阿僧祇劫。法華會上沒有這樣說，法華會上龍女是即身成佛；但是她得把女身轉化成男身成佛，還得這麼變化。善財童子五十三參，在人間看，這參十幾年，那參二十幾年，好像他是一生成辦的。從文殊菩薩那裡發生了信心，他就一直參，參一位證一位，參一位證一位。到了彌勒菩薩大寶樓閣，彌勒菩薩叫他還回頭去參文殊師利菩薩；他又回到菩提場，文殊菩薩才讓他去參普賢菩薩。

但這個參的普賢菩薩是果後的普賢菩薩，不是因地的普賢菩薩。因爲普賢菩薩屬果法—果後普賢，成佛之後修普賢行。善財童子是成佛之後，到了等覺菩薩，再去參普賢菩薩，果後行因；成了佛之後，還要修行。

　　這只有在《華嚴經》才具足，其他經沒有，這叫十一地。因為在普賢菩薩行門裡頭，一種是菩薩位的行普賢行；一種是果後的，成佛之後，行的普賢行，〈普賢行願品〉是果後普賢。

　　第二會經文是從十二卷至十五卷：〈如來名號品〉、〈四聖諦品〉、〈光明覺品〉、〈菩薩問明品〉、〈淨行品〉、〈賢首品〉。單行本當中〈菩薩問明品〉非常好，非常有啟發。你怎麼樣能開智慧？怎樣能證得？怎樣能明白？怎麼樣能有智慧？

　　大家最熟悉的〈淨行品〉，這是修行信心的。文殊菩薩在這六品經文裡說的都是十信法門，這是信心。讀過〈淨行品〉的人很多，因為它很好讀誦，但是做沒做？很容易做到的，從早晨起來到晚上睡覺，從吃飯穿衣行路，無論做什麼，我們能把〈淨行品〉讀熟了，念念都是清淨的。要想證得阿耨多羅三藐三菩提，智首菩薩問了一百一十種，文殊師利菩薩答了一百四十一種，這些都是建立信心的，文殊菩薩作會主的這六品經文，都是建立信心的。

　　第三會忉利天宮，帝釋天的宮裡，法慧菩薩為會主，說十住法門。從十六卷開始至十八卷，經也有六品：〈升須彌山頂品〉、〈須彌頂上偈讚品〉、〈十住品〉、〈梵行品〉、〈初發心功德品〉、〈明法品〉。

　　前面發起信心之後，先得有空智，這幾品大多數都是顯空的，讀過〈梵行品〉的人都知道不是在人間說的，而是在我們經常所說的「三十三天」。一進山門之後就是天王殿，天王殿是四大天王，每位天王統領八部鬼神，每一天有八天，四八三十二，加了帝釋天，三十三

天。我們通常說三十三天的時候，就是指帝釋天說的。

　　從凡夫到佛，到一切的依報，淨佛國土、穢佛國土，佛國土清淨，常寂光淨土，這是依報。心，眾生心、佛心、毗盧遮那佛的心，因地的毗盧遮那佛的心，就是我們現前的心。毗盧遮那佛的心跟我們眾生的心是一個，心佛與眾生是三無差別，三個心就是一個心。今天聽了《華嚴經》，只聽一回，下回來不來沒關係，你這個心的種子已經種下去了；種了這個種子，將來你一定能夠從始至終參加華嚴法會，這個種子會發生、發芽，會成長的，不論經過多少劫、經過多少年，它自己會成長的。

　　在我們感覺從種種子到成就佛果的時候，這個可是長的不得了，在毗盧遮那佛看，一念間。所以《華嚴經》就講一念，千劫萬劫就是一念，現前的一念心，這也是密宗的究竟，密宗達到最究竟、修成的時候，就是現前一念心。

　　在佛教史上說，佛說《華嚴經》只說了七天，有的說三七二十一天，實際上佛說《華嚴經》，只說了七天。七天是怎麼說的？頓說、頓演。七天說的時候，都是菩薩說的，每一會都有會主以這個時間說，佛經當中分量最重的、文字最多的是《華嚴經》，但是僅僅說了七天，好像在七個地方，開了九次會，就把《華嚴經》說完了。這裡在說，那裡也在說，好像還有時間的隔離，還有處所的不同，其實是頓開、頓說，這就是《華嚴經》的意思，叫頓演；不是這個會開完了，才到那個會去說，不是的，這個會主在這說，那個會主在那說，同時都在說。

　　第四會是在夜摩天宮說的，功德林菩薩為會主，說的是十行法門，

十九卷到二十一卷。這個法會只說了四品經：〈升夜摩天宮品〉、〈夜摩宮中偈讚品〉、〈十行品〉、〈十無盡藏品〉。

功德林菩薩是讚歎佛功德的。大家讀《地藏經》的時候，覺林菩薩說讚佛偈子。覺林菩薩是十林菩薩之中的一尊菩薩。為什麼十林菩薩讚歎佛的偈頌，沒有全取，僅取覺林菩薩？因為他有個偈頌，「若人欲了知，三世一切佛，應觀法界性，一切唯心造」。《華嚴經》就講法界性，功德林為會主，說十行法門。信了發了心，這個信念不退了，十住就是信不退位，完了就該去作了，不作是不能成的。作就是業，業就是造作。你怎麼樣修？依著你自己所信的、所瞭解的去修，這是十行。

第五會兜率天宮，金剛幢菩薩為會主，說十迴向，從二十二卷到三十三卷，共有三品經：〈升兜率天宮品〉、〈兜率宮中偈讚品〉、〈十迴向品〉。

〈十迴向品〉，從不覺到始覺，始覺完了就是相似覺，到十迴向相似覺悟，已經要圓滿了，要進入分證覺位，這是賢位菩薩，再進入十地就是聖位菩薩。

第六會在他化自在天宮，金剛藏菩薩作會主，說的是十地法門，從三十四卷到三十九卷，經文很長，品不多，只有一品經：〈十地品〉。在他化自在天宮說十地法門，從初地到十地。因為經文長短不一樣，從三十四卷到三十九卷，五卷只說了一品。

第七重會普光明殿。重會，第二次又在普光明殿聚會。毗盧遮那佛自己作會主，如來為會主。這個時候佛也在說，普賢菩薩也在說，普

賢菩薩說的是十大三昧等等的妙法門。普賢菩薩又說〈十定品〉、〈十通品〉、〈十忍品〉、〈阿僧祇品〉、〈如來壽量品〉、〈諸菩薩住處品〉。

第七會重會普光明殿，如來毗盧遮那佛作會主，說阿僧祇數量法門，他所說的阿僧祇無量數量，大數是有一百二十四個，這個數字沒辦法理解，我們解釋也沒辦法說。不可說，把不可說說到不可說，完了，再不可說不可說，到頂點了，都到了不可說，還說啥？

以下還有幾品，不可說不可說轉，這都是數字，這個數字不是凡間，也不是一般的菩薩、二乘人所能理解的。把他收攝回來，心外無法，就是你一念間。《華嚴經》裡盡講這一類意思，到了頂點，你收回來，數字就是一，再說多一點，十具足了。一至十，一至十，一直一至十，一百個只是十個十，一千個一百個十，都是十。

除了阿僧祇的法門，還有如來隨好的光明，還有普賢菩薩等諸菩薩所說的法，菩薩都在說，不是普賢菩薩一個人，還有很多很多的菩薩。普賢菩薩是普字，就有十個普。功德林菩薩，他是林字，就有十個林，這一類的是用心力，只能意會不是語言所能表達的。

最後普賢菩薩把這個十一地，十定、十通、十忍，佛又說十阿僧祇，這不是數量的數量，而是法門，所說的法門叫〈阿僧祇品〉，十一地跟六位都是因；在因中說所證的果，是因該果海，果上所顯的因，是果徹因源。

普賢菩薩說如來的十身，我們講如來的三身，這到經文裡就知道

了。普賢菩薩說佛十身的相好莊嚴，拿海來形容，如來十身相海，如來的隨好光明；還有青蓮華藏菩薩說的佛不思議，最後是普賢菩薩說的〈普賢行品〉，這裡頭說因的時候該果，說果的時候徹因，果徹因源。在七會當中，大致上說的是這個。

第八會三會普光明殿，普光明殿這地方說法，說了三次，還是普賢菩薩爲會主，說離世間法門，只有五十三卷至五十九卷，就是一品經，〈離世間品〉，重說六位因果：十信、十住、十行、十迴向、十地、十一地，這六位菩薩的因果周。

第九會在逝多林，如來善友爲會主，一共說了兩會，一個本會，一個末會。最初，如來世尊放光現相，應那些大菩薩請，這叫逝多林的本會。文殊師利菩薩從善住樓閣出來，到了人間度了六千比丘，六千比丘開悟了。同時，善財童子在這裡親近文殊師利菩薩，文殊師利菩薩告訴他，你去參，就參五十三個善知識，這叫末會。

把本會和末會合成一品，叫〈入法界品〉，從六十卷到八十卷，二十卷只有一品，叫〈入法界品〉，這叫從三遍明六位因果。

整部《華嚴經》從第二會文殊菩薩作會主，之後，文殊菩薩就離開這個菩提會場，到處去度眾生，到處答覆問題；一直到如來放光，問題答覆完了，文殊師利菩薩從善住樓閣來到人間。善住樓閣不是在人間，這時候是指導善財童子參訪善知識，參訪善友，這也是《華嚴經》獨特的。在經裡頭，讓你參訪善知識，總共五十三參，這叫〈入法界品〉。因爲善財童子一位一位地參，從初信一直參到十地。最後見了文殊師利菩薩，在菩提場裡頭參了所有的主夜神，這都屬於一品。

　　《華嚴經》的最後部份，一個是離世間，一個是入法界。其實，講這兩品就夠了，為什麼？這兩品把前頭所說的法，重新再說一遍。第一遍明六位因果，第二遍明六位因果，第三遍再明六位因果，這不是重複的。每一品裡頭，說的都是六位因果，六位因果的前後次第不同，涵義就不同了。

　　另外，我們從別的經論也可以理解華嚴義。《地藏經》第二品，釋迦牟尼佛跟地藏菩薩說，你不要以為我只是以佛身來度眾生，我是什麼身都現的。佛是什麼身都現的，我們這裡頭有沒有釋迦牟尼佛的化身？不知道！凡是殊勝道場，一定有諸佛菩薩化身。佛入滅的時候告訴他的弟子，一萬個大阿羅漢不許入滅，一直到法盡的時候，讓他們在世間度眾生。我們經常說是求善知識，文殊菩薩就在五臺山，我們都在這，我們現在不求文殊菩薩嗎？別認為文殊菩薩不在，文殊菩薩處處都在。《華嚴經》上是這樣講的，文殊普賢處處都在，你要是跟他應了，感應就現前了。

修文殊法時　文殊菩薩一定現前

　　大家都修文殊法時，文殊菩薩一定現前，不過你見不到，不管你接觸到沒接觸到，你要相信。你的金剛上師是誰？南無文殊師利菩薩，但我們沒有這個信心！打開經本，打開哪部經，哪部經的會主，佛就在眼前，給你說法。有沒有這個信心？有了你就感，感是不可思議，應也不可思議；感要是可思議，應也就可思議。感要是沒有，應也沒有。以為佛菩薩不現前，不是佛菩薩不現前，而是你的心，你的信心沒達到佛菩薩現前。因為你不相信！你相信文殊菩薩在你身邊嗎？所有五臺山的道

場都是文殊菩薩的道場，相信嗎？有這個信心了，你學法的時候才能夠相應！能有智慧理解。

七處九會　就在你現前一念間

七處九會三十九品，根據清涼國師是這樣的分析，我大致說了一下。《華嚴經》是整體的，上面所講的是一類一類地分類去看；分完了類，再把它總收回來，七處九會三十九品，就在你現前一念間。信不信？一定要信！要修這麼個信心！

現在我們這個心是妄想心，妄想心沒離開真實！離開真心又哪有妄想心？離開妄想心又哪有真實心！大家多用智慧去分析，修啊！這就是最上的修行，最秘密的修行，無上密的修行。你不要把它分隔開來。

一念可以延伸到無量劫，無量劫歸於一念，一放一收，收放自在，這就是華嚴的本質。《華嚴經》體性就是這個。

昨天我們講了，有心不可以，無心也不可以；時間長了不可以，時間短了也不可以。時間沒有一定的，都是從你自心上建立的。就把這個妄心打開了，也不得了！有時候也是頓現，你靜坐一用心看，這個地球上，所到過的地點，頓現！在你心裡都現了。你想到你住那房間有好多東西，你櫃子裡擺的啥，你自己知道。

就像同學道友們，你們床鋪底下有個小櫃，櫃子裡有幾件衣服，你自己清楚。經架上有衣袍，衣袍上還有幾本經書，很清楚。它是頓現的，不是先由底下到上頭，沒有！你想找個東西的時候，它頓現的！用

這個意思來體會《華嚴經》。心不要太小，要大一點，不要只看我們這幾百人，或一兩千人，這樣就很小了。不要只看自己的小房間，關到門裡頭。你要是在法堂的高處往外看，你看得就寬闊點兒，關上房門來看，就小得很，那是讓我們的妄心給遮住了。

李通玄長者的十處十會

第一會在菩提場，示現初成正覺，有六品經，這是方山長者李通玄劃分的；

第二會在普光明殿，說十信位，六品經文；

第三會在須彌山頂帝釋宮中，說十住品，六品經文；

第四會在夜摩天宮，說十行品，四品經文；

第五會在兜率天宮，說十迴向品，三品經文；

第六會在他化自在天宮，說十地品，一品經文；

第七會在第三禪天，說等覺法門，叫「普賢佛華三昧」，為普賢佛華三昧會。因為這個會的經文沒有傳到中國來所以不清楚。但是他說《瓔珞本業經》，是化三乘人的。後來，佛把三乘人領到菩提會下，完了才跟他們說，我初成佛的時候，演說《華嚴經》的法會。這是一會，一品，通為十處，通為十會。因此，方山長者李通玄才定為十處十會四十品。這是什麼？《華嚴經》，十十無盡。李長者大致上就是這麼分的。

入剎那際定　沒有來去

在〈合論〉裡頭，他把第八會在普光明殿說的十定品法門，定個名字叫「入剎那際」。剎那際形容時間非常地短促，什麼叫「剎那際」？你的思想跟不上、思慮不到，這個生滅極微細了；跟三乘所說的生滅論不一樣，極微細了！剎那際，拿這個作為體。佛所說出世，始終沒有離開剎那際，拿這個定為體，這就稱法界性。法界體性沒有長短方圓三世之說，就是一際。一際是什麼際？即剎那際。

方山長者李通玄不同意把這個會定為重會普光明殿，認為兩次、三次重會普光明殿，有去來之見。來了，走了，去來之見；這是方山長者的看法。為什麼？因為有兩度、三度，就有去來之見。為什麼？法無自性，依心體而立的。日、月、星、辰、一切眾生的根器，佛在一切眾生的心海，隨緣而現的。萬物之間各得自法，目的是都讓他向善，讓他向菩提。

如來沒有來去，也沒有重來重去，就明此普光明殿，這是如來的自性。一切智種智之都體，為依報所居。這是按法性理體說的，他是這樣解釋的。「意在總括一切法界眾海會等總體，如王寶印，一時頓印，不可作去來之見。」

以前我講〈華嚴大意〉，等於就把《華嚴經》講完了。大家念過《華嚴經》吧？講果德的事，是我們沒沾邊的事，影子都沾不到。舉個例子，跟大家說華盛頓、紐約，你沒去過，說它街道怎麼樣，說了半天，他沒去過，你說你的，他想他的，涵義就是這樣。

　　我們說是耳聽爲虛，眼見爲實，你眼睛看見也是假的，你今天看見這個樣子，再過兩天你看變了，不是這樣的，你眼睛見的也不是實在的，變了。這樣來體會、這樣來想，等你學《華嚴經》時，把心量放大一點。

　　《華嚴經》的意思，就是心量放大一點，做什麼事圓融一點。《華嚴經》盡講圓融，圓融什麼？圓融那方，圓融那個不圓。這桌子是方的、長形的，把它改成圓桌，圓形的。我們現在就是什麼事都從圓上去想；圓滿了，沒有欠缺！

第二講竟

李通玄長者的剎那際定

第八會在普光明殿，普賢菩薩為會主，說十定法門。十定、十通、十忍，十定的名字叫剎那際。剎那際是什麼意思？剎那際是時間極短的了。我們知道時間最長的是阿僧祇，時間最短的就是剎那。一剎那之中有九十生滅，我們平常說一眨眼睛的時間，超過九十剎那，這是很微細的，時間極短。在這個剎那之間，你想什麼？作意的思想，想想一下子都過去了。像這種法門，跟三乘人，聲聞、緣覺、菩薩所講的生滅法是不一樣的，所以叫剎那際。

剎那際，在李通玄說，毗盧遮那佛成佛以來，沒有一念、沒有一時離開剎那際。剎那際是什麼？就是毗盧遮那佛的定體。那麼，如來所入的定，叫剎那際定。普賢菩薩所說的定，就是剎那際定。這個定不是一切外道、初級的四禪八定，這是一念心的心定，超過菩薩，更不說世間了。這個定就是法界的體，沒有什麼樣子的。法界性，你形容不出來是什麼樣子，沒有始終、沒有內外、沒有長短、沒有方圓，也沒有過去、現在、未來，總為一際，這一際就是剎那。毗盧遮那佛從沒有離開剎那際的定。如者是如如不動，來者是隨緣的，叫剎那際的隨緣。

　　在普光明殿，一會、再會、三會普光明殿。方山長者李通玄的意見，跟清涼國師的意見不一樣。他說這個剎那際定，在普光明殿說十定法門、十通法門、十忍法門。因爲在普光明殿，開了三次會，一會普光明、再會普光明、三會普光明。在〈疏鈔〉上講，三會普光明殿，在方山長者李通玄的認知上，他說眾生會有去來之想。這個開會完了，散會了，隔一段時間，大家又來聚會了、又散會了。開會的時候來，散會的時候去，眾生有去來之想。

　　像我們昨天講完大家走了，今天又來了；開會完了，散了又走了，走了，明天又來開會了，是有去來想啊！昨天不是今天，今天不是明天，在華嚴義沒有這個想法。體會佛意的時候，佛的心跟一切眾生心是結合在一起的。大家經常念，但是領會不到。念是念，心、佛與眾生是三無差別。佛，佛的心與眾生的心，都沒有差別，我們的現前一念心跟一切眾生的心、跟一切諸佛的心，都是一個體。佛是沒有自體的，佛是無作的、無願的。

　　三門，講空、無相、無願。空就是自體的空意。什麼是佛的體？大悲、一切種智、光明，三位一體，這就是佛的體。佛是大悲心利益眾生。一切種智，是無種智的智。一個光明，同時都具足這一刹那，這一刹那的定中，就是大悲心。這是種智，是智慧的體，這都是在普光明殿說的法。

　　我們經常講「性」，「習種性」、「性種性」、「道種性」。這裡講「性種性」，有時說「習種性」，它是不依時間、日、月、歲月，不要有時間的分別概念，要有刹那際的概念，沒有進出的、沒有入定的，

也沒有出定的，也沒有能定的，也沒有所定的定，這才叫剎那際定。如果有時間、有分別的概念，入不了這個定。一切眾生的根機，就像鏡子似的，一個大光明鏡，這個鏡子只能照，他照的是無形像的。

念《心經》的時候，觀自在菩薩行深般若波羅蜜多時，照見五蘊皆空，「照」字，這不是修觀，也不是定，而是照見五蘊皆空。這是五種智的一切種智、一個光明體、一個大悲三結合的；是這種的照，光明的照。五蘊包括一切法，色心二法，除了色心二法，一切都不存在的。觀世音菩薩也不是在修定，也沒有能照所照，也不是在修觀，是他的智慧，大悲心光明的智慧體，智光所照。一照，五蘊皆空。

為什麼加個「照」字？無作意的、無表色的，沒有一個能照的主觀的我，也沒個所觀的、所照之境。五蘊皆空，五蘊就是色心二法。沒有能空，也沒有所空。平常修行的時候，我們是進不到這種境界的。在講解的時候，好像講的還是很清楚的，還是知道的，可是用不上，因為這不是我們的境界。無論顯密，無論一切法，最高的境界，一切法任持自性，任持自性的意思表示隨緣不變；隨緣不變任持自性的境界，是自己明瞭。明瞭什麼？得到你自己的心，得到自己那個真心。

〈大乘起信論〉讓你相信大乘，只是相信而已，並沒說修證！就這麼個信，很不容易！一萬大劫就修一個信。這個信，跟我們日常講的信佛、信法、信僧、信自己都不同。信好多，一念就好，信你自心的一念。你念咒、念經、念佛的聖號，都叫你一心，目的是達到明心。經常講明心見性，就是讓你明心。

佛在菩提樹下夜睹明星，豁然大悟，證得菩提。證得是什麼樣子？

淺說華嚴大意

究竟覺悟之後是什麼樣子？在他證得菩提的時候，是什麼樣子？什麼樣子都沒有。得到什麼？得無所得。這不是華嚴義。大家讀《金剛經》都熟的。佛問須菩提：「如來有得阿耨多羅三藐三菩提不？」須菩提答：「不也，世尊！」如來沒有一個阿耨多羅三藐三菩提可得，也沒有阿耨多羅三藐三菩提這一法。法尚沒有，又有什麼得？又有什麼修？又有什麼證？在《金剛經》，這個意思已經是最高深了。

在《華嚴經》，這個意思還是不夠的，還沒有到達圓滿。圓滿又是什麼樣子？《華嚴經》講，一切事物全是阿耨多羅三藐三菩提。到了華嚴會上所說的，一切都是菩提，山河大地、動物、植物、器世間、有情世間、正覺世間、凡夫的世界，都是阿耨多羅三藐三菩提。在方等部也是這樣說。佛派文殊師利去探視維摩詰居士的時候，維摩詰居士就是這樣說的。他看一切諸法，植物、動物、器世間、有情世間、正覺世間、凡世間，都是阿耨多羅三藐三菩提。因此，佛這時候叫「如來」，佛十個名號，各有各的作用。如來，他沒有去也沒有來。如者，是不動義。來者，是隨緣義。隨緣而不動，不動而能隨緣，隨緣而沒有動。就是我們上面說的植物、動物、器世間、有情世間，所有的一切一切，都是隨緣義。

佛一生所說的法，化身佛所說的也好，都是毗盧遮那佛說的。法、報、化三身，佛在菩提場說的，始終沒離開菩提場，說法四十九年，從來沒有離開菩提場，這是如如不動義。看著佛到各處行化，祇樹給孤獨園、靈鷲山，說法處所很多。忉利天是佛常去的，常到忉利天宮、帝釋天宮說法的。

　　但是如來從來沒有離開菩提場，那些都是隨緣而沒動。而我們眾生的看法卻認爲：「離開了，回來了」，這有去來之見；因爲我們對於不動而隨緣、隨緣而不動，理解沒有那麼深刻。所以，方山長者李通玄對這段的解釋，三處普光明殿，他說一切眾生有去來之想，跟如來的本意不合的。他不贊成三會普光明殿這種說法。依著如來的自性，依著一切種智的總體來說，這個總體是什麼樣子？總體是無體之體，無體之體無所不體。

　　你見世間任何事物，你把它認成是佛的總體，這個總體就是一切諸法無生。因爲正報，一定得有依報。像我們一天穿衣吃飯，住宿，你得有張床睡覺；沒有床，地下也可以睡，但你還得鋪個毯子，這是形容詞。正報必須有依報，依正二報是和合的。佛跟菩薩所不同的，就在這依正二報，佛是一個，在我們都是兩個、三個、多個，越來越多。佛的依正二報是一個，這點只有《華嚴經》這樣說。我們依正二報是多個，不是一個；因爲刹那際定就是一個，連一個也不立。

　　這是佛跟菩薩所不同的，佛的依報和正報就是一個，一個是什麼？刹那際。這叫佛的一切依正，就是刹那際定，永遠在定中。過去、現在、未來，這叫三世。過去的過去，過去的現在，過去的未來，這叫三世。現在有現在的現在，現在的過去，現在的未來，三世。未來有未來的未來、未來的現在、未來的過去，三世。三個三世是九世，再加現前一念，這一念是什麼？就是刹那際，九世加一念，就是十世。

我們這一念跟佛的一念　無二無別

　　佛的一念叫刹那際，我們這一念跟佛的一念，無二無別。不管你得

到，或者證得、或者沒證得，你並沒有失掉。爲什麼？現在我們的一念是什麼？是黑暗？是光明？在這一點上有點差別了，所以我們要修。佛在說《華嚴經》的第八會，那是非常的廣，好像沒有邊際可捉摸。你先懂得這個意思。刹那際一念，我們跟佛無二無別，但是得假修。不修，你還是得不到，還是不一樣。這是第八會所說的法。

第九會，就是普光明殿的第三次，說〈離世間品〉。這又重頭來了，《華嚴經》，你到了裡頭鑽不出來，就是這樣，他說完了又說。〈離世間品〉又把以前說的重新再說，重新發起信心，完了修信、住、行、向、地。這又加了定、通、忍，十定、十通，十忍。說完了，說如來出現，到果位就終止了，這都叫普賢行。在〈如來出現品〉前頭三十六品經，叫自乘普賢行滿。從〈如來出現品〉到〈離世間品〉這二品經文說的是果後利他的普賢行，前頭叫舊的普賢行。

〈離世間品〉說的普賢行，叫果後行因，普應十方。永遠沒有休息的時候，永遠沒有止的時候，在最後〈入法界品〉，也是重複。善財童子參彌勒菩薩，參到大寶樓閣，他從大寶樓閣出來，彌勒菩薩就囑託善財童子說：應當回去參文殊師利菩薩，你現在成就的等覺菩薩位子，最初是從文殊菩薩教授你生起信心，發菩提心，才到大寶樓閣成就了。果不離因，究竟果滿，不離於初信之門。果滿了，還要回去參文殊師利菩薩。

文殊師利菩薩叫善財童子去參普賢菩薩，只聽到普賢的名字，在菩提場找普賢菩薩，參了好多位菩薩，參到最後才參到普賢菩薩的身雲，入普賢菩薩一一毛孔。一一毛孔，這叫法界門，不可有世間的去來之

見，那是不能入的。

第九會在普光明殿。重新發起信心，重新修行，又重頭做起，〈離世間品〉就是重演。離了世間了，已經成佛了，叫「離世間」，再重頭做起，拿善財童子的參學，他到等覺位了，成佛了，彌勒菩薩又要他去參文殊師利菩薩，再重頭參起。這個參和過去那個參不同了，文殊師利菩薩叫他去參普賢菩薩，他入於普賢菩薩的一一毛孔之中；這種境界，世間人的智慧是沒法理解的。

你要是讀華嚴，讀到這裡你會茫然的，不知道說些什麼。你學過幾年華嚴的教義，把〈華嚴三昧論〉、〈金獅子章〉這些小品多看多做參學。

到一一汗毛孔裡看，不是毛孔，而是無邊無量的諸佛，無邊的淨佛國土，無邊的大菩薩圍繞說法。就在這一毛孔中，善財童子已經是等覺菩薩，進了一一毛孔，摸不著邊際，沒完沒了，每一個法會都是不同的；這不是前面的五十三參，這個以後就不提了。就最後這一參，很不容易了。到普賢菩薩那去參，一一毛孔裡參不出來，為什麼？這叫入法界。

他在一一毛孔中找普賢菩薩，在普賢菩薩的一一毛孔中來找普賢菩薩，你必須有普見普觀，入到剎那際的定，才能入到法界，這叫法界觀。入到法界觀，才能見到普賢菩薩。法界就是普賢的身，你所進入的不是一毛孔而已，所以叫果後普賢。我們所讀的〈普賢行願品〉是果後的普賢。果後是誰的果後？不是普賢菩薩的果後，是毗盧遮那佛的果後，他入的法界是毗盧遮那佛的法界身雲。

淺說華嚴大意

過去古來的大德，把第九會說成是三會普光明殿，方山長者說這樣是不對的，這樣做就有去來之見，不能有世間世俗的感情、情見、觀點。說有去有來，這是情見，不是真見。所以，他要定個十會。

他是一個什麼樣的人？什麼樣的修行者？方山長者李通玄是一位老居士，不是出家人。他既然是在家人，究竟吃葷吃素？他另有個綽號，叫棗柏老人，他把柏樹葉做成餅也吃棗子。但是他一頓不多吃，只吃十個棗子，或者吃一個柏葉餅。他就吃棗子、吃柏葉，來養他的身體。

他也是學華嚴，看到過去的大德們，對華嚴的注釋，他不同意，想找一個地方給《華嚴經》做一個注解，也就是〈合論〉。他在設想的時候，一離開家門，有隻老虎在路上趴著，他拿著這部《華嚴經》，帶一些紙筆墨硯，本來就很沉重，看見老虎，他很高興，他就喊了：「請你幫忙替我馱上！」他就把背包擱到老虎身上說：「你走到哪，你定下來，那就是我寫《華嚴經》注解的地方。」老虎聽他的話就走，走到什麼地方了？大概就是通玄洞，老虎就不走了，他就在這洞裡頭著〈華嚴合論〉。

他這一生從信佛開始專學華嚴，看看他的〈合論〉就知道了。他跟歷代的祖師、晉唐的祖師，對《華嚴經》的注解都不同。

〈華嚴疏鈔〉是根據杜順和尚的架構而撰寫的。誰都知道杜順和尚是文殊菩薩化身，這是公開承認的。怎麼知道的？你看看杜順傳就知道。他自己說的，他是文殊菩薩化身，一般的菩薩化身，自己介紹自己，說我是誰的化身，這是很少的。

他有個弟子跟他好多年了，認為什麼也沒有得到，跟他告假，「我朝朝五臺山去，求求文殊菩薩給我增加智慧。」跟他師父告假。杜順和尚說：「你跟我這麼多年了，你到哪去？在這好好學。」他說：「不，我跟師父這麼多年，一點智慧都沒開，我想到五臺山，朝五臺山，求文殊菩薩加持加持我，使我開智慧。」唉！杜順和尚歎口氣就說：「遊子漫波波，臺山離土坡，文殊只此是，何處覓彌陀？」

最關鍵的時刻　非常的迷惑

我們眾生往往在最關鍵的時刻，非常的迷惑，這就是業障！不要笑，我們本來隨時都可以開悟的，就差這麼一點，差什麼？業障！你把它挪開，他就過來了。我們每個道友隨時業障發現，自己不認識，就被業障轉了；發脾氣、殺人、放火、造業、生煩惱，就是這一念，一念就墮落了。

這個弟子不聽杜順和尚的話，就朝五臺山來了。五臺山的五個台，他轉了好幾轉，都沒看見文殊菩薩。後來碰見一個老人，老人就問他說：「這位師父你到山上幹什麼了？」他也是文殊菩薩化身。他說：「我來求大士（大士就是文殊菩薩），加被我智慧。」他說：「和尚不在山上了。」「菩薩到哪去了？」他說：「到長安度眾生去了。」他說：「我從長安來的，長安哪位大德是文殊菩薩化身？」他說：「是杜順和尚啊！」

啊！他才想起他師父走時那首詩來了，他趕緊往回趕。趕到渭河，渭河漲大水，過不了河就等著，等河水消了，過了河到長安了，再找他師父；他師父圓寂了，謝世走了。因此，大家才知道杜順和尚就是文殊

師利菩薩的化身。

其次是杜順和尚創五教，立三觀。二祖智儼大師發揮的不大，都是自修。三祖賢首國師，四祖清涼國師，五祖是宗密大師。〈華嚴疏鈔〉是澄觀大師著的。宗密大師著的很少，他注重禪修，這些都是華嚴祖師。

方山長者李通玄的〈合論〉，是以自心歸於佛心，以佛的意思來會自己的自心。這一點跟以前祖師著的略有不同，理解經的意思都是一樣的。像我們學華嚴，學法華、般若，甚至於你學阿含。學華嚴的人學阿含，阿含就是華嚴。學阿含的人，他不認為他學的跟《華嚴經》相同。學密宗的人，西藏密宗是承認華嚴的，密宗就是華嚴，他是這樣理解的。

不同點是什麼？方山長者李通玄的〈合論〉分成十會，大家講《華嚴經》一般都依據清涼國師的九會。講經的時候，古來大德都有個懸示，這懸示，或者半年，或者幾個月，或者幾天。講每部經，都有個懸示。

他在講這部經，一定先把這部經的性質定了。藏通別圓，是藏教？是通教？是別教？是圓教？先把這部經的性質定了，四教是這麼定。五教，就是小、始、終、頓、圓。佛教傳到我們國土來，祖師們把佛的一代時教，判教判的最詳盡的是四教、五教。我們也講唯識法相，講三論宗的中觀；但是一般的學修者，還是依著四教、五教為主。這兩個宗派一直傳下來。現在我們是依著五教，但方山長者李通玄他沒有依著四教五教。

過去聽經學法，自己得攢足了錢，帶著糧食。你想聽十天或者想聽二十天，就帶著十天、二十天的糧食，帶著米，到常住把米交了；完了還得交單錢，不是常住發給你單錢，而是你要交聽經的單錢，交完了你才能聽。

那時候講經說法的法師，只給比丘講，比丘尼很少，居士沒份，不可能！很保守。所以佛法也不能很普遍。經書、佛寶、法寶，禮佛隨便都可以禮，經書不能隨便看的。你想借部《大藏經》閱閱藏，那可困難了，不是隨便就能拿得出來的。像在滿清年間，要印一部《乾隆龍藏》，得皇上批准。《契丹藏》現在才發現，過去契丹民族滅亡之後，《契丹藏》都隱沒了，要知道能遇著法，很難！

現在我們反倒很容易，這現相是好？是不好？兩方面：好，很普遍；不好，很快就要消失了。現在這麼多，就因為太多氾濫了。過去好多寺廟都請法師講經，前半年到處都傳。各個寺廟的出家人準備聽經的，準備衣單，準備點錢糧，準備去聽經，是這樣的困難。

到了民國年間，因為北伐成功，國民政府內政部長薛篤弼要辦學沒有錢，他說我們國家的寺廟都富得很，建議把寺廟改成學堂。那時候八指頭陀濟禪老和尚、太虛法師、上海圓瑛法師、諦閑老法師、月霞老法師，這些大德跟他爭論。天童寺的濟禪老和尚，就死在北京法源寺。當時有兩個政府，南政府，北政府。南的就到南京政府去爭，北的就到北方政府去爭。

濟禪老和尚是到北京來的，為了北方的寺廟跟北政府來爭。後來怎麼辦？寺廟自己辦學，一時風起雲湧，每個寺廟都有佛學小學。我們辦

的佛學院，是用寺廟的財產，自己辦學了，為了這個奮鬥得不得了。那個時候那些大德們或者還有福報，到處都有佛學院，最初叫佛教小學，每個寺廟都要培養自己的僧眾，只限自己的小和尚，不對外的。

我在法源寺教書的時候，八指頭陀濟禪老和尚住在法源寺，我跟白光法師就找一位木工幫助他刻的〈八指頭陀詩〉，把它保存到後面的一個房子裡，後來再去找，找不到了，不知哪裡去了，這是一段歷史。

這段歷史跟我們現在學華嚴有什麼關係？講講歷史，知道我們的歷史才有現在，知道現在是過去歷史留下的。所有辦華嚴法會的，很少圓滿成功的。慈舟老法師當學生，月霞老法師辦華嚴法會，沒有安靜的地方給你辦，大多數單獨辦不能辦，得依靠寺廟，寺廟有固定的常住規約，辦學跟常住的清規戒律不大相同。

所以在常住裡頭辦，老法師跟老和尚一定吵架的，這是我親自看見的。慈舟老法師跟虛雲老和尚，他們不是隨便吵嘴，倆人一起上客堂，他們在前門進，知客師聽老和尚來了，在後門就溜了。他倆就坐著，你瞅著我，我瞅著你，沒有知客師敢評理。找知客師，知客師不在，倆人看看算了，各回各的寮房。你回方丈寮，他回法師寮，這是我親自看見的，總共辦了五年。虛雲老和尚一離開，連佛學院也不能繼續了。

月霞老法師在哈同公園裡辦學。哈同夫人做生日時，讓佛學院學生給她拜壽，給她磕頭禮拜，這個主意是個還俗的和尚給她出的。連辦佛學院也通過還俗的和尚，月霞老法師帶著學生就走了，遷到杭州海潮寺。而後慈老法師辦了幾次，在湖北、在江蘇，辦的都不能圓滿。最圓滿的還是在北京，講過兩次《華嚴經》，也不是完全講全的。老法師害

病、告假、或者中斷，這些情況都有的，在我的印象裡是這樣的。

大家學華嚴經　還得多懺悔

我說這個意思是做什麼？大家要學《華嚴經》，現在你還得多懺悔，大家共同的懺悔。懺悔就是佛菩薩加持，護法的護持，大家努力使我們的業障消失一點，辦的好一點就能夠圓滿。不然有幾種情況就可能發生。第一個業障發現，你離開了聽不到了。或者我們共同的業障發現，我老了病了，沒有講完就死了，那繼續的還沒來也就不圓滿。現在好多同學，要練習講，把初會、二會、三會學通了之後都能講。沒入法界，慢慢入，各人體會都不一樣的。方山長者李通玄體會的，對華嚴的大意，根本的教義，沒什麼差別的；在這個過程當中，行持當中是不同的，這是一種情況。

如果對《華嚴經》完全沒有認識，只是依照文字，依照句讀，或者聽聽，你摸索不到的，很難得摸索。這個意思就是說，你不能進入，學學你就不耐煩了，他說的妙是極妙了，玄是很玄很玄的，你聽聽你還不知道聽到哪裡去了。懸談大意，如果不懸談一下，不說說學習方法，是很難進入的。《華嚴經》的名相特別多。我學的時候，化了五十部《華嚴經》，一人一部。單是分科判教，你就得用半年的功夫，往上抄，哪一段哪一段。我那部《華嚴經》就沒抄，那時還沒學會寫字。

我講《地藏經》、《大乘大集地藏十輪經》，弟子們要求名詞不講不行，我說：「好了，你們來抄！」光名詞解釋就一本。《十輪經》所說的名詞，跟其他經不同的，單獨列一科解釋，就把這個名詞分科標題，整整一本。不學不能明瞭經義，學要很多時間，只解釋一個名詞，

夠你學很多時間的，我們把這個通過了才能進入。

這個時候要是沒有預先跟你解釋，你很不容易進入。前頭你知道了，一會一會在哪個天，開哪個會，那個會了開那個會，漸漸就入門了。所以我說這個有好多不是經的話，也不是經的意思，我說這個是什麼？有二種意思，我們沒有秘密的，一個是讓大家能進入，一個是讓大家能生起欣樂心，信《華嚴經》，信我能學的到能夠進入。先漫談一下，雜話說的多一些，古來的時候，法師有時講的，一句廢話不說，不是經上的話聽不到。

各個祖師在講經的前頭先講懸談，有二種意義。我剛才不是說，自己帶著米帶著錢才能去聽經。他要來聽你講《楞嚴經》，或者講《法華經》，都是小部的。講《阿彌陀經》，他事先對這部經有研究，也能背得，他就看看你的知見。這位法師的知見，他講的我能得到什麼？這樣子積攢點錢，化點緣帶點米來聽的。他不一定聽完，你把懸談講完了，大意講完了。他說，你的知見是這樣子跟我相合，或者多聽幾座。不相合，我也沒有那麼多錢，也沒有那麼多米，就走了。

第十會逝多林，第十會是在逝多林講的，是說一品經〈入法界品〉，這叫法界品。但是，入法界的時候，又把一至九會又重說一遍。這不是重複語言文字，而是把大意重說一遍，這叫〈入法界品〉。把普會前頭一些諸會，十方刹海盡虛空遍法界，都在這一會裡頭。〈入法界品〉，這叫重重無盡。《華嚴經》這類句子，大家絕對要注意，重重無盡，下頭一定要翻回來，無盡重重。「重重無盡，無盡重重」。這就是《華嚴經》講的，「以六相十玄該之，以無思之心照之。」

用心的時候是無心，無心又不能不用心。這是我們現在學習的時候，不要太執著。意思就是說，學華嚴的時候，用思想的心，變成無思想的心，無思想的心用到有思想上。

這兩句話大家特別記住。我們用有思想的心，也就是分別心來達到不分別的心，但是你學習的時候還得分別。〈世主妙嚴品〉是第一品，作為一會，那就不是〈入法界品〉。〈入法界品〉就不是〈世主妙嚴品〉，〈如來現相品〉也不是〈世主妙嚴品〉。但是通的，融會的；就是總中有別，別中有總。總說的時候，也包含說別的意思；別的意思，可是顯總的意思，最後是攝別入總。總即是別，別即是總。

六相：總、同、別、異、成、壞。總是總相，同相別相異相成相壞相，這叫六相。

以普光明殿三會為一會；通前〈世主妙嚴品〉為第二會；上升須彌、夜摩、兜率、他化、第三禪為五會；通前二會，為七會；〈法界品〉祇園人間為第八會；善財大塔廟處為第九會；以虛空法界一切會為十會。

這個會是方山長者特別安立的，以虛空法界來作為一會。大家只能用意念觀想，虛空法界作為一會。方山長者李通玄以十法為準，不可說九。他這個意見，我們只能意會而已了。任何事他都要以十，一至十。十會就是〈入法界品〉一會，也就是方山長者所謂的〈入法界品〉，在第十會逝多林中，把它分成十會之說。清涼國師在九會裡說的〈入法界品〉，不是十會。大家不認為這有很大的出入，因為方山長者李通玄非要成十不可，所以把這個列為第十會，就是這個意思。

　　講全部經文的時候，知道善財童子五十三參是在〈入法界品〉，就可以了。他定九會也好、定十會也好，但是要知道善財童子是在十會裡頭，就是逝多林裡頭，五十三參之後才入華嚴法界。前頭一至九，善財童子沒有參加，他不知道。但是在〈入法界品〉，他一聽，從參學到成就，他就成了。我們好多讀過《華嚴經》的，現在連門還沒入，不是像善財童子，一聽就成就了。我們在三界裡頭算不算法界？沒有離開法界，不入而入。入了還沒入，沒入就入了，入了還沒入，這要參的，這個大家去想。將來最後，這算一個最大的問題，我們聽了《華嚴經》，入法界沒有？入了，證得沒有？煩惱還沒斷，沒入。我們本具的，本具是回事。這是所要參的，所要思惟的。

　　我們學了全部經，乃至入法界，知道善財童子五十三參了。他幾時在〈入法界品〉？第十會。以前九會，善財童子沒有聽到，那他算不算信入？人家一聽就成佛了，還信入不？我們聽了整部的，好像入了；聽了入了，實際上還沒入。聽一遍、二遍，還是沒有入，這個道理就靠我們自己去思索了。

　　但是我們的心念有一個信，沒什麼入不入，我自己本具的，洗乾淨就行了，把我們的煩惱習氣洗斷了就可以了。記住兩句話：一切諸法，不論說什麼法，都在法界裡頭，還能出法界外頭？法是心，我們怎能把我們的心法再生起來？從事上來說，我們是沒有入，三界都沒出，還談入法界！法界是在什麼地方？三界裡頭？三界外頭？三界就是法界。所以隨拈哪一法都是法界，還有什麼入不入？沒有入不入之說。〈入法界品〉講入，沒有入不入之說。

因為方山長者李通玄是參禪的，他作這個〈合論〉，是以禪宗的意思，一悟一切悟。一念心普含十方一切剎海，普含一切法界。那一切法界總的說叫法界，分的來說是十法界，就是一法界；一法界是無法界的法界，這樣來理解。「重重無盡，無盡重重」，也是剎那一念間，都在剎那際裡頭。

我以前站在舊金山海邊，那裡屬於太平洋的西海岸，站在那裡看著太平洋的東海岸。從這裡坐船走，得走好幾個月，才到廈門的鼓浪嶼。這兩個是對著的。這個海浪一層一層的，要從那個浪聯繫到廈門的海浪，那個浪打來一個又一個，打來一個又一個，站在那裡看，重重無盡的！

任何環境都可以體會到華嚴境界

你看到任何的環境，任何客觀的現實，都可以體會到華嚴境界。你隨時這麼會，無處不是法界，無一時不是法界。若處、若時；若時，過去現在未來；若處，十方；處也好，時也好，都如是，都在你現前一念。從善財童子五十三參，我們體會到一參一參的參；參完了，參到等覺菩薩，參學圓滿了。

但是彌勒菩薩讓他重頭做起，又讓他回去參文殊師利菩薩。文殊菩薩讓他參普賢菩薩，從普賢菩薩入了普賢菩薩一毛孔中，他所看見的，十信、十住、十行、十迴向、十地，最後入了十一地，還是成就了他最初發的心，相信自己是毗盧遮那佛，這是信成就。

我們現在也是這個意思，第一個先建立信心，相信自己就是毗盧

遮那佛。走了好多彎，經過好多路，經過好多劫。哪個時間沒有關係，也就是現前回歸你剎那際一念間。回來的時候，成就你那個相信，哎！我就是經過這麼長的多生累世。「是」即是「不是」，「不是」才是「是」。現在我們「不是」，「不是」就是「是」。「是」還是「不是」。

你要參就這樣參。把經文看完了，學了半天無所得，你學會了還是沒會。沒會還是會了。證得了，什麼都沒有。什麼都沒有；要度眾生，度眾生又什麼都有了。

我們看見釋迦牟尼佛入涅槃了！讀《地藏經》，釋迦牟尼告訴你，沒入涅槃，毗盧遮那佛沒入涅槃。他在《地藏經》說，示現的聲聞緣覺乃至一切眾生，我都在那兒示現。我們看見他是入涅槃了，實際上他沒有。毗盧遮那佛沒入涅槃，現在就在給我們說《華嚴經》。學就是進入，這就屬於參的意境！意境，現在這個意是妄想。現在想把這個妄想，讓它消失變成真實，不要把他看得太難了。

你們都出家了！當初想出家，出了；現在你想成道，還要過程。出家這一念，都不容易，出了，就成了現在這個相。我們現在這個相，不管衣服形相都是幻化的，各個都一樣。

希望大家都入剎那際定，時間到了，維那師在給我敲警鐘了，我給大家共同敲警鐘。我們現在是在苦惱當中，不要自找煩惱；如果那位感覺有煩惱是你自己找的，學習《華嚴經》沒有煩惱，大家都入剎那際！

第三講竟

華嚴經的結構　重重無盡

《華嚴經》經文的意思好像是反反覆覆的，爲什麼呢？因爲我們悟不到、沒明白。十信位這樣說，十住位還照樣說，言詞雖然不同了，文字不同了，道理就是一個，目的是讓你開悟。

昨天講的重重無盡、無盡重重，好像很深似的，很不可理解似的，如果從你現前的這個心入手，用觀照思惟去修，也是重重無盡的。或者十年前的事，或是三年前的事，乃至於說到現前這一年的事，你想想認知一下，這一年裡頭好多都是重重無盡的。你這樣想，就不怎麼深了，不是很不可理解的。從日常生活中認知到這個心反反覆覆的，想來想去，想這個、想那個，你如果也這樣就明白了，明白了就能悟入，現在我們也是重重無盡的。

《華嚴經》前頭七處九會，到了三十九品最後的〈入法界品〉，又把前頭的重說一遍，像善財童子五十三參的時候，參到入法界，前頭九會並沒有聽到，他還沒有信心！華嚴的十會，先前九會他都不在場，還沒有進入，所以在〈入法界品〉又重說。重說的意思，不是把前頭的經

文拿來重說，而是他一參、一參、一參、一參，就把前頭重說了。

例如說從祇樹給孤獨園，乃至到天上，乃至到最後的第三禪天，第三禪天說的就是十一地，這就是《華嚴經》的特點。在清涼國師的〈疏鈔〉沒有立這個，方山長老李通玄把十一地單列成一會，明白這個道理了，將來你學經文的時候就容易入了。

沒講經先講這個大意，什麼是大意呢？就是還沒有說經文，先把大意說一說，到最後了，善財童子在大塔廟處遇到文殊師利菩薩，文殊師利菩薩這個時候才給他說初信，要他發起信心。《華嚴經》的九會都說完了，〈入法界品〉把《華嚴經》又重說一遍，等於前頭善財童子他九會都沒有聽到，他只從〈入法界品〉，從初信到參到等覺菩薩。

善財童子五十三參，等於又把《華嚴經》重說一遍，從初信到等覺菩薩，但是一到經文裡頭，你才知道經文並沒有七處九會，或者七處十會，這都是祖師為我們學習的方便定立的。《華嚴經》經文上是沒有的。

方山長者李通玄讀前人有關《華嚴經》的註疏，為什麼要說九會不說十會？因為那個時候經文翻到中國來的時候，經文上還沒有說十一地，一切經都說到十地為止。等到後來新翻譯的《華嚴經》，才在三禪天說十一地。所以方山長者李通玄定成了十會，不是九會，清涼國師就把三禪天合併到第八會，並沒有單立，所以九會、十會的開合是依個人知見而定的。

現在我們為什麼不直接講正文呢？為什麼講懸談呢？懸談把經的

次序扼要的分成科，一段一段的使我們將來進入容易一點，使我們學起來能有個依處，懂得這個道理，將來你參考〈疏鈔〉，或者〈合論〉或者〈纂要〉，你要懂得如何看古來的注解。依我看〈纂要〉，道霈禪師也有他的意見，自己不同意的就把它刪除了，他同意的才把它兩個合起來。

學的時候可以按我們現在的智慧、現在的經驗，看疏鈔、合論、纂要，可以自己的選擇，能夠進入，那就參考。不管它說了好多，目的只有一個，讓你悟，悟從什麼地方來呢？從你信中來的。最初還是建立在信上。

我們看《華嚴經》，你會有許多懷疑，講到行布圓融分不清楚什麼叫行布？什麼叫圓融？而後在論、經、疏鈔，前後的牽扯，一下到後頭，一下到前頭來了，前後次第你都把它混淆了，一下又頓說，頓說就是圓融了；一念三千用圓融的說，無不從此法界流，無不還歸此法界，這是圓融的說法。圓融還不離開行布，行布你必須得有個次第，圓融是沒有次第，沒次第之中有次第，在次第之中也把它圓融，不要在次第中分裂。

圓融就是行布，行布就是圓融，這樣你就懂得了重重無盡。每一個會都有個主，說法者，每一會都有伴，伴是聞法者，主伴圓融，主伴圓融都具德。伴也就是果，現在我們聞《華嚴經》，我是因，可能連信位還沒入；但是我們具足跟毗盧遮那佛平等平等，具足佛的果德，那是本具的。

在注解裡頭，行布、圓融，以及許多重複的話，你會搞得頭昏腦脹

的。其實剛才我跟大家講的，你就現在想自己的妄想心，前十年的事，前五年的事，前八年的事；你現在一作意，好像眼前的事物一樣，把眼前的事物往後再延伸也如是。

我們爲什麼要「懸談」一下，「懸」是「懸遠」的意思。「談」就是「辯論」一下，「認識」一下，說「懸談」還是有必要的。你懂得這個道理，說行布也好、圓融也好，還是一個意思。

我們有很多的道友們讀《華嚴經》讀了很久，或者讀《心經》讀很久。讀了十年跟最初那年開始讀的一樣，是一樣嗎？完全不一樣！你天天念、天天讀，自己就知道怎麼才是照見五蘊皆空，就懂了。《華嚴經》也如是。

有人這樣問過我，問我讀了多少年〈普賢行願品〉？我問他：「什麼意思？」他說：「我想瞭解一下，你第一年讀跟你現在讀是不是一樣的？」我說：「大概不大一樣，最初讀的時候很茫然，現在讀起來，就像普賢菩薩跟我們說的一樣的。」什麼事情用久了，熟練工夫跟初學的，完全不同的。

念《金剛經》，最初你念跟念上十年之後，你不空也要空了。那個就是告訴你空的，一切都沒有，觀念就漸漸進入了，執著也就漸漸輕了。學《華嚴經》也如是。現在我們圓融不了，一塵中有塵數刹，你不要想得那麼玄遠，坐微塵裡轉個大法輪。最初你感覺很不理解，你若假設想，這就是我的心，想想你的心容得好多，你的心遍的好多，就是這妄想心，還不用說真心。而且妄不離真、妄從真起，本來沒有妄，妄即是真。聽這圓融的話，你最初是不理解，念久了，長時間這樣想，你就

熟了，熟悉了你就通，就知道了。

聽得好像太遠了、太玄了，一入到法界，也就是你現前一念心，頓入的境界你可以這樣想，不論大小，遠近都可以。哈爾濱、長春、瀋陽、北京、太原、石家莊，一作意也是頓現。你都到過的，這就是頓現，一個一個走，那就是行布，一切頓現，那就是圓融。你到過的地方在這一作意，所到過的城市都現了；你把它一個一個擺，這是哈爾濱，這是瀋陽，這是吉林，這是太原，一個一個的看都是的，這是回憶。有時候，聽的是假的，眼見的才是真的，這都是錯誤的。

眼見也不是真的，眼見就是真的了嗎？你那虛假的，妄見看妄境，一切都是妄，哪有真的！要這樣來理解。這裡頭盡是講行布圓融的，一下圓融得到什麼都圓融，一下按著行布說起來，沒有行布怎麼有圓融呢？圓融，圓融什麼呢？就是行布表現！經文裡頭這類句子非常多。

法界就是你現前的心

有時候是以法界為主的。法界就是你現前的心，應該這樣來體會。因此我們講品，三十九品就是一品，七處就是一處，九會就是一會，甚至一會都沒有，應該這樣解釋、這樣想。

我們講《華嚴經》，大家來學，恐怕講三年也就是一會！處所就是這個法堂，不會到別處去的，就這一處。從二月二號開始到圓滿那天，就是一會！從初開始到最後圓滿，這不是一會嗎？中間的過程就叫行布，不要想很玄、很鑽牛角尖！這樣才能學，才能進入！聽起來好像是天書似的，什麼圓頓、什麼頓演，同時說的。

在《華嚴經》裡頭，到文字上說，經文裡頭說，塵說剎說，有情說、無情說，都在說華嚴。哪有個時間，有個地點，有個處所！這樣講，好像我們這樣說，只有我們這四五百人，你知道嗎？你肉眼見不到的，好多來了跟我們共同學華嚴的，但是你要相信，絕對如是，一切法都如是。

我們再說第二個。一共六大段，「懸談」六大段，我們第一個才說處、會、品，不過，說起來也是很短。很短是什麼呢？我們才用了四個半小時，把七處九會三十九品都說了，這不是頓嗎？但是把經文打開，依著經文一直講，恐怕得三年，三個多鐘頭、四個鐘頭跟三年比，又怎能比呢？你用這個觀念，這樣來學，這樣來進入也能學得懂，但懂是懂，證又是一回事了，那就看個人宿世的業！過去有這種業，修了很多就很容易進入，就是這個涵義。

二、分經之大科

《華嚴經》這部經文特長，清涼國師把它分成五周四分，李長者並不是這樣分的，他作十個長科，這就屬於解釋了。解釋什麼呢？前頭是品、會、處，但是這比前頭說得深一點。我們先解釋清涼國師的〈疏〉，他分成五周四分，第一先講五周。

第一周，「所信因果周」。

周是周期，說你信的因果，這個信是什麼因果呢？毗盧遮那佛，佛的因果。標題「五周」，解釋五周的，這是什麼呢？這是舉佛果的，佛所證得的果體，勸我們生起歡喜心，生起欣樂心、生起信心，這就是第

一會的菩提場，說毗盧遮那因果法門。

　　依報、正報、因果，《華嚴經》三十九品，第一周「所信因果周」，就有這麼幾品經。幾品呢？〈世主妙嚴品〉，一直到〈毗盧遮那品〉，一共有六品經文。前頭略分一下，前五品顯的如來依正的果德，依是依報，正是正報，正報必須有依報，所依止的處所。最後的第六品的經文，明佛的本因，就是毗盧遮那怎麼發菩提心的，怎麼修行成佛的。我們隨著毗盧遮那佛的發心而發心，勸勵大心的菩薩，大心的眾生，顯示佛的果德，生大歡喜心，生起清淨信心，這叫所信因果。舉果德，勸一些眾生生起信心。

　　這個因果可別混淆了，可不是善惡因果！我們講《占察善惡業報經》，那個因果是善惡的因果。這個因果不是的，是毗盧遮那佛在因地之中行菩薩道，這就是因，成就了佛果的果德，這就是果，這是正報。華藏世界就是依報的因，修依報的因，成就一個華藏世界，這就是果。毗盧遮那佛所在的依報，華藏世界，我們現在所處的娑婆世界是華藏世界的一部分。華藏世界，總說毗盧遮那佛法身的依報，娑婆世界是毗盧遮那佛的化身釋迦牟尼佛的所住的、度眾生的國度、處所。

　　這個是毗盧遮那的化身，釋迦牟尼佛在這個地方度眾生。什麼地方呢？娑婆世界。娑婆世界是毗盧遮那佛的因、果嗎？依報的因果嗎？不是的，這是眾生的因果，一定要搞清楚。毗盧遮那佛，他的依報因果是華藏世界，華藏世界的一部分，娑婆世界是化身佛，化度眾生的處所。化度眾生的處所，這個處所是眾生的因果。為了讓我們舉出來毗盧遮那佛的華藏世界的功德，福德、業用、體相，讓我們這個世界的眾生生出

一種欣樂之心。想成佛，讓你生起這麼個信心，這叫信因果。相信《華嚴經》所說的毗盧遮那佛的因果是真實的。

第一會，佛在菩提場成道了之後，演說毗盧遮那佛的依正因果法門，依報的因果，正報的因果，從〈世主妙嚴品〉至〈毗盧遮那品〉，一共六品經。前五品說的是佛的依正因果，怎麼樣成就華藏世界的因，怎麼樣成就毗盧遮那佛的佛果，顯這個依正的果德。最後一品經文，就顯毗盧遮那佛的本因，就勸一切眾生發大菩提心，生起欣樂想求，也想得到這種的樂果。

這個時候沒有生起清淨的信心。這個信不是我們現在這個信，而是要生起清淨心。清淨心怎麼生起呢？信什麼呢？信你自己就是毗盧遮那佛。

信自己是毗盧遮那佛　我們不要客氣

信自己是毗盧遮那佛，這個我們不要客氣，我們要說誰，你某某怎麼樣，要是說你是佛，你還客氣一下，哎呀，我是業障眾生，好像謙虛一下子。不必！一定得生起來清淨的信心，信什麼呢？信自己跟毗盧遮那佛無二無別的！這一念信心很不容易，相信自己所處的處所，依報就是華藏世界，不是娑婆世界。你若能生起現前的這麼一念心，初發心的時候便成正覺，就依著這個涵義說的，你要生起這個信心了，叫清淨信。

你若是能生起現前的一念心，跟毗盧遮那佛所證得的果德，所證的究竟心，無二無別。我們不用修信心，修信心要修一萬大劫，你以為

這個信心就是我們現在這個信，看著出家好，落了髮，當了比丘、比丘尼，這個屬於欣樂心之類的。

《華嚴經》讓我們生起的信心，是現前的一念心跟佛所證的果德，所證的究竟心，無二無別。我們現在學《華嚴經》的目的就是生起這麼個信心。這個心很不容易生，但是你必須生起來！學《華嚴經》的必須有這麼個心！沒有這麼個心，你沒辦法學。

如果我生起這麼樣一個信心，跟佛無二無別的，你一天的煩惱，一天的生活起居，我跟毗盧遮那佛一樣，看得破放得下了，總把自己抬高點，估量著跟毗盧遮那佛一樣。這個心不容易生，但是非要生不可的！如果沒有生的話，我們可以依照什麼方法生起這個心呢？

智首菩薩問文殊菩薩，就含著這麼一個問題。雖然問了一百二十種，實際上他就是要達到這麼個目的，生起這麼個信心。為什麼我們要天天念〈淨行品〉呢？這個信心也不是隨時可以生起的，它也得有個因緣；到什麼時候才生？現在能生了，講《華嚴經》你就能生起來了。你的善根非常地深厚，不是一般的羅漢所能比擬的，大凡勝小聖，大心的凡夫勝過小乘的聖人，原因就在這裡。

這個心不容易生，但是一定非生不可！你要想成佛，想成究竟佛的話，依照什麼方法呢？六品經文就告訴你，這六品經文就有〈淨行品〉，念念的，當願眾生，念念的，都是清淨信，不為自己求安樂，但願眾生得幸福。

今天有位法師，她要求我給大家傳授文殊法。文殊法裡就含著這

個意思，〈淨行品〉就是智首菩薩向文殊師利菩薩，請他解答，讓一切眾生能生起這一念清淨信，就是〈淨行品〉。就法來說〈淨行（hèn）品〉，就你修行來說〈淨行（xíng）品〉。那是培養你清淨信心的。

修行信心要經過很長的時間

修行信心要經過很長的時間，不是一生、兩生，三、四、五生。大家能夠共同學習《華嚴經》，就是過去多生累劫，積累的善根。今天能遇到、聽到《大方廣佛華嚴經》這個名字，都是經過無量生的善根才能遇到、聽到。何況你要學習三年、四年、五年，乃至十年、八年，我們學習的時候，沒有看它的分量，也不知道這種好處有多大；通過學習，你才能知道，才能認識。念念的都是清淨信，念念的都是給眾生求幸福，不是給自己求安樂，這樣的心就是信心了。

我們說發菩提心，這就是菩提心，這就是大悲心，這就是般若心。當你對一件事，無論任何事先想到自己，這絕對不是菩提心，任何一件事你想到的都是眾生先想到別人。剛才說，「不為自己求安樂，但願眾生得幸福」，念念你要想到別人，不是盡想自己得好處，壞事都給別人。名譽的事，不費力的事，總有自己一份；有發財、有幸福，自己想先得到，這不是菩薩。遇到任何事先想到一切眾生，念念都想到眾生，先想到別人，從來沒有想到自己，這就是大菩薩，看見一切三寶，看見佛像、看見法寶、看見經書、看見僧人，心裡頭生大歡喜。

你看見佛的時候，生大歡喜的時候，想到一切眾生，願他都能見佛。凡是你見到什麼生大歡喜的時候，都想到眾生，願他們都如是，願他們都能見佛。你這樣的心就非常的好，這就是菩薩心。看到佛所說的

一切法，知道佛所做的一切事，你從來不懷疑，因爲佛所說的一切法都是真實的，從來不生第二念，不生分別，這就是清淨心。自己生病的時候，願一切眾生都別得病。

我們經常發願，在十大願王代眾生受苦。當我們受一點苦就抱怨了，哎呀！我信三寶這麼多年，怎麼還讓我生病，他都沒想到生病的眾生。最近有一位法師才四十多歲，病沒幾天，他就圓寂了。他病的時候生起抱怨：「我這麼樣放生，這樣信佛，修法，作法事，建寺廟，怎麼會讓我得病？」我說：「好，前功盡棄。」我讓他趕快扭轉，在死的時候做懺悔，他所作的功德，在這一念不是清淨心，如果他一念，讓一切眾生都別得這種病，把我所作的功德迴向給眾生，願一切眾生從此不害這種病；一樣的用心、一樣的想，一個是佛因，一個是三塗的因。這就是華嚴境界，沒有其他的巧妙處。

能在夢中念念不忘眾生　你就是菩薩

如果你能念念不忘眾生，一有好事想到一切眾生都能得到，一有壞事自己承當，代眾生受苦。大家天天讀〈普賢行願品〉，第十願普皆迴向的時候，就是代眾生受苦。這還沒讓我們去受，只是讓我們發願，時時這樣想。受，你更受不了了；讓你想，你都不肯幹。我們每位道友回顧一下自己，是不是有好事都想到眾生，有幸福的事、快樂的事，就想到眾生願他們都得到。

如果你確實都這樣做了，連在睡夢中都這樣做了，你就是菩薩。你還不只是信位的菩薩，你就是行位的菩薩，這就叫解脫。在《華嚴經》是講的十信。十信的第一信，我剛才說的是好念頭。如果是不好的念

頭，剛一生起你把它截斷了。「覺知前念起惡，止其後念不起」，有了信心，能念念相續從不間斷，念念增長。有這個信心，入了信位，你也修行了一萬大劫了。果真天天如是，一起個壞念頭馬上就截止，不讓它增長，一起善念，善念讓它增長從不間斷。

前頭這六品經，就是教授我們生起一個信心。舉佛的果德，讓我們相信佛的果德，同時最主要的是相信自己跟毗盧遮那佛無二無別。這才叫清淨信心。還有〈菩薩問明品〉，在〈淨行品〉的前頭，也是講如何才能有智慧，才能像我們剛才說的，念念不忘眾生，這得有智慧；沒有智慧，沒有這種本事。

有智慧的人，他遇到一點幸福的事，他念念都想到眾生，不管你今天吃個好東西，這個好東西很希奇的，糖果也好，飯食也好；有打齋供眾的，想到眾生，想到沒吃飽飯的眾生，讓他們都能得到、都能享受到，這叫有智慧；沒智慧，你不會想得到的。有智慧的，念念不忘眾生，念念不忘成佛，這是下化上求。

第一周就這樣解釋的，我講的都是大意，沒有講經文。

第二周，「差別因果周」。

這是根據全經的大意來說的。差別因果周，「修因契果生解分」是在普光明殿第二回說的。經歷了忉利、夜摩、兜率、他化自在。說什麼呢？說十信、十住、十行、十迴向、十地。既重會普光明殿，說十定到菩薩住處，〈諸菩薩住處品〉，共六品經文，這叫差別因緣。差別的因，圓滿成就。

　　說如來十身相海，如來隨好光明功德，共有三品經，這叫「差別果滿」。「十定品」以下的六品經是等覺菩薩，「佛不思議法品」以下三品經是妙覺，妙覺位。

　　第二周是「差別因果周」，就是你學習以後智慧開了。但是這個因是怎麼樣來的呢？修因契果。契是契合，跟果位合了，生了智慧。智慧就是正知正見，就生解了；解就是解脫，或是開了智慧。修就是學，學也就是修。我們學《華嚴經》，就是修華嚴的法。這個因怎麼樣來的？果怎麼樣契證的？學來的，學之中就是修。

　　比如我們聽經，又叫聞法。我在說，你們在聽；說也好，聽也好，大家都在學，就是共同的學。不要認為我是法師，只講給你們聽的，你也不要說我只是聽的，其實你也在講。不是塵說、剎說？現在我一個人在說，將來你們四五百人，四五百人都在說。說就是沒說，你們就是默，默既是說，說默同時，就是華嚴意。為首的一唱，大家跟著一合；合也是唱，唱也是合。今生這個時候，輪到我來說。另一會，另一個時候，輪到你來說，我又在底下聽，這互相交換的，這就叫「差別因果」。

　　但是學的時候，個人的見解不一樣，就是我們看問題的看法不一樣。不管你說也好，聽也好，不一樣。一人一個想法，一人一個看法。同時在聽，理解力就不同了。為什麼我們還有一個辯論呢？為什麼還有個討論呢？這是見解不一樣。看問題看的深和看的淺，不一樣，進入的程度不一樣。

　　有時候，同一班同學共同學，在西藏是這樣學的，這叫放擋假（經

辯）。放擋假是今天輪到我了，那我就坐到上座，大家就向我提問題，我就做主，給大家解答問題，辯論式的。明天我又坐到底下去了，你又坐到上頭來了，輪到你放擋假，你來做主，我們就來聽你的。

沒有學密宗的不知道，到了漢地就是受，他不知道這個灌頂，怎麼得來的？到漢地傳灌頂，好像是很隨便就可以受個灌頂，其實不是這樣的。受灌頂的人，跟能受者、所受者，不是像我們在漢地這麼簡單。另外的，受戒在我們漢地非常的容易，在西藏很難，我們這受戒，三人一壇，我曾見過的，三十個人受戒，一壇就受。西藏不行，是一對一的，只能給你一個人，兩個人都不行，何況三個人呢？這是不可以的。

而現在我們的這個學習是一個人講，大家聽；西藏的學習是大家都要講，今天是我作會主，你們就來提意見；明天他作會主，我們再向他提意見，五十人都得輪流著，不是像我們這麼籠統。要經過二十年顯教的學習，考上阿惹巴格西之後，准許你畢業。畢業完了之後，是格西了，拿了畢業證書。完了再到到密宗院。

密宗院學五年，得會作壇城，拿糌粑酥油，就能做人物、做佛像、做壇城。壇城就是修的觀法，換句話說，壇城就是修觀。你把壇城修好，等你要修法的時候，觀想入到你自己修的壇城裡去。

八大菩薩、八大金剛，都要用糌粑塑成，你得會作這個。學會了，上師可以給你受灌頂，受了這個灌頂之後，這一法受了之後，你必須得閉關三年三月三天，把這個法修成就了，才能再受第二個法。到了內地，三個灌頂、四個灌頂、五個灌頂，一念就行了，很簡單。就像我們這邊受戒，跟他們那邊受戒不同，密宗法到漢地來了，又隨漢地的緣，

這裡頭差別相當大。

念一個咒，或者修一些法，不論你修那個法，四加行必須得作完了，要受灌頂才可以。

密宗到大陸上傳灌頂，也是建立在你的信心上。雖然這些加行都沒有做，但是你的信心非常懇切、非常真誠，也能得到。有受者、有傳者，所以要親近善知識。什麼樣才算是善知識？先分別，你要有智慧才能認得什麼是善知識。

善財五十三參當然會參到觀世音菩薩，那是善知識，沒有問題。他會參到婆須蜜女、參到無厭足王，什麼是無厭足？殺人無厭足，他一天都在殺人。善財童子上一個善知識指示他去參，他一看見一聽說，他都嚇壞了，嚇得不敢參，這是善知識？因為他有很大的善根，有很大的德力，護法馬上就告訴他，不能生分別之見。最後他還是參，參了他就得到了。

無厭足從不殺眾生，看他殺眾生，他殺一個度一個，從不惱害眾生，這是密意，這是大菩薩。你必須有智慧眼才能夠分別。

修因契果，生出來覺悟，就是你開了智慧了。有了智慧，做什麼都是解脫的；沒有智慧，做什麼都是束縛的。怎麼解釋呢？沒有智慧的磕頭，疲勞身心而已。

蕅益大師是這樣說的，沒有觀想力，懈懈怠怠的，看《占察善惡業報經義疏》，蕅益大師注的，要求你怎麼樣住淨室，怎麼樣關一個淨室。一天三時，進浴室就得洗澡，就得換衣服，全部如法了，你懺悔罪

業才能很快得到。

我們是隨緣種善根

我們是隨緣種善根的，沒有那個客觀現實的條件，辦不到。為什麼？業障重了。業障重了，客觀的現實處處都是障礙，大菩薩處處都是沒有障礙，都是善順的，要是我們做起來處處都是障礙，障礙是什麼呢？就是業。

「差別因果」，就是說因果差別說不清楚，太多了。我們這裡五百個人，就五百個差別因，五百個差別果。同在一塊兒吃飯，同在一塊兒住，同時聽經，同時修行，不同。為什麼不同呢？過去的業不同，現在得到的不同。現在我們不是同嗎？同中有別。就是我們平常所說的方便話，個人吃飯個人飽，個人罪業個人了，誰也替代不了；自己的業障自己消。

現在我相信所有來聽《華嚴經》的都信，這個信是什麼信？有的是金剛信，一信了就再不動搖，再不會變了。有的一說到困難環境就變了，要能維護信心，失掉這個肉體沒有關係，我們再來更好。要相信，我們為了眼前的利益，為了想逃脫罪責，就說許多假話，使許多種種的手段，放棄信仰三寶的心，這能叫作信心嗎？距離就更遠了。

豈止罷道還俗，人家讓你謗毀三寶，你馬上就隨順，為了眼前利益，不受痛苦、不挨打、不受罵、不關監牢，那就隨順！讓我罵佛就罵佛，罵祖就罵，讓我幹啥我就幹啥。你這個信心建立到什麼地方了？很難！當遇到危難的時候，在生死的關頭，害怕損失財產，損失生命，信

心就沒有了。

　　還有信心嗎？好多人一生重病，或一生點病就抱怨了，佛菩薩沒有加持，不應。比丘、比丘尼這種情況，比較起來是少的，特別在家二眾，家庭不順，生意不順，就沒有信心了。這是考驗功夫，如果在這個時候，你相信三寶會加持我的，這是業障發現，障礙出現了，你更加精進，不退心，在生死的關頭，這就是考驗。要是顧慮失掉生命會怎麼樣？他不曉得如果在這種情況之下失掉生命，下一個生命更好了換個跑道，這個福報就很大了。這叫什麼呢？經得起考驗，這才叫有信心，但這個信心是普通的，不是我們現在所說這個，信自己是毗盧遮那，那完全不同了。

　　一般的信佛者，我們四眾弟子有個欣樂的心，想得快樂。聽說佛教是離苦得樂的，信佛幾十年，苦不但沒有離開，天天都是苦，完了，信心沒有了。所以經過很長的時間很多的劫不能夠成佛，原因就在此。

夢中考驗你的信心

　　信心堅定起來，它不會失掉的。這可以從你做夢來考驗，誰都會做夢，做夢那個時候你那信心還有沒有？夢是夢幻泡影，說是假的，假的也是考驗人的，自己把它當成真的。你在夢中遇著逆境，煩惱了，打你、撞你，生起恐怖，你說假的，醒來嚇一身汗；出了一身汗，還是真的。你說真的，沒有，你的人生也如是，真真假假，虛虛實實，你的信心要堅定。

　　〈大乘起信論〉就講一個信心。相信大乘，相信大。相信自己跟佛

無二無別的，能把這個信心建立起來，收穫已經很大。

　　爲什麼《華嚴經》講究信心？你必須相信自己是毗盧遮那佛，相信了之後，完了就想：「佛做些什麼事，佛天天都度眾生，我是佛，我應當做什麼事？能惱害眾生嗎？」這樣你能消除很多的業障，糾正你很多的思想，糾正你很多的行爲。你想想：「哎呦！佛不會做這事，我不能做。佛是利益眾生的，我不能把眾生忘了。」

　　這只是初步的講。再深切地講，殺你的眾生、惱害你的眾生，你又怎麼對待他？度眾生，你度他？不度他？他殺你了，你讓他殺，殺的時候還要度他。要建立這種信心，很難很難。說的時候，講的時候，一句話就過去了，真要把這句話做到，建立起來這麼一個心，反正是妄，其他的是妄，這也是妄，但是這個妄有真的成分了，妄即是真。

第四講竟

建立信心　不要迷糊

　　上次講「所信因果周」，就像最初當小孩的時候，吃飯也不會吃，衣服也不會穿，媽媽逐步教，現在都會穿衣服、吃飯了，都懂了。這都是從很困難當中達到很容易，而容易當中又產生困難。這要付出愛，有沒有本事？有沒有能耐？能耐就是有本事。「所信因果周」，一共分五周四分，這是重複說的，沒入沒關係。舉佛的果德，讓我們生起信，這一會的信可不要看簡單了，沒信進不了。相信自己是毗盧遮那，這信心不要一時失掉。信能堅固，不要迷糊，我信佛的心，信我自己是佛的心，信我與毗盧遮那無二無別。

　　《華嚴經》有好幾品經文講佛是怎麼成佛的？修因來的，那個因一定成佛，除了相信成佛，不要相信人家說業很重，也就是出家人的口頭禪「業障深重」。業障深重，信不了佛，聞不到佛的名字。學不進去，道修不成，煩惱很重，這不是本質，這只是現相。你聽道友們經常說「業障深重」，他沒說：「我就是毗盧遮那佛。」我很少聽見，可以說是沒聽過。包括我在內，包括那些修華嚴的同學；聽了課，儘管經文教我們這樣想，信不切！那樣沒有辦法進入華嚴境界。要是有信了就有辦

法，一定能進入華嚴境界，相信我們現在能夠聽到《華嚴經》，大家在這裡共同學習，都入了法界，這信心一定要建立。

最初這一周「所信因果周」，開始學華嚴，要先建立相信的信心，相信自己是毗盧遮那。毗盧遮那的所有果德，我全部具備了，就是現前一念心。現在聞法的種子也不是你今生種的，多生有這種種子，今生才有這種因緣；這在釋迦牟尼佛末法的時候，如果這個信心沒有了，這部《華嚴經》就不存在了。再過五十年，我想求一部〈普賢行願品〉不可能。這個種子沒有斷，信心沒有斷，還不到《華嚴經》滅的時候，要是到滅的時候，真正沒有了。現在還有，所以還能學習，這說明凡是法會的人，善根是有的，這個信心一定要發起，讓它成長。

上面所講的一大段，說明你所信的因果，千萬不要想成是《占察善惡業報經》的因果，不是的。毗盧遮那的因果是我們自己的，原來所種的因果。信毗盧遮那的因果，相信自己的因果，那就是我們能成就的毗盧遮那；成就的時候也不是外來的，是我們自己本具的。

相信自己是毗盧遮那佛　像淘沙取金

我看那挖礦的、淘金的，沿著金沙江兩岸，一天就是在淘金，在石頭裡洗金子。那江水把沙淘上來，一天就在江邊上洗。這一堆沙子沒有了，再尋找其它沙子，反正一個月，我看他們總能淘出一些金子買個糌粑，吃糌粑，買點酥油的。喝點茶的錢能得到，發大財的很少，這就是信。信這沙裡有金子，所以那個江叫金沙江。

相信自己是毗盧遮那佛，就像淘沙取金一樣的。這沙裡是有金子，

但得經過很多的手續，這手續最主要的是信！

清涼國師把《華嚴經》分成了五周，經文並沒有這樣分科。這是祖師為了你學習的方便，讓你信毗盧遮那佛，怎麼修因的？怎麼契果的？前面一部分有幾品經文，目的是讓你相信。這一周所說的，說佛的因果，勸你生起信心，生起歡樂心。

我不曉得大家有沒有這感覺？念《金剛經》或者念《彌陀經》，你天天都在念，有時侯念得生起大歡喜，念的時候渾身發熱，很冷的天氣你會出汗；很熱的天氣你會清涼，這叫得了法喜了。這是行之中得法喜，天天念的時候就是修行了。

當然這種境界也不是一年兩年，你剛一念就會得到，不是這樣的。讀久了，有時候生起法喜心，有時候生起煩惱。一念經煩惱得不得了，一念經七十年前的事，什麼以前的陳穀子，爛芝麻的，都到腦子裡頭來想，經簡直是念不下去；如果你用過功的人，你就體會到。拜懺也如是，不論行哪一法門都如是。但你不要退心，要生歡喜心，也不要被歡喜境界轉，說：「我成道了，我相應了。」千萬莫要生，一生起境界就沒有了。煩惱心，你也不要被它障礙，還照樣天天誦，一定要把它誦圓滿。我不曉得你們有沒有？我是有。誦完了，覺得心裡很不高興，就重新再誦，誦第二道。反正比丘尼師父、比丘師父，就是這個事，出家目的就是了生死的！不要被它障礙住。

必須反覆思惟　信心才能生得起來

這是信心，為什麼反覆說這個信？我們講〈大乘起信論〉也講這個

信。我不是看不起大家，我感覺我們生起這個信心的時候很少！即使生起了，一會兒沒有了，你能相信自己是毗盧遮那佛？所以必須得反反覆覆，時時地說，時時這樣想，信心才能生得起來，不是那麼容易的。為什麼要一萬劫？修行信心就要一萬劫！

這幾品經文所顯示的意思就是信因果。等念到經文，你肯定不懂。我們這有一班的同學，經常念《華嚴經》的，她們就比我們進步得多。因為她念得很熟了，聽起來就感覺很熟悉，再給她一說這個道理，只是一點，點破了明白了，就是這個意思。到經文上，減少學習的障礙，這叫懸義，懸個大概。這一周所說的就是舉佛的果德，勸你生起了欣樂的信心。信什麼？信我就是毗盧遮那，這是一念。相信我們自己是毗盧遮那，本具的毗盧遮那。

第二周，叫「差別因果周」。只有信不行，這一解釋可就不那麼容易了，就是差別了。差別的時候，我們怎樣來修這個因，來契合這個果！差別因果周，修因契果，生起智慧，這個「解」可以作解，解是解脫；解是解釋，生起智慧。

在經裡是怎麼說的，普光明殿，這是一會，忉利天、夜摩天、兜率天、他化自在天這幾處，七處，這就說了五處：普光明殿、忉利、夜摩、兜率、他化自在。說的是什麼？十信、十住、十行、十迴向、十地。

在這個處所普光明殿，說修因契果；在因地修，修完了跟果德契合。使你有智慧，使你明瞭，信，解，行，證；信完之後你得明白，明白就是覺悟，覺悟了才能行，依著自己的覺悟去做。

十信、十住、十行、十迴向、十地，就是五十位。重會普光明殿，說十定，普賢菩薩說的，一直到〈諸菩薩住處品〉。《華嚴經》的〈諸菩薩住處品〉就是五臺山，我們現在就在〈諸菩薩住處品〉裡頭，在五臺山學華嚴。這一共有六品經文，中間是什麼？因是圓的，果也是圓的。這種因雖然是差別的，是圓滿的，從我們在這開始學習的時候，這就是因圓；因是圓滿的，果德也是圓滿的。

在我們看見好像是很平常，這叫非常不可思議，就在我們三四百人當中，因果差別非常的大，同時在這裡聽的人，理解的不一樣，前前後後、左左右右。有的他聽了悟解了，有的根本沒聽到；有的還在打瞌睡，他很讚歎我，老法師講得好、講得好，其實他打瞌睡了，他不是讚歎。就算是這樣，照樣的圓因，他是種下了；這叫差別因，本來是沒差別的。

一個人說，大家學，說者、聽者都是在學，一樣的嗎？四百人就有四百樣。為什麼有那麼多差別？過去的因不同，他現在所聞法感的果也不同，聞了生解，聞了不解；甚至有聞了生煩惱，不得不在這裡坐，為什麼？常住規定的，你必須來這坐，坐得很煩惱；他不是來聽經，而是遵守制度，這是一種。另一種，他真正地希求，聞了生起歡喜心，契入，所以這就叫差別。但是不論什麼因，這是圓的。甚至他謗毀，謗毀因能得罪過，他有個謗毀的因緣。

我曾經有一次做夢，大概在溫哥華，也是講華嚴大意的時候。我夢見跟別人辯論，他謗毀的算不算種善根？我說謗毀的也種善根。他謗什麼？謗華嚴。他謗華嚴也種了華嚴的善根，謗毀的是謗毀的因緣，不

過他要經過的時間長了。謗《地藏經》下地獄，他因為謗《地藏經》才知道有部《地藏經》，知道有位地藏王菩薩，就這麼個因緣。謗毀的因緣，將來也能得道；跟他讚揚的、信仰的，那個就不同了，他的時間要很長，從謗毀之中轉變到不謗毀，不謗毀再信仰，這個過程經歷的時間就長了，長到多少劫？不一定。謗毀的善根成熟了，不管這個因怎麼樣差別，到最後了還是能夠成道。

為什麼？佛法不可思議。這個不可思議，就在這個地方顯現不可思議。我們講方山長者李通玄，李長者要著〈華嚴合論〉時，那個老虎給他駄著經，依我的想法那老虎是護法，人說鬼使神差，或者神差的、或者鬼使的，都不一定，牠就來給他駄。牠能知道在哪個地方住處好，這也叫差別因果。

〈十定品〉以下都是說等覺菩薩的事，也是佛的不思議。當然有個〈佛不思議法品〉，經裡頭單立有個〈佛不思議法品〉，這是說妙覺的事。等妙二覺，這是說妙覺的事。第二周就說「差別因果周」。在學這個過程當中，學了你要開智慧，我們有時候說學不是修，修不是學，這個誤害了好多人。像過去的祖師，說學經的人，都是從文字上，「入海算沙徒自困」，說到海裡去數沙子，不是自己困擾自己？這是對學者的批評。有的時候說你跑到爛紙堆裡頭去，找什麼？我跟人辯論過，這一類的人他不學；真正開悟的祖師又有好多個？他說學的辛辛苦苦的，還不如我打坐，一坐之後我就成佛了。有那麼便宜的事！你連懂都不懂，你坐著幹什麼？睡大覺！坐著就打瞌睡，各有各的不同。

沒有智慧的修　叫盲修瞎煉

　　《華嚴經》所說的，絕對不是這個意思，學《華嚴經》的時候就是修行，學即是修，修即是學。學的時候開智慧，這是解！信、解、行、證！依文起義，依義開悟，那也是悟解，這個就告訴你差別因果了。各各不同的因，修的因，能契合的果德，生解就是生解悟的解，解就是開智慧；學即是修，修也就是學。有了智慧的修，一切修行都能得成就；沒有智慧的修，叫盲修瞎煉，浪費時間。

　　在你聞法聽法的時候、看經的時候，就是修行。到了禪堂靜坐，尋找你自己的本性，或是念佛是誰，父母未生之前誰是我，生我了之後我又是誰，這是參話頭，這叫無言宗。念佛、念阿彌陀佛，我們上回講，打佛七時念阿彌陀佛，用華嚴義來說，阿彌陀佛就是你自己，自己念自己，自性彌陀，唯心淨土，身跟土不二的。阿彌陀佛就是極樂世界，極樂世界就是阿彌陀佛；阿彌陀佛就是我，我就是阿彌陀佛，我所住的地方就是極樂世界，這就是華嚴義。你這樣想、這樣觀。

　　例如在西藏，他是學〈俱舍論〉的，我是學《華嚴經》的。認識問題，見解不一樣的，就有諍論了。諍論一定有的，像我們如果研究一個問題，沒有諍論那就不能顯實；辯論是顯實的，你的見解跟我的見解不一樣，為什麼？你的因不同，我的因不同；達到契果了，到了圓滿，沒諍了。

　　永嘉大師證道歌的這句話，「圓頓教無人情」，不講人情，不講面子的。「有疑不決直須諍」，諍就是議論、就是辯，辯才能生智慧。「非是山僧諍人我」，不是人我之見來諍，為什麼？「修行恐落斷常坑」。所以在你修行過程，不是斷見就是常見，那個知見絕不圓滿。修

俱舍的，他對苦集滅道、生老病死的看法，跟學華嚴的對生老病死，對苦集滅道的看法，那是兩條道。因此，諍論是必要的，不是人我之見的諍。有疑不決，不是有疑不覺，有疑決定不下來，這個是「有疑不決直須諍」。有疑不決直須諍，這是我的想法，可不知道以前永嘉大師那句話是怎麼的。「有疑不決直須諍」是對的，「圓頓教勿人情」，勿人情是沒有人情可講的。

學佛的人要老實

學習的時候，為什麼這樣說？我們現在開始要學，在學的前方便，學習當中有些過，要認識這個過，不隨這個過轉。超直的、撿方便的，這個路沒有，我們學佛的人就是要老實。

印光大師、廣欽老和尚都告訴你，「老實念佛」四個字，老實念就對了。為什麼？不老實。念佛的人不老實，一邊念佛，一邊思想妄想紛飛的，他不老實，盡想找方便，本來念阿彌陀佛就夠方便的，方便之中的方便。不行，念阿彌陀佛能成佛？學密宗！聽到密宗即身成佛，他根本也不知道密宗是怎麼回事，密宗最高深就是《華嚴經》教義，我是這樣看法，我不知道別人怎麼想，因為我有十年的經歷。

我在西藏是學了十年！你在西藏要求個灌頂非常不容易。哪個喇嘛給你灌？喇嘛要傳法，灌頂的時候，那只是說要做大法會。喇嘛自己先修，或者你請求他，我要修個法找個師父，上師給我灌頂，你要修文殊，念誦真言，這都是一般的，念誦的不是那個觀想的，不是像修大手印那樣子的；修成了，成個什麼？現前一念，也就是像我們這個說的，差別因果修成了，成了毗盧遮那。

學佛的人不要投機取巧，你想逃過因果，誰也逃不脫，有因必有果，惡法如是，善法也如是。所以你相信毗盧遮那，你就是毗盧遮那，這就是因。因該果海，一定能成就毗盧遮那，這個意思天天要想，時時要想，念念要想，萬劫一念間，「時無定體，依法上立」，這是經文上說的，法是什麼？就是心。「法即是心，心即是法」。關於這個問題，辯論多的很。

馬克思列寧主義、唯物辯證法，在監獄裡頭都得念，有人說住幾十年監獄，還真是把我成就了，這時我才知道，什麼是叫唯物，什麼是叫唯心。他那個唯心不是唯心，他那唯物也不是唯物；用佛教的觀點看，物質是第一性，心是第一性，沒有精神能有物質？沒有事法界，理法界不能成立，怎麼樣顯？事能顯理，沒有事法界，理法界立不起來，因為事能顯理；沒有理法界，事法界你立不住的，理能成事，完了達到事事無礙，理事無礙才能達到事事無礙，這叫差別因果。

像普壽寺這裡有好多部，淨土部、華嚴部………。還有誦《華嚴經》的學生，大家共同的目的是斷煩惱、證菩提，不是這樣？看來是很差別，實際上不差別，客堂就是接待，駕駛汽車的，太原、五臺山普壽寺來回跑。這是事，為什麼這樣跑？成就理！我們是辦道場，什麼樣道場？菩提道道場！場是處所，道是什麼道？你們要記到我們的道都是菩提道！菩提道是什麼道？覺悟的道。現在我們都在覺悟的路上，在這個道上，還沒達到目的地，要到達目的地，就成佛了，你的腦子裡要盡想著這些。

在台懷鎮上，看那拉茶的，搞各種的經營商業的來回跑，他腦子

是什麼？賺錢！賺錢完了，幹什麼？享受！享受完了，最後做什麼？造業下地獄。這叫兩條道，那是迷糊道，這是覺悟道。他信你的？他不會信我們的，我們悟了，悟了絕不會再迷，起碼你認識到了，有沒有再迷的？悟了，悟得不徹底，業障或者沒消失。為什麼出了家修行好幾年了，佛法也懂得一些了，懂歸懂、行歸行、證歸證。為什麼還俗？剛在海岸爬上來沒淹死，他又跳進去了，為什麼？業牽著他，這叫業牽。

有時候是共業，有時候是別業，這叫業，都屬於因果的差別。這差別因果複雜的很，最後弄不清楚，籠統說不可思議。這是我們和尚、出家人，學佛人的口頭禪，他解答不了了，說不清楚了，哎！不可思議！到底是可思議、不可思議？大家參一參！是從可思議達到不可思議，在你來說不可思議，在諸佛菩薩都是可思議的。在你是不知，在諸佛菩薩都是可知的。

現在我們所用的心，以為信了佛，就能離苦得樂，很多的在家道友，我問他求佛的目的，信佛的目的？他說佛教不是保護平安，佛不是加持？我想求升官發財，他以這個目的來學，得到得不到？得到的，但是得有感到什麼程度、那就得到應，應到什麼程度。感應感應，只有感沒有應，這個沒有。感不夠，要應的很多，這也不可能，這叫差別因果。

他的欣樂心是為什麼？如信佛的人欣樂心，他想離苦得樂，有信佛的想升官發財，有的人直接說他想娶個好老婆。女性呢？她說我要找個好丈夫，她是這樣信佛的。達不到？達的到。求什麼得什麼。求什麼得付出，不付出得不到。付出是什麼？見了有信心，沒有信心是不行的，

這個你得信，信佛一定滿我的願。我一信佛了，相信我就平安了，就保險了。他往廟裡捐錢、供養師父捐錢，他不把它捐到保險公司保險。

有一位信佛的居士，他就跟我說，那不保險。我真正出事了，找他去麻煩大得很，不保險，他說佛菩薩保險，不但保這輩子，還保未來好多輩子，因為我這生供養過佛菩薩，供養過僧人，他說：「你修成，我也跟你沾光。」他說：「我供養過你，我給你，你還得還給我。」這是放債的思想。我說：「這還是一本萬利，我自己修，還得給你一份。」

這叫「差別因果」。差別因果非常的複雜，經上沒有講，只是按六位來給你解釋。所以從普光明殿的第二會開始起，一直到忉利天、夜摩天、兜率天、他化自在天，這些就是講因果。什麼因果差別？十信、十住、十行、十迴向、十地，位位不同。位位的因，得到位位的果，但是還加一個因緣，得有緣；緣是助成你，這個是十信、十住、十行、十迴向、十地，五十位。

從日常生活所面臨的境界　講差別因緣

這裡頭都講差別因緣。你有這個因，得遇著這個緣。緣不成熟，他忽然間生起欣樂心來，發心出家。凡是發心出家的人，腦子裡想找個好師父，這是第一個念頭。第二個念頭，找個好廟。到那個好廟，找個好師父，像普壽寺，在女眾道場裡有點小名氣，大家都想到這來出家，但是我們不收，不是來到這出家就能出家的。真正收了她，落了髮，她也不見得能成道，普壽寺走的還是很多。煩惱重了，彆彆扭扭，出去了謗毀普壽寺的，這個倒是少，這也叫差別因果。因雖然有了，緣不具足。為什麼有的收了，有的不收了？這裡頭有差別因果。如果心誠則靈，如

果很誠懇的，沒有一點的名利，沒有一點世俗的習氣。純正發心出家的，這樣很少，明白出家的很少。他的因會促成，一定有緣給他，因生起，緣能幫助他成就。

每個人回想自己的出家因緣，落髮、受戒，乃至你左右的同參道友，互相鼓勵。有同參道友是很好的，但是麻煩也很多，這差別因緣的因果之中非常得多。從我們日常生活出家因緣講起，不是按經上講的，經上講的十信、十住，都是講賢聖的境界。

我是講日常生活所面臨的境界。你在經文裡頭，看〈佛不思議法品〉，那就複雜得很。還有〈如來隨好光明功德品〉，都講這個差別的。這三品，講差別的果滿、因圓果滿。到十地、十忍、十通、十定，普賢菩薩說的，這都是等覺的位子，果德上的事。差別因滿，證得差別果，差別果是不差別的，特別在〈佛不思議法品〉，佛成了佛所作的事情，這些都在「差別因果周」裡頭。

第三周，「平等因果周」。

前會說差別，後頭說平等，有差別一定有平等，這都是相對法。第三個就講平等周。你要記得差別的因果，完了還要懂平等的因果，還要成就你的行滿；行滿了，你所作的修行滿了成就了，平等平等。這個信心本來就不好生，要生起來了信不退，就是講平等因果，這是在普賢菩薩的行門裡，法門叫普賢行；普賢行就是修行的法門。

為什麼有時叫普賢行？普賢行是法門說的；普賢行是約運用修行過程當中所修行說的。如來的出現顯示佛的果德，果德是從修行普賢行

所證得的果德，人人都可以修，人人都可以行普賢行；人人都具足如來果，就是沒有出現。

古來大德他的徒弟先成道了，師父沒成道。徒弟還得照顧師父，幫他師父洗澡。給他師父沐浴的時候，拍他師父的背：「唉！很好一尊佛相。」他師父問：「很好一尊佛相？有什麼欠缺？」他說：「可惜還沒有開光。」他的師父就請求他開開光，這是個故事。但是故事裡頭含著有一個意思，學佛有前後，成道不一定。師父領進門，修行在個人。徒弟往往勝於師父，師父是教導徒弟的，但是有時候徒弟也可以教導師父。為什麼？生生世世的，這因果差別非常的大，但是從體性上說平等的。從十信滿心，到了初住發菩提心，初住叫發心住。你在十信位所發的菩提心，不是真實的，到了十住的初住的菩薩發菩提心，相似的，不是真的。登地菩薩，初歡喜地菩薩又發菩薩心，真實的，只是一分。到了妙覺，成了佛，發菩提心，這叫倒駕慈航。

現在所具足的現前一念心，經過無量的修煉、無量的折磨，發心的時候就是成佛的時候，初發心時即成正覺。初發菩提心跟成佛的所成就的究竟菩提心，如是二心初心難。不發則已，一發一定能夠成就。這就是因該果海。感到成就了，再回顧一下，我之所以能成道的，就是我最初發的菩提心。眾生心、佛心跟你自己的現前的一念心，三心一體，所以在《金剛經》說：「過去心不可得，現在心不可得，未來心不可得。」三心皆不可得。先懂得這個涵義，知道發菩提心難。

學密宗最初必須發菩提心

在西藏教義，學密宗最開始的時候，必須得發菩提心。在西藏初出

家的時候，小喇嘛頭一年必須得念文殊菩薩咒，先開智慧。我住色拉寺的時候，那時帕崩卡仁波切還在，他是近代西藏的大德，不論僧俗，不論達賴、班禪，都把他當成是住世的釋迦牟尼。帕崩卡仁波切、康薩仁波切這兩位賢聖，是西藏的新的太陽、月亮，現世的超生者。帕崩卡大師就專門講〈菩提道次第〉，講發菩提心。

所以在密宗教義，顯就是密，宗喀巴大師一生講的法，許多大喇嘛一生沒有受過灌頂，誰灌頂？顯你都不懂，你還密？密就是一念，就修你現前一念心；不論做什麼儀式，念什麼咒，目的就是現前一念心。到西藏去學密，學密目的是什麼心驅使？找便宜！密宗只要念個咒。顯教有這麼多經文要講，密宗是不講的。「嗡阿吽」是什麼？「嗡阿曷巴雜那的」是什麼？「嗡嘛呢叭彌吽」怎麼解釋？多少部經就幾十個字就圓滿了。顯，你還沒有進入，想進入密？可思議的境界你都不能思議不能解，你還想入不思議的境界？

我傳文殊法，念「嗡阿曷巴雜那的」五字真言，其實是七個字，「嗡」字不算，「的」字不算，「阿曷巴雜那」，這是文殊咒。那「的」字是個字尾。「嗡阿曷巴雜那的」，念這個咒開智慧。文殊菩薩加持密意。密意，目的是清楚了；把你現前的一念，跟文殊菩薩的智慧結合到一起。現在學《華嚴經》是把我們跟毗盧遮那佛結合到一起，建立這麼個信心，這是信心。信心裡頭，就經過住、行、向，完了達到十地，達到等覺妙覺成就了。成就什麼？現前一念心，菩提心。菩提心就是覺悟的一念。迷的時候，迷時明明有六趣，覺後空空無大千；迷跟悟很簡單，要想說清楚就很複雜。當你迷的時候，天、人、阿修羅、地獄、鬼、畜生六道是清清楚楚的，明明白白的有六趣；覺了之後什麼都

沒有，大千世界都沒有。

有時說起來學佛法難，可以加上十個難字；說到容易了，開了悟還容易的很。一念間頓念，我們這是漸，漸是從什麼得來的？從佛的教導得來的。漸悟，漸漸的明白了，不是頓悟。漸由何來的？漸由你的信心上來的，我們現在又講信心，這個信心天天的講，爲什麼？因爲我們還沒有信，我說這句話大家都反對，因爲我知道自己沒信，你自己觀照一下。

念佛就是相信自己是佛

念佛，相信自己是佛，你一天生過好多這個念頭？自己很清楚，念念都不是佛，所以你成不了佛。怎麼成？念念都是佛，這一念間是佛的思想，你已經成了，成的是一念；十念成了是十念，念念都如是，你已經成了，這個自己很清楚。

因爲我們現在還在六趣當中，還在這裡轉沒有出去。出到六趣之外，分段生死了了，變異生死又把你框住了，還是沒有出去；變異生死了了，無明習氣，你還沒脫離。

墮落到地獄是屬於最低的了，怎麼樣明白究竟修行成了佛了？這兩個看來相距太遠了，我們講差別的時候差別很大，講平等的時候，一念，也沒有地獄可墮，也沒有佛果可成，這是我們佛教圓滿的時候。到了這樣程度，說的天花亂墜，一個字也沒說，一句話也沒說，這就是看你的智慧來分別認識；但是不論你認識如何，還是平等的，心佛與眾生是三無差別，平等平等的。

第五講竟

平等因果　有差別就有平等

　　現在開始講「平等因果周」。有差別就有平等，平等是對著差別說的。差別因果，平等因果，成行因果，這三種因果表的都是要相信因果。這個因果特別要注意，不是善惡因果，是毗盧遮那佛的成佛果德，因行的修行，這就是講要信因果。有些道友認為信很容易，他對這個信理解的不夠，或者是修行的不夠，有的還把它比成世間因果。

　　現在國家提倡誠信，誠、信。我們這個信跟那個差別太大了。現在為什麼國家要講誠信？因為過去誠不夠，信不夠。其他國家有沒有欺騙？只要說到這個問題，全是欺騙的。從現相上看，好像有誠有信；實際上，沒有誠信，世間法如是，出世間法？我們現在是講信，這些都是比喻，用這些比喻來顯我們這個信。講究信心了，現在我們這個講究的普賢行，因該果海，信因果。信不信？沒有這種信。

　　有些人聽到批評，或者說他沒有信心，就非常不高興。不管他高興不高興，沒有就是沒有。你要想得道，那就得有，「隨順世間」、「厭離世間」、「超脫世間」；等行菩薩道的時候，你又回到世間。所以發

菩提心是重重無盡的發，你必須建立一個最根本的條件是信。

信不夠的原因是沒有注意這件事，隨自己的妄想，隨自己的煩惱。信佛、信法、信僧的那個信，跟信毗盧遮那佛的果海因果，應當順著這個信來修行。這個信能夠發起菩提心，果後的發心，果前的發心，住前的發心，登地的發心，成就不同的。善財童子五十三參，參到彌勒菩薩，他入了等覺位，彌勒菩薩還要他回去參文殊師利菩薩。

這就是你最初的那個信，已經到了等覺位還回到原來初發心的時候，這說明什麼問題？初發心非常難，因為發了心一定能成就。初發菩提心是因，一定能成就佛的果德，果海成就究竟心；這兩個心，發菩提心是難！究竟心，好像發心的，無論經過多長的時間，一定能成就毗盧遮那。

所以如是二心初心難。沒有學華嚴的，把時間看成一天兩天，一月兩月，一百年兩百年，或者一萬年十萬年，或者無量阿僧祇劫年，時間無論多長，回歸現前的時候，就是你現前的一念，時無長短。發了菩提心，到了成佛，好像經過漫長的無量億劫，等到成就的時候，也就是你現前的一念。

順發菩提心去修行　一定能夠成道

發菩提心之後，一旦發心，順這個心修行要堅定，一定能夠成道。這個時候你入了佛門，受了三皈，跟你沒入佛門，沒受三皈，完全不一樣的，有天淵之別。發菩提心跟沒發心的，就像天淵之別。

　　我們在修道的時候，有時候業障很多，你就會產生懈怠。時間的長短都是靠你自己的心，時無定體，依法上立。時間沒有一定的體相，什麼叫長，什麼叫短？都是依你的心來定的。業障重的，懈怠時多，精進不起來，時間就長一點。業障輕一點的，他精進起來，障少一點，成就快一點。快也好、慢也好、懈怠也好，但是你這個種子種下去，一定發芽，一定要成長。換句話說，你一定能夠成佛。聽到這句話，可不要走到反面上去，「懈怠也能成佛！」就懈懈怠怠！那可就麻煩了。

　　我說時無定體，時間沒有長短，是指你證得、明白這個心。有沒有時間長短？絕對是有的，所以還是精進一點好。為什麼？你懈怠了，要經過多少劫的轉變，苦難太多了。你精進一點，很快就了生死，很快就出離，不受輪轉的痛苦。精進比你懈怠還要好一點，你縮短了苦難的歷程；你精進就減少苦難的歷程。等成佛之後還要發心，成佛了還要發心做什麼？果徹因源。

　　《法華經》講龍女即身成佛，《華嚴經》講善財童子成佛。龍女是頓超，善財童子是漸修，一位一位乃至成佛。成佛在《華嚴經》是這樣說，其它經不是這樣說，成了佛還發心？就像善財童子，證了等覺位，還要回到初心地方重頭學起。

　　我那時候沒有專學《地藏經》，後來學了才發現不只《華嚴經》這樣說，《地藏經》也是這樣說。在教義上，把它判成是小教，為什麼？它說有餓鬼、有地獄。但是在《地藏經》，釋迦牟尼佛囑累地藏菩薩說，一切諸佛都如是。拿佛自己來比，什麼身都現的，在《地藏經》的第二品，佛跟地藏菩薩也如是說，我們看見釋迦牟尼佛在印度入滅了，

這是化身，毗盧遮那的化身，他又現別的身去度眾生去了。化就是變化，隨時可以變化。

懂得這個道理，你就覺悟了。這就是我們面前所講的「修因契果生解分」。生起這種智慧，你才能夠平等。前頭那個差別是對著平等說的，平等是對著差別說的，這一周所說的法，多數是平等的。清涼國師是這麼定的。他研究《華嚴經》，說這一周是平等的，怎麼平等？釋迦牟尼佛看眾生，平等平等的。平等到什麼程度？一切眾生都具有佛性！跟他一樣。一般的菩薩，那就不一樣了。特別是我們的這些和尚，比丘尼也稱和尚，在尼寺裡頭，她也是和尚，一樣的，平等平等。沒有男女的差別，沒有佛跟眾生的差別。現在拿《華嚴經》境界來要求，辦不到。為什麼？我們看待就不平等。在一個寺廟裡頭，不要起分別心。當家的知客，我們看看好像很自由似的，不是的，他也可以很自由。但是我們清眾就不行了。這是說華嚴境界，不能拿這個來要求現在的出家人。

大家看眾生，平等不平等？這個人看的很順眼，道心很好，表現得不錯，我們就收她。到這裡出家的，十個有八個收不成，平等不平等？這個平等也得會應用，也不能要求像佛看待眾生一樣的。佛是智者，一切智者，能看出他的因緣如何。佛看著一切眾生平等，沒有男女相，我們現在要是沒有男女相，還行？但是分別相特別多，這個分別相是在差別周講的。現在是講平等周，要講平等，從什麼上講平等？佛性人人都具足，心、佛與眾生是三無差別。因該果海，果徹因源，是這樣平等。這一周都是從這樣來解釋。《華嚴經》這段經文，差別周、平等周，兩個都叫「修因契果生解分」。差別周、平等周，這兩周的經文所講的都

是在你修因的時候契果，開了智慧。把這個差別周、因果周，兩分合成一分，說五周四分。

第四周，「成行因果周」。

第四種，「成行因果周」，託法進修成行分，這是第三會普光明殿。說離世間法，行門成就。因結了果，我們這裡有一幫華嚴菩薩，每天都讀，讀到這卷，你就知道，從文字、從義理，非常殊勝，平常你看別的經看不到的。但是問題很多，普慧菩薩問了兩百個問題，普慧二百問，問誰？向普賢菩薩問，普賢菩薩答他的時候，就是普賢瓶瀉二千酬，酬是酬對的意思。他問了二百問，這二百個問題就像雲彩生起一樣，叫普慧雲行二百問，普賢瓶瀉兩千酬。

這二百個問題問什麼？六位的因果，十信、十住、十行、十迴向、十地、十一地，六位的因果，大概有六卷的經文，就是一品經。前頭明五位的因果，後明八相之果；前明五位之因，這才進入圓融法界，這叫修法界行。但是修第一位的時候，就該攝後位，修後位的時候也攝前頭的一切位，一位具足一切位，這種修行的法門，叫圓融自在。

第四周託法進修成行分，成就你的行，所以叫成行因果周；託法進修成行分，寄託在法上。法是什麼法？〈離世間品〉是普慧問的，普賢答的。普賢的行門成就，是真正的修行，這種修行是入法界了，這叫入理的修行。〈離世間品〉經文很長，但是怎麼能成熟的？在問答的時候，就顯示成熟了，在普慧菩薩問，普賢菩薩答，普慧跟普賢菩薩平等平等的，叫十普菩薩，都是普。

〈離世間品〉最初的時候，普遍的是說因，先講因，都說的是因。最後，表示示現化佛的八相之果。毗盧遮那是法身，法身離言說相，離文字相，沒有言說、沒有文字，動念即差、即說皆非。八相？就從化身佛了，入胎了、住胎了，現相成道了，這是八相之果，化佛的果。但是這個化現是托圓融之法，圓融法就是指的法界，法界是什麼？妙明真心。

一心即是一切心　一切心就是一心

《占察善惡業報經》跟別的不同，叫「一實境界」。他的世界不稱法界，叫「一實境界」。《占察善惡業報經》說的「一實境界」，就是說的現前這個心，在各部經上說法不同，顯理只有一個，是什麼？你的現前一念心。一心即是一切心，一切心就是一心。

這跟禪宗有點不同，禪宗觀的是無心，這個觀的是有心，不但一心，一切心、一切眾生心，就是一心，一切諸佛的心，諸菩薩的心，十法界所有一切的心，都是一心，是你觀想的境界。

以前我這樣舉個例子，我們或者丟了一毛錢，或者丟了一個銅板，或者捐濟給人家，或者買一炷香來供佛，或者買一枝花來供佛，但是這一枝花，用你的心力把他供到盡十方遍法界，所有法界諸佛前，你都能緣念到的。在這一枝花所做的佛事，那也成大法會了，大作佛事。因為這一枝花，就是因；花是因花，所換得的是什麼？是果德。這枝花是娑婆世界某一位發菩提心菩薩供養的，就是一枝花。你供養一萬萬百億千億無量億的，也僅僅是一枝花，用你的心力供養，你的心有好大境界就擴展到好大。

一心供養　這叫華嚴經的修行

如果你用十萬元或者十億元，買很多的供養，但是你僅僅限制娑婆世界釋迦牟尼佛一尊佛，十萬億花供養跟一枝花供養無量的諸佛，無量的世界，哪個功德大！那一枝花功德大，這叫心供養，因為是一心供養，這叫《華嚴經》的修行。

談到密宗的修行，我們很多的道友嚮往著密宗的修行，密宗修行完全是觀力，就是現在我們所講的這個，供養這一枝花跟十億元買的花，那個花雖然多，可是只供養釋迦牟尼佛；這枝花雖然少，卻供養無邊無量的世界諸佛，是用這個來鑒定、比較。哪個大我們也都明白了，這叫華嚴行願。當你作功德的時候，隨你一心供養，不是現相，是理體的供養。假使說我們每位道友，你每天都誦《金剛經》，或者誦《彌陀經》，或者誦〈普賢行願品〉、〈普門品〉，你若只照文字誦，不想文字說的是什麼道理，效果很小；如果想到心，這部經上教我們怎麼做，想到是它的道理，用觀想力，這個力量就大了、功德就大了，懺悔的力量大了。

掌握三個原則：懺悔、發願、迴向，無論你做哪一個事情，這個事我不見得完全對，不對的地方我就懺悔。又要發願，發什麼願，當你讀《金剛經》的時候，願一切有情眾生都能讀《金剛經》，你這個願就大了，不是自己在讀，願一切眾生都能在讀。自己在迴向，迴向讓一切眾生都成佛，這個迴向功德就大了。懺悔的時候是自己在懺悔。願法界之內的一切眾生，願他們都跟我一起懺悔，這樣功德就大了。

很多道友們讀〈普賢行願品〉，凡是誦讀〈普賢行願品〉，你先

建立一個信心，一定能生極樂世界，為什麼？因為讀〈普賢行願品〉，以普賢菩薩的願力，送我到極樂世界。不是你的力量，是普賢菩薩的力量，再加上阿彌陀佛四十八願的願力，一個攝受、一個送；但是你得誦〈普賢行願品〉，條件就是這樣的。

當你誦〈普賢行願品〉的時候，觀想一切眾生都跟我一起誦〈普賢行願品〉的，凡是誦〈普賢行願品〉，凡是與你有緣的都生極樂世界，迴入娑婆；迴入娑婆，還行普賢願。但是在這個位置上說，既然是心遍的，供養一枝花這麼普遍，當你得到一個果位，一位即一切位，一切位還是一位，在這個五十位，十信、十住、十行、十迴向、十地，隨便哪一位，一位就是一切位，初發心時成正覺，就是成就究竟心。

如是二心初心難，示現有信心了，這個信心遍一切處，遍一切位。釋迦牟尼佛怎麼給他定的位，他在這個世界度眾生，他把自己擺在這位置上，不是佛位是眾生位，好多經論都可以證實。如果看過佛教史的，看釋迦牟尼佛的出世因緣，他示現跟眾生是一樣的。三十二相八十種好，那是菩薩看到他這樣子，或是羅漢看到他的樣子。

實際上一切眾生看他就是印度一個長者，大家看大英帝國博物館保存的釋迦牟尼佛像，就是老比丘相。釋迦牟尼佛在印度現身的時候，成佛的時候也沒有什麼奇特，沒有現奇特相。三十二相八十種好，那是天眼看的。他示現的跟我們一樣，他也在生病，也在受生，也在老死，一樣的，生老病死都一樣的。他也害病，八十歲死了，他自己的定位就是眾生位。八相成道，生老病死都具足的，苦集滅道，示現的都具足的。

諸位道友，當你念一部經的時候，不論念哪部經，沒什麼小乘大乘

之分，所謂分科判教是從眾生學習的心來判斷的。所以你每念完一部經的時候，迴向都是遍法界盡虛空界，迴向給每一個眾生，這都是華嚴境界。

在《地藏經》裡頭有無量億的眾生，每個眾生他有千百萬億的希望，就是千百萬億願，願也是祈求；還有千百萬億不可思議的事，都可以求地藏菩薩，他都能滿你的願。無論什麼事，千百萬億事、千百萬億願，他能滿足你的願。

千百萬億也就是一念間，一念三千、三千一念，涵義就是這樣。有很多人不理解這個問題，就像我們對人，你祈求太多了，人家煩不煩？他拿人的觀感來認識這個問題。對於這個問題，問我的人也很多，他們問：「我們問地藏王菩薩，問的那麼多，他不發煩？我這樣也求，那樣也求，求的太多了，很不好意思了。」這是以凡愚心度聖境！

我說你求的也不過十個八個了，家裡平安，少生病苦，公司發財，就是這幾個，你也超不出這麼幾個。千百萬億願是希望，千百萬億是事情，你的心跟地藏王菩薩的心相通了，感跟應相應了，感應一時；感不夠，應就沒有。

像那些大菩薩發的願，無窮無盡的願，盡虛空遍法界一切眾生，我都度他，這個願有盡？當你的願力跟地藏菩薩願力相通了，你的行為跟地藏王菩薩相似了，這就是圓融修行的方法。本來一件事，兩個人做起來完全不一樣，看見都在那磕頭，那個磕頭心裡想什麼？你磕頭，心裡想什麼？他所得到的完全不一樣。

淺說華嚴大意

一咒即一切咒

我們在西藏受灌頂的時候，學一個咒，上師就給你講得清清楚楚的，一咒即一切咒，你念個「嗡阿吽巴雜那的」，什麼咒都包括了。念阿彌陀佛心咒：「嗡阿吽彌里達得杰哈喇吽」十個字，念十萬遍，阿彌陀佛跟你見一面。像這類的事情，密宗顯宗都如是說。

大悲心是這樣說，但我們是煩惱心，不接受。

心想念得越多越好，這就是貪心的一種。多念幾個咒，不是更好？多念幾個咒，你不能念到一心；法越多，分心越多。如果你是菩薩了那不同了，因為眾生有種種欲，眾生有種種願，眾生有種種的要求。就像是地藏菩薩滿眾生願，一個眾生一個眾生不一樣，千百萬億願，千百萬億事，菩薩都能滿你的願，意義就在這裡。

你的心必須跟隨你所學的這一法的法主，《地藏經》是地藏菩薩為法主，文殊法是文殊菩薩法主，《般若經》是以文殊為主的。《華嚴經》是普賢菩薩，當然《華嚴經》裡有很多菩薩了。圓人受法、無法不圓，沒什麼小乘大乘。你念的是圓滿，一切都圓滿，世間法也都圓滿，沒有什麼世間法、出世間法。學華嚴想融入法界，這個念頭必須得有，時時如是念。器世間、有情世間、正覺世間，三世間都如是。

我們現在是分別心，念念都分別，你念念都融入法界，這叫託法。託什麼法？託你的心法；以心來修，叫進修。「託法進修成行分」是最精進的修行，成就什麼？入普賢門，修的普賢行。這就是普賢行。這就成行了，成什麼行？成普賢行。這一周所說的法，都是這個涵義。

第五周，「證入因果周」。

以下叫「證入因果周」。怎麼證入？是依人，依行者，依修行的證入。修行就要證入因果；修的時候是因，證入的就是果。這樣修行，證入的就是證入因果周。再把信解分、成行分都圓滿了，修行成就了，這是在逝多林第九會入法界。

入法界就是講善財童子一生成就的例子。在逝多林這個會上，有兩種情況，一個諸菩薩的念請，想問問如來的果海，那些菩薩希望證果。想問問果海的事情，是念請，沒有說話，為什麼？因為果海是離言說相的，離文字相的，離一切相；這些菩薩只是在他那個座位上，心裡這麼一念，起這麼一個念頭，這叫念請。第九會上，諸菩薩這樣念，佛知道了，就答覆他們。問的大概有三十問，問如來成道之後，果海之中的事情。果海的事情用語言是說不出來的。

「果海離言」，凡是一有言說都離開法界，離開那個心，都無實義。怎麼答覆？佛是放光攝受。你每看一部經，還沒說這部經之前先放光。這是佛放光答覆問題的。有些見著光了，把他的問題全解決了；他所要問的問題，佛都給他解決了。這叫佛的放光攝受。

放的光有很多種，像是《地藏經》的放光，《地藏經》的第一品放光，第六品放光，十二品佛又放光了；一個光，對著一個問題。那些大菩薩一見到光，就理解了！他所要問的問題，佛已經給他解答了。光裡頭還分種種的色，什麼原因？不需要用言語發問的，佛用放光去攝伏，答覆他們所問的事情。問者是見光了，他完全就理解了，他的問題解決了，就證入了。

第九會就是放光，沒有說話。問的菩薩沒有請，佛也沒有說；答的時候也沒有說話，問的時候也沒有說話。怎麼結集出來的？文殊師利菩薩，問者他也知道，答者他也知道，他就把問者答者都結集出來，這就叫做逝多林的本會。逝多林分兩會，這叫什麼？證入因果。

之後文殊師利菩薩從善住樓閣出來，這不是人間了，是意境，證的聖境。完了，漸漸來到人間，從善住樓閣來到人間的大塔廟前。先是到了善住樓閣，又從善住樓閣出來，到了人間大塔廟前，他來這做什麼？度六千比丘，令這六千比丘同時證道，這個就叫頓證。頓證是表現不出來的，心心相印，信了就行，行了就修，修了就成；沒有這個信、住、行、迴向、登地，這些都略了這叫頓證。

六千比丘是頓證的　善財童子是漸證的

六千比丘是頓證的，善財童子是漸證的。在這一會上，文殊菩薩從大寶樓閣出來，到了人間大塔廟前，度了兩種眾生；一是六千比丘，是頓證的；一位善財童子是漸入的。他的五十三參是漸證的，他是一生漸證的，六千比丘是一時頓證的。

我們前面講過程的時候，講時間、講日、講月、講年，沒有一定的體了，時間沒有標準的。印度的時間跟我們的時間不同，這是現實的。我在拉薩的時候，有庫爾卡人、不丹人、印度人，還有中國人。一到過年了，不論哪一個國家的，商人過年都要請拉薩的商人，得要過六七個年，六個不同的民族，過年的時間也不同；時間不同，時間有標準？我舉個例子，這是現實的。時沒有定體的，不是個標準的；時無定體，依法上立，依他心來立。

懂得這個涵義？像這種文字，你讀《華嚴經》沒辦法進入，但是你把它轉過來，從你的日常生活想，那甚深的法說的就是你日常行為，看你怎麼用心？

在《華嚴經》第十一品〈淨行品〉，智首菩薩問，文殊師利菩薩答，就是這個涵義。為什麼？業障很重的，怎麼能夠成佛？一步一步的。文殊師利菩薩答的很簡單，看他怎麼用心；因為這個是很圓融的，一個頓證一個漸悟。六千比丘是頓悟、頓證。文殊師利菩薩教善財童子，善財童子是漸悟的。文殊菩薩度六千比丘之後，度善財童子。善財童子，就不是讓他頓悟的，教給他怎麼樣去參五十三參。這個是在逝多林末會。前邊那個無言說，沒有說法，佛就放光，菩薩要問的問題解答了，那個叫本會。本會比這個六千比丘頓證的還要進步，所以叫本會。善財童子五十三參，這個這叫末會。這是本會末會的差別。

以前有道友這樣問過我，他說：「我拜了好多年的普賢菩薩，怎麼沒有見到？什麼好處都沒得到！」他希望我給他解答一下。我說：「你想得到什麼？第一確定你想得到什麼？你在人間才拜了幾年，念了幾年的〈普賢行願品〉，就想見普賢菩薩？」我說，我幾十年了還沒見到，我天天念〈普賢行願品〉，我不能念全文，十大願王我必須得念的。走路上都在念，也沒有見到普賢菩薩。他說：「那怎麼辦？」我說：「何必要見普賢菩薩？」他說：「哪個學法求善人，不見普賢菩薩？」我說：「你照他的話做就行了。」

普賢菩薩並沒有要求你怎麼聽話，他是讓你去做；你要做了，你不是天天見他？你想，你念普賢菩薩的〈普賢行願品〉時候，就見普賢菩

薩。你別認為普賢菩薩是給善財童子說的，那就是給你說的，大家要會想。或是求見阿彌陀佛，一心想，非得我做夢看見，或者放個光，給我一朵蓮花，沒用的。有用的是什麼？先把你自己的心轉一下，轉什麼？轉到阿彌陀佛的四十八願怎麼說的，你也去做，不必再見他！

要是你不聽師父的話，天天見他，像侍者不是天天在師父跟前？不聽話，見了又如何？一個弟子從來不在師父跟前，來了，師父對他非常的歡喜，因為他做他的事，照他說的話去做。阿難尊者不是一天在釋迦牟尼佛旁邊？別人都成了阿羅漢，他還沒有成。釋迦牟尼佛涅槃了，他才成就的，見又有什麼用？我們有好多道友，剛一修哪個法，就想求靈驗啊！求文殊菩薩要見文殊菩薩，求觀音菩薩要見觀音菩薩，見到他也沒辦法！菩薩還沒辦法？他轉不動你的業，自己的業得你自己轉，你的業障得你自己消。

普賢菩薩十大願可以代眾生受苦？菩薩的願是代你受苦，代不了的！他怎麼代不了？我在監獄裡頭，天天求菩薩代，菩薩也沒來代我；還得我滿了才把我放了。為什麼？你的感不夠。真正學教理，學通的人，他不要求見相，見光了，對你沒什麼幫助。可能你見了光，佛菩薩又給我放光！得！懈怠了，我成道了、不得了，吹噓了，攀緣去了。人一聽說，啊！這個人見著佛放光了，見著地藏菩薩了。

好多道友學地藏法門，問我：「地藏菩薩怎麼加持你？」我說什麼也沒有，就是加持我，讓我每天念《地藏經》，他說那還要加持？是啊！佛菩薩不加持，你會斷的，你就不念了。不論行路、坐飛機、坐火車，不論作什麼，我沒有斷過，這就是佛菩薩的加持！還要怎麼加持

你？把你業障消了？你做生意讓你發財，這叫加持？發了財，你卻是去造罪的；現在你業障沒消，或是得點神通，你會假這個神通吹噓，貪緣，貪世間因果去了；反而是功夫沒到那個地位，不要求見什麼相，見什麼好，這都沒用處。

自己修心轉變了　你就見到了

自己修心轉變了，你就見到了。你的行為跟普賢相似，相似也辦不到，沾普賢一點邊，這也辦不到。你每天能念普賢十大願，想想普賢菩薩幹什麼？能有這個想法也就是見到普賢菩薩。善財童子證到等覺位的菩薩，在菩提場見到普賢菩薩之後，入普賢菩薩一個汗毛孔；在經上說，他所入的菩薩汗毛孔中，有不可思議的境界，他在那裡邊修行，就像我們到遊藝場，到百貨商店一樣的，有觀不盡的風景，沒看見的事太多了。一一毛孔就是一個大千世界，他在那來回轉，從那個門出來才知道不可思議境界，這才叫入法界。

善財童子以等覺位的菩薩入普賢一一毛孔中，他在裡頭認為他修行好長時間啊！其實沒有好長時間，這個時間叫頓證。無量劫來的事，無量劫來的業，都在這個毛孔中頓現，這叫頓入普賢行海。善財童子在這裡證了毗盧遮那佛果，善財童子就是一生成就的，這叫什麼？叫果後普賢。成佛之後，行普賢的行門，叫果後普賢。

《華嚴經》的前三十八品，生信心、發覺悟、起普賢行，完了照修，到現在證入，這叫頓證。頓證就不說次第，漸證的過程要說次第。像我們中國的禪宗，他一開悟了，頓悟不說次第，不說修行。像我們漸修的，禮佛、拜懺、懺悔、讀經、學經；學就是修，修也就是學。一個

是從文字、從語言；一個是從心理、從思想；你真正明白了，知道一切
言說都無實義，這叫言語道斷。心裡所想的都不是的，妄想心所緣念
的，止住這個，心行處滅。究竟是悟？是沒悟？參禪的人就頓悟，我們
學法的人叫漸悟，從前不明白，但是這一聽說，或者一念經啊！我不曉
得諸位道友有沒有這感覺？當你念一遍二遍，對這部經不怎麼瞭解，或
者一句兩句話瞭解了，對全經不瞭解；當你讀到一千遍一萬遍的時候，
這部經差不多你都會背了。念了一萬遍，那個時候這也叫悟。悟就是明
白，沒有其他的，明白自己的心跟佛心無二無別，明白自己的心跟眾生
心無二無別，這樣你就理解了。

剎那際定　具足無量三昧

　　人家說：「洞中方七日，世上幾千年。」在山裡住洞，這是說他入
定了。他本來感覺只有七天的功夫，在人世間上說幾千年，洞外就是幾
千年。定有大小，有能自主的，有不能自主的。入、出、住，入定、出
定、住定都能自覺；想入就入，想住就住，想出就出，這個才叫真正的
定。到這個定的最究竟，叫剎那際定。

　　這個時候善財童子入剎那際定了，這個定叫剎那際，這個裡頭具足
無量三昧。佛入的定就是剎那際定。佛是常在定中，沒有離開剎那際，
這就叫入法界。人人都能夠證得毗盧遮那，迷的時候就不同了，迷時就
變的不覺了，悟的時候就是覺。覺裡頭分很多，始覺、相似、分證、究
竟。沒有證入，你所學的、所修的，還沒有到家。

　　每一部經，不論大乘、小乘，總是有許多人發菩提心，行菩提道。
還有許多人生天的，還有許多人聽了謗毀的，墮三塗了。其他經論也如

是，《華嚴經》亦如是。《華嚴經》最後一品第三十九品，六千比丘是頓悟、頓證，善財童子卻是漸證。

這個就是清涼國師所分的五周四分。如果不明白這個道理，你就再看一看〈鈔〉。〈鈔〉是解釋〈疏〉的。清涼國師那時候在現在的大顯通寺著述〈華嚴疏鈔〉，〈疏〉著完之後，弟子看不懂不能入，就請求他；他又著述〈鈔〉來解釋〈疏〉。

第六講竟

開悟了　沒有次第

我們依著清涼國師所說的六位因果，生了信，發了覺悟，起了行，照了修；直到最後，頓證菩提。頓證，不須要說次第；漸證，要說次第。例如中國的禪宗，開悟了，沒有次第。什麼是開悟的形象？開悟了，言語沒有了。「言語道斷，心行處滅。」心裡的思惟沒有了，一切語言都沒有實意，但有言說都無實意，只可意會不能言傳。

在沒有證沒有悟的時候，是一般的凡夫。禪宗是不講果位的，也沒有說修因的。要是有言說，還有個修因，有個果位可證，那就不叫禪了。我們經常說：「洞中方七日，世上幾千年。」那個洞不是山洞的洞，而是定，住在山裡修行入定了。

像我們入法界之後，依人證悟得到了，就成了得了。那個得不是道德的德，行道有得於心，但是跟我們現在講的《華嚴經》不一樣，《華嚴經》是入了法界，是證悟了。

人人都能證得毗盧遮那，為什麼不說證入釋迦牟尼？不說證得盧舍

那？只能說證得毗盧遮那？毗盧遮那是法界身，是法身。釋迦牟尼佛是妙用，是化身。盧舍那是報身，無量億劫修得的果報身；化身不同，法身則是人人本具的。

我們講〈起信論〉叫本覺。毗盧遮那是本覺，這個本覺跟我們凡夫的本覺有所差別。我們把本覺迷了，迷了之後就變成不覺。在這不覺當中，像我們善根又發現了，又信了佛又發了心。信佛發心，這叫始覺，這樣才開始漸漸覺悟。

《華嚴經》是講次第的，不是不講次第的，是無次第的次第，有了次第而說十信、十住、十行、十迴向，只是相似，這叫次第。相似好像見到法身了，實際上還沒有證得，還是屬於沒覺，這個不覺比起全不覺的又不同了。比始覺又好的很多了，是相似、登地的菩薩，他叫分證覺，覺悟一分證一分，但是下位不知上位事。

要是不能證入，說法還有什麼用處？說了也不能入啊！所以你看一切經，在每一法會不論講哪部經，後頭都有好多證道者。像小乘法講《阿含經》，他聞法證悟了，證阿羅漢：大乘的教義，聞了法都說發菩提心，有許多人發了菩提心，許多人入了三昧。《華嚴經》也如是。在最後，六千比丘成道了，頓悟的。善財童子則是漸悟的，成道了。

這就是清涼國師所分的五周四分。

我們現在講講〈合論〉，〈合論〉的是對於整個《華嚴經》的論述。誰論述的？是方山長者李通玄，他的分法跟清涼國師有所差別，李通玄只分十段長科。

　　從一開始，明始成正覺。始成正覺就是從〈世主妙嚴品〉開始，第一個長科就指著《華嚴經》的〈世主妙嚴品〉，這是佛最初成佛的時候，李通玄把這一品經作一個長科，整部《華嚴經》，李通玄分成十大科，不叫段，叫科。第一個長科，說的都是最初毗盧遮那佛的化身佛，最初成佛的果德。

　　第二個長科，明舉果勸修，從〈如來現相品〉以下至〈毗盧遮那品〉總共有五品經文，加上前頭〈世主妙嚴品〉，共六品。這都是舉佛所成的果，勸人去修，舉果勸修，還沒有信；但是不信怎麼能修？雖然含著信，但是沒有這樣標明，不像清涼國師把信說得很多很長。

　　在李長者，這是舉果勸修；舉佛的果德，勸你依照去修行。如來所現的法相，〈如來現相品〉到〈毗盧遮那品〉，再加上〈世主妙嚴品〉，就是舉佛所成就的果，勸令一切眾生修行，你要修才能入。長者李通玄是從禪宗修成的，想利益眾生，所以他注重修，修才能入。清涼國師跟李長者的著重點不同；清涼國師著重點在信，信才能修。李長者著重在修，修自然就具足信了。因為禪宗是注重修的。清涼國師是依據文殊師利菩薩，文殊師利菩薩是注重信的；起信才能起修，不信怎能修？所以文殊師利菩薩勸信，這是差別點。

　　第三大科，明以果成信。到了第三科，李通玄才談到信，依果成信。從〈如來名號品〉以下至〈賢首品〉，大概有六品經說十個智佛，以自心之果，成就他那個心，心就是果。明什麼？明智；智心的智。十個智佛，是以不動智佛為首。明自心智，隨所分別，智無所動；李長者把信放到第三個長科，以果來成信。

淺說華嚴大意

從〈如來名號品〉至〈賢首品〉，也是有六品經文。這六品經文，李長者所分析的，跟〈疏鈔〉大致相同。讓你信什麼？信佛的智身。佛的身，法、報、化三身。《華嚴經》不同，《華嚴經》是講十身；這十個身都是智慧身，就是你自心的果。文殊師利菩薩是從不動世界來的，不動世界是以不動智佛為首的，專明自己的心智。雖然是緣一切法的分別性沒所動，不動；這不動的意思，叫做無分別智。在唯識講轉八識成四智，但是無分別智就叫差別智。無分別，為什麼叫差別？就是在差別上不差別，因為在事法界裡頭的事相，千差萬別，但是用智慧來照千差萬別的事，叫差別智。

這個差別智在《華嚴經》就叫不動智，又叫自心智，自己心的智慧。雖然種種的性，種種的差別不為所動，雖分別，差別智無所動，就叫隨分別性無所動。李長者把這幾品經分為不動智，成立一大科，這是第三個長科。

懸談的目的　是使你學的能有入處

第四個長科，明入真實證，也就是證真實。講這個真實證，一共有六品經文。他把六品經文劃為入真實證，全講十住的，以十住為體。住什麼？住佛的智慧家。為什麼初住位發心住就能示現成佛？因為他住在佛的家裡。十住都是住在佛的家，不是家庭的家，而是智慧家。這智慧家又住什麼？住到佛的心，佛的心是什麼樣的？就是智慧，就是佛的家。換句話說，住在佛的智慧家裡，真實證就這樣解釋。在〈論〉文中解釋《華嚴經》，就這樣解釋的。大家注意這個之後，一旦學起《華嚴經》，你不會沒有頭緒了，清楚得很。為什麼要懸談？懸談的目的，在

還沒有講經之前就把它分析了，使你學的能有入處。

第五個長科，明發行修行。從夜摩天以下有四品經文，以十行為體，行佛行故；佛怎麼作，我就怎麼樣作，發心修行。長者叫發行修行，或者發心修行；這就是勸修。勸修，就是你沒有修行才勸你修。但是必須還得有信，不信怎能修啊？有信心了之後，發心修行。從夜摩天以下有四品經，這四品經是以十行為體；前頭是以十住為體，前頭是舉果德，沒有說信，信含在果德裡。

第六個長科，明智悲相入，明智慧跟大悲，互相攝入，智相悲相，智入於悲，悲入于智。我們經常說大悲，大悲必須有智慧，沒有智慧不能成為大悲，從〈升兜率天宮品〉以下就三品經文，都說的十迴向的體。體圓了，真諦跟俗諦成大悲。

按清涼國師的五周四分，李通玄長者把他合起來分為十長科，《華嚴經》全部的經義，每品都要以十段來敘述。他把它分成十行、十住、十迴向，沒有十信。他講到這一段，升兜率天宮以下三品經文，說的是十迴向品，就是經名裡頭所引證的十迴向。十迴向是什麼涵義？講的就是智慧和大悲。有智慧沒有大悲心，那個智慧不叫稱性的智慧，是二乘人的智慧，偏於一面；有了大悲心沒有智慧，那叫愛見大悲，屬於一切眾生的情感的悲憫，那不叫大悲。真正的大悲心，必須悲智雙運，這在清涼國師講，是信位的菩薩、住位的菩薩。第十品〈菩薩問明品〉就是講這個問題。

菩薩在行菩薩道的時候要有智慧，要有大悲心。沒有智慧，沒有大悲心，又怎麼能利益眾生？長者李通玄把它講成〈十迴向品〉，明智

悲相入。他從〈升兜率天宮品〉三品經文，就是十迴向的體，這幾品經文全說的是十迴向。從這方面我們可以知道，發心學華嚴的每位道友，如果沒有利益眾生的大悲心，在華嚴教義講，你不是佛教徒；凡是佛教徒，佛的弟子，都應該發利益眾生的心。

在行的時候，你或許沒有做，但是都應該發利益眾生的心。眾生包括很多，不是只指人類，像螞蟻、飛禽、走獸，統統包括在內。不論它的感報體積的大小，壽命的長短。通通一樣的，只要是有情的眾生，你都應該以大悲心普度他。

體積最小的、壽命最短的，是什麼？一種極小的小蟲，水面上的叫蜉蝣。蜉蝣是早晨生了，晚上死。我們怎麼樣利益牠，怎麼樣度牠？比如說，你在水上，或者水池裡頭，或者外頭種的蓮花，那個蓮花蓬裡頭，看見水上小蟲子，你給牠說三皈，不要認為牠不懂，你見一切眾生，都給牠說個三皈。

你走到公園裡，走到動物園裡，看見的全是眾生，你給牠說三皈，被人看見了，把你當成個怪物，你可以不要出聲，你心裡默念，給牠說個三皈，就度牠了。你別認為牠聽不懂，這叫種善根。你在一切時在一切處，都可以給牠說個三皈，無意當中就把牠度了。度的時候，你還不知道。這涵義就是說，你見了一個眾生，沒有智慧、沒有大悲心，不會做這個事的。

今天你聽到了，以前你到哪去，看到一個眾生會給牠說個三皈沒有？我想大多數沒有說過三皈吧！見了一切眾生，隨時隨地，空中飛的、地上爬的、水裡游的，只要有眾生處，你要給牠受個三皈，這就叫

大悲智慧。

我再舉個例子，在一九四零年我去西藏的時候，經過香港，香港的出家人早晨千萬莫出去，頂好晚一點出去。特別是比丘尼最好不上街，香港人如果早晨碰見和尚，特別是碰見比丘尼，就說他這一天非常倒楣，幹什麼事都不會順當，就吐我們的口水。不過那時我去香港的時候，穿的不是和尚裝，穿的是喇嘛裝，喇嘛裝也不是現在披的那個喇嘛裝，穿的是便服喇嘛，因為那個時候在北京雍和宮的喇嘛跟西藏的喇嘛服裝不一樣。在北京的喇嘛有專門上朝用的，滿清王朝的喇嘛都要上朝的。現在人看著不知道這是什麼怪物，因為沒有這種服裝，不認為這是出家人，他心裡沒有反感。

漸漸地香港不同了，弘揚佛法的多了，佛學院也多了，信佛的也多了，這種現相沒有了。見著生歡喜心了，這得靠你的大悲心，靠你的智慧。大悲心、智慧是轉化現實的，環境也是隨時變的。現在我們國家也落實宗教政策了，一切都會變的。

世間相總是隨時在變的

世間相總是隨時在變的，但是有一個條件，凡是我們出家人，凡是佛弟子，都應該如是觀想。我也沒有智慧、也沒有大悲，但是我有一個做好事的心。總是幫助人家，在我們佛教說叫利益眾生。這就是好人。我不傷害別人，只幫助別人。經常想的，是給別人打算，不是給自己打算，這就好人。經常想害人，一天到晚就是為了自己怎麼樣好，自己怎麼樣舒服，自己怎麼樣享受，這不叫大悲；跟大悲相反的。也不叫有智慧。

比如我們這些窮和尚、窮比丘、窮比丘尼，我們說利益人，利益人不是一定拿錢，利益眾生不是一定拿錢。給他點東西，那利益不到他的，反而是增長他的貪心。

我剛才跟大家說的，看到一切眾生給牠受三皈，以我們力量所及的，能夠救度牠就救度牠；力所不能及，那就給牠受三皈，這是法供養。供養牠、救度牠，當你遇到一切眾生，不論牠體積大小，給牠說個三皈。這費不到你什麼時間的，對你毫無損失，牠所得的利益、種的善根可大了。但是你也得有大悲心才能隨時作如是供養，才能作如是想法；如果沒有大悲心你做不到的。你看見都忘了，在屋子裡頭，你發心見了眾生給牠受三皈，看見眾生反而給忘了，我們諸位回想回想，我們是不是見了眾生都說過三皈，你能說過幾次？你有沒有？沒有的，從今以後你要多做一些。

要有智慧，要有大悲心，不要一天到晚只想自己怎麼修道，怎麼成佛；成了佛，還是要利益眾生。我們佛弟子的生存就是為了利益眾生，自己修也是為了利益眾生。成佛度眾生，度得更廣一點，智慧更大一點。你那個大悲心智慧心，更增勝多少倍！度起眾生來才有沒障礙。我們現在沒做，過去沒這樣做，沒有智慧，沒有大悲。聽到這段經文、這段解釋，我們就做。為什麼要這樣做？先理解華嚴義，華嚴義最重要的是「心佛與眾生，是三無差別」。看是利益眾生，實際上是啟發我們的大悲心、智慧心，就是自己很快成佛，成了佛大悲心更大，智慧更大，度眾生更廣，究竟度眾生。

還要迴向。迴就是迴自向他，包括自己所有的功德，所有的修行；

所有的一切一切都給眾生，這是下迴向。還有上迴向，迴向給諸佛，完了又迴向諸佛的功德。我們禮佛、拜佛、聽經、聞法，這個功德又迴向給眾生，把佛的心迴向給眾生。我們現前的心，把佛的心一起迴向給眾生，這就是「心佛與眾生，是三無差別」。因為一體故，諸佛的心跟一切眾生心，跟我現前一念心，平等平等；三心就是一心，這樣的觀照就叫圓滿了。

這叫同體大悲，沒有智慧，認不得同體大悲，因為我跟眾生是同一體故，但是我跟眾生現在一切的生活，一切的事物，都屬於事法界，但是眾生跟我是一體的，這是理法界。理能成就事，事能顯理，理事圓融。這樣的大悲叫智慧大悲，這就真正有智慧了。這就是華嚴的大悲心，《華嚴經》這三品經文講的就這個道理。這是第六大科。

第七個長科，明蘊修成德。在他化自在天中，〈十地品〉一品經，就是蘊修前面的三法，把它養成一種習慣，成就這種習慣。即第七大科，明蘊修成德。處所是在他化自在天。經文是〈十地品〉。蘊修的，把它養成習慣。前頭講的是住、行、迴向；現在講的是十地。經過十住、十行、十迴向，他修行已經成慣例了，慣習了，習種性成就；只要他心裡一作意，就能現前；習慣了，只要一作意就現前。

我不曉得大家有沒有這種感覺，例如你誦《金剛經》或者只誦一部《彌陀經》，只誦一卷《心經》最少了，但是一作意，乃至一稱「觀自在菩薩照見五蘊皆空」，到「揭諦揭諦，波羅揭諦，波羅僧揭諦，菩提娑婆訶」，連經帶咒一作意全部現前。因為字不多，二百六十個字。《華嚴經》如果你念誦久了，讀誦久了，學習久了，你一作意，全部現

前；這就是熏習久，慣習了，成就慣習就頓現了。我們女眾道友大多是家庭主婦，她在廚房做什麼事的很習慣。一天都做家務事，非常習慣，順手拈來就是了，這都叫慣習。有的道友說：「我的煩惱很多，怎麼一來就煩惱？」慣習，無量劫來你習慣煩惱，遇事就煩惱；佛菩薩沒有，沒有煩惱，都變成智慧了，這也叫慣習。

第七個長科，明蘊修成德，德不是講功德的德，也不是講道德的德，行道有得於心叫德，德者得也。你所行道的，蘊處界，都把它轉化成德了。你所做的，有得於心，就是你修行的，得到你心裡頭了，就是你修行的道果，在心裡領會到了。同時，表明你的心跟外邊的境合為一了；心跟諸佛合為一，心跟一切眾生合為一，這叫得。這一段的法是在他化自在天講的，講《華嚴經》的十地，從歡喜地到法雲地，就是把前面所修的，諸行所修的全部迴向，迴向佛的國土。到了十地，是第七長科。總的題目，是李長者把一部《華嚴經》分這麼十大段，把三十九品一類一類分成十大段，這是按長者意思所分的第七大段。

第八個長科，明利生自在。利益眾生非常的自在，想怎麼做就怎麼做，怎麼做都是利益眾生。我們連繫自己不自在，為什麼不自在？沒有觀行。觀就是什麼？沒有智慧，沒有智慧利生的時候，總是不如法，不是那麼順利，就叫不自在。不自在又勉強去做，勉強去做就是大悲大智不能合一，不能合一的功夫就是觀力不夠，所以就不自在了。不但利生不自在，利益自己也不自在，修行也不自在。

為什麼總是不能自在？沒有智慧。因為我們都算是初發意的，想發心利益眾生，我們每位都有這個心，弘法利生！「若不說法度眾生，

畢竟無有報恩者」，怎麼樣才能達到利益眾生自在？我們利益眾生是不自在的，不自在就不能滿人家的願，自己也感覺著很負擔，沒有這個力量。但是我們又是佛弟子，作為三寶的弟子，人家要求你，你不能不做，要做，你必須先修；你得有資本，沒修行的資本，你又拿什麼去利益人家？

我們真正到了自己利生自在的時候，人家要求你，你給他做，或者誦經也好，拜佛也好，把你的功德迴向給他，做完了使他能夠滿願。我們越是在末法的時候，困難越多，業障也多。

法師是以法為師的人

好多人把法師兩個字理解錯了，法師是以法為師的人。那麼誰是善知識？法就是我的善知識，一切法都是我的善知識。以法利生，我們利益眾生，那是依著佛法來利益眾生。人家求我們，要給人解決問題，我們說的很好，能說不能做。現在眾生要求的也多，大公司的想求你發財：「師父！你幫我迴向迴向，讓我公司好一點順利一點，想發財。」害癌症的，醫生都沒什麼辦法！「師父！你給我迴向迴向，讓我的病好了！」你答應是答應了，迴向也給他迴向了；他不但沒發財更虧本了，你說他對你還怎麼信！

那個法師緣分很好！你知道他付出好多？只看別人現在緣分好，你不知道人家付出好多嗎？你緣分不好，前生沒有種這個因，就沒有緣，現生你就沒有這個力量。別人求你沒做到，他家有病人，他本來不怎麼信佛的，因為有了病人，在苦惱逼迫下拜拜佛，求求法師。完了，這個病人死了，他還信你嗎？你給他講經他不信你，地藏菩薩說了，他壽命

該盡了，我給你迴向，他就得到了，不墮三塗，他信嗎？他不懂得這個，他不信。

假使這類事情發生了，或者他求你，叫你給迴向，他確實好了。醫生宣佈治不了了，但是他一求你，他好了。但是求你的時候，你千萬不要全部包攬，怎麼叫全部包攬？好了，我給你迴向，這不行的。你告訴他，第一個條件你皈依三寶。第二個條件，我可以給你介紹一下，你念念《地藏經》，念觀世音菩薩名號，但是得念一萬遍。靈了，你千萬別把這個功德歸給你，這是他念的；你讚揚他，你這回念了，念得好，你家裡好了，下回要有這個事，你再念，如果六親眷屬求您你再念。哎！你別臨時念，平常也得念，效果更大了。他念念念念的就深入了，佛菩薩就加持他了。

諸位法師，不要把你自己看成了不得。你只是介紹人，誰要求你了，先給他說，我沒這個力量，轉化不了你的媽媽，或者你的痛苦，轉不了你這個業；但是我可以給你就介紹一下地藏菩薩，觀世音菩薩，他們有這力量。他為了要病好，沒辦法，他就念，一念真好了，不但他信，他周圍的眷屬都信，這跟你沒多大關係，不要認為自己功力好大。他一求，你是介紹人，是地藏菩薩加持的，觀世音菩薩救度的，你沒那麼大力量，千萬不要驕傲，你只是介紹人，當法師了你有這個責任。

你是佛法介紹所

你是佛法介紹所，社會上什麼介紹所都有，你來開個佛法介紹所，你給他轉化介紹。你當這麼介紹人都不容易了，你把他的音聲能傳到菩薩那裡去，能夠把菩薩的慈悲加到他身上去，你這麼個介紹人叫迴向。

你一天念經的時候，把那個經的力量迴向給他，也是介紹人；或者介紹《華嚴經》，介紹給他一念真靈了，他還不信嗎？

諸位道友，或者自己有毛病，或者障礙多、煩惱多。你在佛學院，已經給你介紹很多了，自己就用一用。特別你煩惱的時候，不是光學，學來是用的，特別是《地藏經》、〈普門品〉，求什麼得什麼，跪到佛前去求，菩薩是無處不在的，你一求就現前，不求也現前。就像我們拿這個手機、電話，你得撥上號對上號，號沒對通不了話呀！你這一介紹，那號撥對了，跟地藏菩薩掛上就靈了，跟觀音菩薩掛上就靈了；這效果非常之大的，不但自利也利他。這是給他人的迴向，靠菩薩的力量，靠你修行的力量；對方要求你，他心就嚮往了，得靠他的力量。

諸位法師們，你的六親眷屬或者是眾生求到你，你給人迴向迴向。有些道友來找我：「老法師！您給我迴向。」我說：「你是幹什麼的？我倆都是介紹所的成員，你也是介紹所的成員，你介紹介紹就行了，你還非要找我，你介紹還不是一樣的！」大家別當笑話聽，這叫實際工作者，給人家迴向，所以這個是利生自在。

十地菩薩利生還不自在嗎？他是自在的。為什麼？他的觀力非常強，大家讀觀世音菩薩〈普門品〉的時候，特別讀《心經》的時候，觀自在，誰觀誰自在；你不觀，當然不自在了。觀自在他怎麼得來的？他觀什麼？照見五蘊皆空，空的還能利益嗎？哎！就是空的才能利益。因為空了才能建立一切，大悲心智慧才能建立起來，不空，貪、瞋、癡、慢、疑，身、邊、戒、見、邪，好多煩惱，你空不了，空不了你利益不了眾生，得靠觀力。利生自在的時候，從〈十地品〉以下到〈離世間

品〉十二品經文，這是說明了經文之長；利益眾生很不容易，而且利益眾生達到自在的程度，從十地到十一地，專門行利益眾生的法門，度生圓滿了，其實就成佛了。從開始到終了，十地到十一地的菩薩，功行圓滿的時候，這個體性是什麼？是無作；無作亦無願，願是願力的願，這才叫自在。有作有願不自在，非得達到無證的，無作的體性。

我剛才念《心經》上「觀自在菩薩照見五蘊皆空」，照字就是無作，沒有作意的，不加造作的。一毫端一念間，這就叫法界圓明的大智體性。從十住位相似見道之初，發了菩提心之後，到十一地圓滿了。沒有時間的觀念，沒有過去、現在、未來的觀念，無時、無事，都達到無性。時就是一時，不是你那個感情，現在的妄識所能知道的。有智慧的人就能會得；無智慧的人妄想琢磨揣測，瞎分別、胡思亂想，達不到的。達不到什麼？你的利生就不自在。不自在的原因也很多，因為到地上才能斷惑，才能斷無明斷習氣。

我們經常講，那個我度的了，那個我度不了。為什麼？那個有緣，那個無緣。還有一個自在超出因緣，無性也超出因緣。所以說十地以上的菩薩，十一地自在了、圓滿了，所以利生能夠自在。

我們好多的道友，一旦遇到障礙了，遇到挫折遇到痛苦抱怨了，抱怨誰了？抱怨三寶。我就想到一個問題，十幾歲出家到了四十六歲，他做了很多放生的事業，修了一個大廟；也建寺安僧，確實是功德作了不少，他害病的時候抱怨了，他說：「我做了這麼多的事情，怎麼還讓我有病啊！怎麼會得這種病？」

大家想想看，從小出家，道心確實也不錯，現在人是死了。在生病

的時候，他打電話來，求我加持他，我說我加持不了你，我沒有這個力量，我說你還抱怨，應該懺悔，佛也示現有病！我說我的老師沒有一個不是病死的。死必須得有病，病才死；坐脫立亡，你還沒那個功力！

我說這個做什麼？我們諸位道友遇到有挫折了，煩惱了，你想的沒有滿願，抱怨來了，我出家怎麼樣、怎麼樣，或者我對普壽寺做了好多貢獻，什麼話都來了，忘了無始劫來的業，到了這個時候，更應當懺悔，更應想到自己的業。因此不要有絲毫不正確的，與道相違背離的思想，不讓它產生。產生了，你能用學法的力量認識它：「這是錯誤的。」用你學法的，學習所知道的這種力量，把它消滅掉，隨時這樣觀照，不要生起錯誤的念頭。利生自在是不是問題？

利生自在不是問題。怎麼能夠自在？《華嚴經》就告訴我們，怎麼才能夠自在，〈離世間品〉專講這個。普賢菩薩說的十定、十通、十三昧，說地上菩薩到滿心行菩薩道，到了〈離世間品〉，這個問題說的很多，十地菩薩到十一地，到這個地位上了他才懂，一切法沒有開始，也沒有終極，沒有本性，只有無作的體性，無始終、無內外。經過這麼長的修行過程，從他一發心，發菩提心，有了信心；經過十住、十行、十迴向、十地，到了十一地，一念間成就了。無量劫就是一念間，連這一念間也沒有，沒有時間的概念，沒有處所的概念，沒有過去未來現在的概念，無量劫就是一念，一念延伸就是無量劫。這才叫成就了。

不要看著無量劫，或者三大阿僧祇劫修成了，這是時間的概念，有過去、有現在、有未來，過去現在未來是沒有一定的，是沒有的。我們簡單說，明天，明天還沒來。有嗎？來都沒來，哪有啊！昨天，昨天

過去，過去不再存在，你再永遠也拉不回來了。過去就是過去，未來還沒來，現在不住，能住嗎？從早晨到這下午，五、六點鐘。再一會就七點鐘了，不住的，時間沒有一定的體性，但是你心是定的；你這個定的心，你現前這個心，沒有過去也沒有未來，現在也不住，這個心不可得。大家讀過《金剛經》，三心不可得的，佛教都講一時，無論什麼都是一時，每部經都告你一時佛在某處。什麼時？一時是無時。你說是佛在什麼時候講的，佛就現在給我們講的，一時就是這個時候，哪部經都如是。

大家經常念的覺林菩薩偈，「若人欲了知，三世一切佛，應觀法界性，一切唯心造」。你要想了知一切過去現在未來三世一切諸佛！觀觀法界性？法界是什麼？法是心，界是生起，你現前生起這一念心。法界就是一念心，無不從你這個心流出去，無不還歸你的心，《華嚴經》：「無不從此法界流，無不還歸此法界。」法界，沒有一法不是從你心念流出去的；沒有一法不是還歸你的心。你要想知道三世佛，觀觀法界性，觀觀你的心性，都是心造的；這個性是無性，這就是法界性，不是我們的情識，我們現在所用的連性的邊都沒沾到，用的是識，不是真心。

識可就不同了，有過去、有現在、有未來，有今天、有明天、有昨天。這個是識，不是心。真心，沒有。如果用真心建立世間法，利益眾生，自在利益眾生，智慧的大悲，自在利益，這叫如來的概念。諸佛的概念，有的說成佛要三大阿僧祇劫。另一種說法，沒有概念，三大阿僧祇劫成不了，經歷無量億劫。我不說已成佛的，未成佛的地藏菩薩把三千大千世界抹為微塵，一個微塵就具足無量的三千大千世界，再把它

抹為微塵，如是輾轉抹為微塵，地藏菩薩行菩薩道比這個時間還長。

　　大家念《地藏經》知道，有的說他沒有成佛的時間，他願沒滿嗎？其實他早已成佛了。成佛就是斷惑證真！其實他早已入了法界。他證得智慧，悲智無二無別，示現成菩薩道。

　　有人問我說，地藏菩薩願地獄不空誓不成佛，眾生度盡方證菩提。他說地藏菩薩還有成佛的時候嗎？我說他早已成佛。他說那經上明明說沒成佛，你怎麼這樣說？我說我的有道理，地獄不空，其實地獄沒有，那個不空就是空，有地獄嗎？眾生度盡方證菩提，有眾生可度嗎？這個道理必須以華嚴義來解釋，將來我們會講到的。如果是諸佛菩薩度眾生，見眾生相，有眾生可度，那不叫智慧大悲了，那叫愛見大悲。哪有眾生可度啊！又說：「若不說法度眾生，必定無有報恩者。」佛教上的話你必須得用理智，不用理智，你鑽進去鑽不出來，悟不到道。

　　這個觀點用簡單的話說，下大雪了，爬山爬不上來了，你不要爬山，不要走環山路，你走阜平那邊來，雖慢一點沒危險。多繞七八十公里路而已了，還能上的來。「歸元無二路，方便有多門。」佛教是圓融的。如果見眾生相度眾生，佛菩薩會累死，他永遠成不了道。

　　地獄？地獄沒有！但是你別造業，造業在你的身邊就有地獄了，信嗎？太原到五台縣都有地獄，都有看守所，也有監獄，怎麼沒有你啊？你看過嗎？對你來說，你沒這個業，那是業現。如果眾生都沒有業，那個也沒有。這個時候的業，所造的業，跟那個時候所造業的不同，環境就變。

　　一九三九年的時候，五臺山是大森林，現在呢？荒山野嶺。何處是聖境？我們看見黃沙滾滾塵土飛揚，這就是眾生見、眾生心。明白嗎？諸佛菩薩看這個地方，看五臺山：聖境，文殊菩薩道場。文殊菩薩天天在這兒講華嚴，天天說法，為什麼沒看見？為什麼沒聽到？你的業，看見五臺山又冷，一颳風更不得了。大雪下起來，你也走不到路，你看見是這個樣子，這叫什麼？肉眼凡胎，所見的不同，一切事一切物全部如是。

　　有兩個祖師在那打同參。早晨起來，那個道友還在睡覺，起來就拽他：「你還不起來，都什麼時候了！」哎呀，他說：「你把我好事給耽誤。」「你什麼好事？」他說：「我正在聽《華嚴經》！」「誰給你說《華嚴經》？」他說：「老鼠。」哈哈，他簡直是瘋子，他說老鼠跟我叫上一宿，說了一部《華嚴經》，我們聽見不是怪事嗎？不說他瘋子，至少也是傻子，他確實是這樣子。說他作夢，作夢也好，老鼠給他說法也好，完全都如是。

　　這只是個笑話。他是真的嗎？聽《華嚴經》嗎？還是跟他道友開玩笑，掩飾他睡覺，早晨不想起床。怎麼樣都可以說，真正得了，那說的是真實法。

第七講竟

從佛的智慧海方便現身　就是表這些寄位的菩薩

李長者論《華嚴經》有十個長科，現在講到第九長科，明諸賢寄位。諸賢寄位就說是十信、十住、十行、十迴向、十地、十一地，佛的出現品。

從佛的智慧海，方便出現的現身，現身就是表這些寄位的菩薩。為什麼說寄位？這個位置不是他本身的，是他寄的，假寄的，臨時寄的。以後會講什麼叫寄位。這十信位、十住位、十行位、十迴向位、等覺、十一地這些法門，一位位的菩薩，他是如何信、住、行、迴向，登地而成就的，讓我們後學者傚效修行；前人走過的路，我們照著走不會有錯誤的。

寄位這兩個字的意思舉個例子說。善財童子五十三參，他參到第二十七位，是觀音菩薩示現的迴向位；可是觀世音菩薩不是迴向位，這叫寄位。比如說文殊師利菩薩，善財童子最初參的文殊師利菩薩，是初信位；文殊師利本身不是初信，等覺菩薩了，他寄位到初信位，給善財說信位諸法，這就叫諸賢寄位。

　　這以上說的六位菩薩，從信、住、行、向、地到等覺，這叫六位，那六位裡頭包括很多很多。這些都從自己的法性性海當中方便示現。文殊菩薩就示現初信，這是我們熟悉的，觀音菩薩就示現二十七迴向。這些相都不是真實的，連佛的出現品，毗盧遮那佛的出現品，都是從他大智慧境界方便善巧出現的。寄著這個身，這示現的身都叫幻化身，不是實在的，是假相，要這樣來認識。

　　我們看見所有一切相，不是真實的，是假的。假的能產生真實的作用，是為了利益眾生而出現的。

　　我們所學的都跟著釋迦牟尼佛學的。釋迦牟尼佛是毗盧遮那佛的化身，盧舍那佛是佛的報身，這都是示現。所謂示現者不是真的，毗盧遮那是真的。這是說正報。依報，像我們所住的房子，衣食住行都是依報。所住的土地，從娑婆世界到華藏世界，娑婆世界是化身佛住的，華藏世界是報身佛住的；身不是真實，土也不是真實。毗盧遮那佛住的常寂光淨土，那是真實的。但是在我們眾生的情感當中，在我們的識情當中，認為這都是有的。我們是依有的，看得見的，摸得著的，認為這是真實的。諸佛菩薩不以這個為真實，他以無形為真實，以無形為有；以無念為念，以無住為住。

　　我們就從這個境界，多觀想多修行，完了達到一個相信的目的。但是你最初得相信。相信什麼？這些都不是智，這是識，是虛妄的。如何才是真實？《華嚴經》講的是一真法界，那是真實的。為了引發眾生方便出現的，這個示現是為了利益眾生的，所以就寄位。寄十信、十住、十行、十迴向、十地，等覺的十一地法門。

這些是對著眾生那些塵垢說的。因為一切眾生都有塵垢，塵垢就是一切障礙。我們經常說煩惱，煩惱從哪來的？很少人起觀照。起觀照就是修行。像你心裡發煩，遇著境界不如意的時候，這個時候你所學的佛法，讀經也好、念經也好，就用得上了，就是運用你的智慧來對治煩惱的；你沒得智慧，當然你就用不上了。

有時候說我們體具跟毗盧遮那佛無二無別的，諸佛是成就的，他那用是大用。我們雖然體具，可是用不上，好像不屬於你的，好像又是有的。例如說中國銀行的錢是誰的，大家都有份，中國銀行是中國人民的；你到銀行去取錢，給你嗎？你說：「這是我的，有我一份。」是，有你一份，你是人民當然有你一份，但你沒有用的權力，你只是具足，不是真有，你行使不到。人人都是毗盧遮那佛，都具足；當煩惱來了，用不上，因為你智慧還沒有，應該這樣想這個道理。

現在我們這個身是業障身，隨業而生的。你生來本身就是個障礙物。為什麼說是障礙物？我們還沒有講幾座，一會兒病了，腦殼痛了、肚子痛了，你聽不到了，這不是障礙嗎？七識八識給你障礙，這些都是例子。

曾有個道友，他說：「我跟老法師一樣。」是一樣嗎？不同的。相上都是一樣，你也是個人，我也是個人，老一點、小一點，這個沒什麼關係。我說：「你聽我講《地藏經》，你聽了多少座，你斷了多少座？我可沒缺勤，我要是缺勤就講不成了！」這是第一個。

我當學生的時候，不只我一個人，同學五十個人，只有一個中間害病死了，沒人缺過勤。五年當中不論講什麼經，沒缺過一天勤，沒曠過

一天課，我也沒得病。我們也在山裡頭，在福建福州的鼓山。你能跟我比？各有各的業。例如我開膛破肚了，還照樣能講，你幹啥去了？你奔名利去了；各有各的業，各有各的因果。

不用說聽懂，不用說開智慧，你能夠從始至終聽《華嚴經》，沒缺過一天勤，我認為你也就是不得了的了。諸佛菩薩怎麼做，大菩薩怎麼做，我也如是做。是不錯，做得到否？我們不說到等覺、妙覺，乃至像善財童子，就是一個信，你信得及否？真有信心的菩薩，他能克服一般的小小障礙；一會兒肚子疼，腦殼痛，這都不是聽經的條件，這得自己發心了。

你不認識煩惱嗎？這就是煩惱。你沒有智慧，沒有智慧就包括你沒有福德，連聞法的福德都沒有，還說信、證、修行，那是騙人的鬼話，誰相信？佛曾為了一句偈法，寧捨生命。說的時候很容易，做起時候非常地難。特別是《華嚴經》講的重重無盡，事事無礙，任何事都不能障礙；重重無盡，事事無礙，所以才叫甚深的妙法，這是第九大科。

《華嚴經》的目的讓我們趣證，這是李長者分的。第十個長科，也就是最後一科，令凡實證；令一切凡夫能夠證到毗盧遮那的境界，證得法界性。

在這個法界當中，安了六位，從十信、十住、十行、十迴向、十地、十一地，這都叫進修方便，你一位一位去修。在《華嚴經》叫行布，行布就是次第，一位一位地進修。但是這個次第是圓融的，初發心就成佛了，這就叫圓融。發了菩提心，能決定證得菩提果。發的心是自己本具的，不離體、不離用。不離體就不離大，不離用就是方廣，大方

廣而且不壞方便。方便就是一位一位的，不壞次第而得圓融。一位一位地修，隨力堪能，時間沒有長短。一位不同於一位，但是學的人要明白什麼是總相，什麼是別相，什麼是華因，什麼是果德。不滯留於最初開始，而證究竟，究竟也沒離開最初發心。

當初善財童子參文殊師利，最初起信心的時候，那時候就有優婆夷、優婆塞、五百童男、五百童女，每一個都是五百。為什麼會說五百這麼個數字？十住、十行、十迴向、十地、十一地，這當中沒有十信，只有五位。每一位都有十，這樣加起來就有五百。

還有文殊師利菩薩最初在福城東出大寶樓閣，度了六千比丘，這叫信不退位。總說有六千，還有一萬諸龍，到經裡就有了，就明萬行，這都是凡夫。

但是他們信了，信佛的果德。信了智慧門，爾後得漸修，從十住到十地，令這些凡夫都能證得實際的果德。證了果德而不壞方便，因為由方便故而達到證實的果德；證果的時候，也不取消方便。

善財童子證到等覺了，從等覺又回到最初的方便信。方便不離開本體，證得了本體之後也不壞方便；不是一證到本體，就把方便取消了，不是這個意思。一說到方便，方便是善巧法門，說方便又離開實體，這樣不可以。《華嚴經》說不離開實體，不壞方便，所以說坐微塵裡轉大法輪；一微塵就是寶王剎，令凡實證者的涵義，是這樣解釋的。

智慧越大越謙卑

淺說華嚴大意

　　我們都是學佛的人，現在所說的法是成佛之後所說的法。如果比較一下，不信佛法的，不知道佛法的，我們算有智慧的；跟已經證得果的大菩薩相比，我們還是沒有智慧。學佛的人他不會自滿，不會看不起人的；智慧越大越謙卑。

　　我們現在就在文殊師利菩薩的道場當中，五臺山就是文殊師利菩薩的道場。看看他的十大願，他是大智，要利益一切眾生，所以他的行為是普遍的，對眾生沒有揀擇的；哪個眾生好，哪個眾生不好，沒有這個揀擇的。我們不同，分別心特別大。

　　佛對眾生沒有這個看法，甚至他墮落到畜生，乃至墮落到阿修羅道，他都沒有揀擇的。他不捨一個眾生，在度化眾生的時候，他是依照眾生的根基，他能領略什麼法，就給他說什麼法；而且他度一個眾生的時候，從來不捨棄他；一直到他成佛就算達到目的，這個都叫方便進修。

　　我們經常說：「諸惡莫作，眾善奉行。」眾善奉行就是做好事。做好事，眾生還不知道怎麼樣做，怎麼樣做才算究竟？佛、菩薩就示現，這六位都是示現的方便，示現告訴他怎麼樣進修，怎麼樣做好事。跟誰學？跟菩薩學，菩薩怎麼做，我們就怎麼做？善財童子五十三參，就是給我們做榜樣的；參個善知識，這個善知識就告訴他怎樣做好事，怎麼樣來修道。

　　像善財童子五十三參，一參一參，隨著每一位菩薩，學習每一位菩薩怎麼做，這好像是次第，實際是圓融。圓融不礙次第的，因為次第才能達到圓融，圓融是圓融的次第；次第就是我們所說《華嚴經》的行

布，一行一行的，好像行布有序，不能超越的。頓證算不算超入？沒次第的，還是有個次第。我們看見印書的沒有？你看拿那個電刀切我們這個書，這個紙邊都是毛草的，切的這麼整齊，一本書電刀往下一切，好像是頓的，一刀就切下來了；它得把第一頁切了才能切第二頁，不能跳過去，還是有次第的，因為太快了，你看不見次第，叫頓。頓裡頭還是有漸的，你懂得這個道理，看著是沒次第，實際是有次第的。

明心見性成的佛是沒有作用的

這是什麼意思？明心見性，頓悟成佛，我們經常這樣講，禪宗也是這樣講。明心見性了，就成佛了。明心見性成的佛，沒有作用的，這叫素法身佛；他只是明白法身了，這個成佛。就像我們講十信滿心了，信成就了，登了初住的位，初住叫發心住。這一發心就能在一百個世界化現成佛，也是八相成道；但是他跟真正的佛差的太遠了，這是示現的，不是究竟的，這叫什麼？叫方便善巧，他的示現是有一定程度的。初住的菩薩，只是化現而已。他所說的法，只限制十信、十住的法。他勸一切眾生修行起信心，也只能到初信、十信到初住，到十行他都不知道了。十行的菩薩也不知道十迴向的事，這叫下位不知上位事。

經常有道友這樣問某一位老法師，或問某一位老和尚，你修的什麼法？你的功力如何？這些問題他沒辦法答覆你；答覆你，你也不知道。你在哪個位說哪個位的事。好多道友們，特別是在家居士請問：「師父，你現在功力怎麼樣？你修的什麼法？能不能跟我說一說？」只能答覆他：「不能說。說了你也不會信；說了，你也不知道。」因為他有他的境界相，你有你的境界相。

　　我們在鼓山的時候，有些在禪堂參禪的問老和尚，老和尚從來不答覆，理都不理他，爲什麼？沒法答覆他。問佛，佛也不答。眾生從什麼時候迷的？到什麼時候眾生才不迷？這都是佛所不答的。眾生界盡不盡？地獄空不空？佛都不會答覆他的。有的說佛有三不答，有的說佛有六不答。因爲他答覆沒有用，他沒法證入，各人是各人的業。

　　有位張無盡的老居士，他說了這麼兩句話，「斷除妄想重增病，趣向真如亦是邪。」妄想不要斷，妄想是沒有的，妄想即是真。現在我們都是妄修，在這聽課，說者聽者都是妄，這個妄能顯真，妄即是真。他說如果把妄想除了，真也就沒有，斷妄想又增加一個病。一真法界趣向真如，這也是邪知邪見，真如是不空的智慧體性。我想證得真如，想趣向真如，有這個想法是不對的；就像我們現在對一切經典，對你所作的一切事物，對佛法僧三寶恭敬供養，這算不算執著？磕頭禮拜是要消業障。再舉所有的戒律，叫你不要做的，貪、瞋、癡要不要去掉？要不要消滅它？三寶有沒有？這是要你經常用觀力去觀。在什麼位說什麼話，現在妄想你是要斷的，貪、瞋、癡是要用戒、定、慧去除的。等到你真證了，完全不執著；你看見一切眾生都是佛，以佛心觀眾生，以佛眼看眾生，眾生都是佛。現在我們以這個眾生眼來看佛，佛也不是佛；你看的是泥塑木雕的相，不是這樣嗎？

　　禪宗人說我們看經是鑽故紙堆，這各人看法不同，你從什麼入手？像這種道理非常簡單，也非常的明白。《華嚴經》一定要說的。別的經不見得這樣說。善財童子的五十三參都是表法的，告訴你這些都不是真實的，這叫方便。方便就是引入真實的，達到真實了，才知道這個方便就是真實，這都在心法上建立的。像是銅做的，你把它當成真實的，認

為是真實的，它就變了；你打開經本，認為佛就在跟我們說法，這就是佛說的，事實上也是佛說的。

在《華嚴經》上講，文殊師利菩薩到人間來，從哪來的？從大寶樓閣出來的。這個大寶樓閣是在什麼地方？沒有定處，也沒有說是什麼國土，它不是在人間。《華嚴經》說文殊菩薩從大寶樓閣來到人間，度六千比丘是頓，讓善財童子信，那是漸；頓漸兩門都有，就是表法的。表什麼法？表十信、十住、十行、十迴向、十地、十一地，表六位。六位不是六個，一位還有十位，十位還有十位，重重無盡。

方山長者李通玄把整部《華嚴經》分成十個大長科，清涼國師則是分成五周四分。古人對《華嚴經》是這麼認識的；在安排上、行布上有出入，各人有各人的看法，各人有各人的知見。

但是我們要依著什麼？依著清涼國師的〈疏鈔〉？還是依著長者的〈合論〉？都可以。等你進入了，曉得他們對《華嚴經》的語言、分科，或者分成十長科，或者分成五周四分，你就取跟你相應的部分。

還有第三位祖師，鼓山的道霈禪師，他是清朝康熙年間鼓山的一位老和尚。二十七歲時，遇著《華嚴經》生起大歡喜心，一切都放下，一生專門研究《華嚴經》。他學華嚴，看清涼國師的〈疏鈔〉，再看長者的〈合論〉，鈔意和論意大致相同的。他既不批評〈合論〉，也不批評〈疏鈔〉，也不說哪個對哪個不對，從義理上說是相同的。從解釋《華嚴經》的方便善巧說，才有所不同。例如，李長者的論裡頭沒有十信。

而我們要怎麼樣學習呢？像學畫畫的一樣，照樣畫葫蘆，他怎麼

說，我們就怎麼做。因為佛教裡頭，佛講的經論，佛所說的法，八萬四千法門都可以。就說我們小小的五臺山，你從西邊來也可以，從南邊來也可以，從北邊來也可以，從哪邊上山來都可以；好走不好走，道路上有些困難，就看你從哪方面入手就是了。

道霈禪師認為十信、十住、十行、十迴向，十地、十一地，乃至於一切三世諸佛，他們修行成道的，給我們作個榜樣，給我們學習的模式而已。就像我們要建廟，有的把它作個模型，我將來要把這個廟建成什麼樣子，做個模型；畫個圈、畫些線條，將來我們一步一步怎麼樣做。現在不是說沙盤推演？就是這個意思，他就把論和疏鈔作一部〈纂要〉，把它纂合到一起又解釋一下。

其實若從經文裡頭說，《華嚴經》的〈淨行品〉就告訴我們，怎麼樣發起信心？怎麼樣能達到信住位？智首菩薩問文殊師利菩薩，文殊師利菩薩就答覆他，要這樣做；每天念一遍〈淨行品〉，你念一遍十分鐘就夠了。一百四十一願，你要是記不得，早晨念一遍，你每天這樣念，念完了把你念誦的行持功德，迴向給一切眾生。文殊師利告訴我們就是照這樣去做。

到了〈入法界品〉、〈離世間品〉，大家聽到這個品名，離世間了，基本上就是成就了。普慧菩薩問普賢菩薩，他問了兩百個問題。普賢菩薩感覺他問得還不夠徹底，答覆他兩千個答案，問一答十。如果你能讀〈離世間品〉，讀完了，你就觀想，這都叫修行。另外還有什麼修行？最初你每天念〈淨行品〉，那你每天所做的不出這一百四十一願，這就是叫修行。因為我們修行往往走錯路，走崎路，思想經常容易拋

錯，這一錯，等你把肉身一捨，不曉得經過好長時間，很難得再遇到這些法；現在已經遇到了，要依法修行。

華嚴經的特點是一行一切行

《華嚴經》有這麼個特點，一行一切行。你修一個法門就具足一切法門了。我們舉〈淨行品〉作例子，你上廁所去了，到洗手間去了要發願。當願眾生，棄貪瞋癡，蠲除罪法。入廁時要發心，當願眾生，棄貪瞋癡，蠲除罪法。你想想這個涵義，貪、瞋、癡要是去除了，不都是戒定慧了？

這以下又來重說，我們前頭意思沒說完的。我們現在講的是分經之大科。把一部《華嚴經》分成幾大段落，現在我們講這段是分經大科裡頭。下一科，顯《華嚴經》的理，顯它的宗旨，完了還說它的趣向。

方山長者李通玄他的主題就是剎那際。十定之中的剎那際定，它是用於示現成佛，入於涅槃，不離開一剎那際。依照〈論〉的意思，這一部《華嚴經》總有五個因果遍周。哪五個？示現成正覺因果遍周，有五品經。第二個是進修因果遍周，從〈如來名號品〉以下到十住、十行、十迴向、十地，一共有有二十品經，這是進修因果。第三個是定體遍周，就是十定、十通、十忍。第四，行海遍周，遍是普遍的意思；周是無缺陷、圓滿的意思，那就是〈普賢行品〉、〈離世間品〉。

第五，法界不思議大圓明智海遍周，那就是〈入法界品〉。善財童子五十三參最後一品，以此一部《華嚴經》，五品之內每品都有「爾時世尊在摩揭提國」，明此五法。這五法是怎麼分的？一時，一法界，一

剎那際，一體用，一切諸佛共同之法。時、法界、剎那、體用、諸佛共同之法。這一切諸法就是一個剎那際。剎那際，這時間極短，連一眨眼的時間都沒有，就是剎那際。乃至說化佛，釋迦牟尼降神、入胎、示現成佛、入涅槃這麼多的過程，就是一剎那際。這就是方山長者李通玄講的五種因果，跟清涼國師所講的略有不同。

講佛的因果。第一周講佛的因，《大方廣佛華嚴經》的「華」；佛的果就遍周。遍周就遍於法界之內，遍於我們的修行一樣的。這裡頭一共有六品經文，講的都是毗盧遮那佛的因果，這就叫因果周。果徹因源，因該果海，這是毗盧遮那的因果。怎麼樣進修？從〈如來名號品〉以下，十信、十住、十行、十迴向、十地，一共有二十品，就是進修的因果周；修因的因果周，要記住！到講經的時候，你就知道他的次第了。

第三個就講定，修定。戒定慧的定，這個定是普賢菩薩說的，是在十定、十通、十忍三品，這叫定體因果。定叫什麼定？定都有名字的，不是凡夫，也不是人天定。我們前頭剛講的方山長者李通玄把它叫作「剎那際定」。剎那際就是一念，一念就是九十個剎那。我們往往講定的時候，就說這一定定了好長時間，這個不是，這叫剎那際。剎那際就是沒有時間的時間，勉強說是剎那際。一剎那之中有九百個生滅，一起一伏。定體的周遍，叫十定、十通、十忍，三而合一了。

第四個，行海遍周。〈普賢行品〉不是〈普賢行願品〉，兩個是有區別的，這個地方講的是〈普賢行品〉；〈普賢行願品〉是後來三譯華嚴的時候，唐朝貞元年間翻譯的。〈普賢行願品〉是果後普賢，〈普

賢行品〉是因地的普賢。〈普賢行願品〉是成了佛之後，善財童子已經五十三參了，五十三參到最後，參到等覺菩薩了，他已經入了佛位了。文殊師利菩薩叫他參普賢菩薩，那就是果後的普賢；成了佛之後要行普賢菩薩的行願。善財童子入普賢行願，善財童子入了普賢菩薩的一毛孔中，遍遊無量塵刹的世界，每一世界都有一佛，遍參一切塵刹佛的世界，這個叫果後行因。

〈普賢行願品〉，這是大家常誦的經文，這個叫法界不思議大圓明智海遍周，就是法界。凡是有形有相的、有語言的、有思惟的、有文字的，這些東西都叫法。法者就指一切法，軌生物解，任持自性。我們就舉火車爲例子，火車順著鐵軌，軌道不能超越，越出去那就脫軌了。任持自性，他順著道跑，拿這個形容。各種各樣，形形色色，種種法都叫作法。界，生長之義，這個界不是此疆彼界的那個界，這個界是另一種講法。這個界是什麼意思？生長義。生長什麼？生長一切法，這叫法界心。心生故則一切法生，心滅故則一切法滅。這個界就是心。心生一切法，心能生一切法，所以叫作法界。《華嚴經》的兩句話，大家常時觀想，「一切無不從此法界流」，都是從我們心流出去的。「一切還歸此法界」，一切無不從此法界流，一切還歸此法界，包括一切了。

這一部經到最後的時候，有正報必定有依報，說法得有處所。「爾時」到底是什麼時候？沒有時候的時候，就指著法界，這個時間就指法界，就在一念間。在密宗也是這樣講，他修到最後了，大圓滿完成了次第了，修成了什麼？一念。一念有九十個刹那，我們剛才講的「刹那際定」，念念都在定中。方山長者也講五周，這個五周的義跟疏不同；論的五周跟疏鈔的五周，在體相上是沒有什麼問題，在用上疏和論稍有不

同。前面方山長者李通玄也講了，講李通玄他對這個全部《華嚴經》的注釋，也講了清涼國師的注釋，都是解釋全部《華嚴經》的。

道霈禪師對清涼國師五周四分之義，以及李長者十段長科，他只用二句話評論。四分五周二個意思合起來，稍有不同，也就是有差別。各人有各人的觀點，但是對《華嚴經》的總體來說，他的宗旨都沒有乖錯，就是看你這個讀〈疏〉、讀〈論〉的人，看你喜歡什麼，你學什麼就好了。

不過學禪的人愛看長者的〈論〉，學教的人看〈疏鈔〉。方山長者對於整部《華嚴經》的結論，就是剎那際，全經的要義就是剎那際，把一切諸法回歸你自心，回歸於佛心；佛心就是你現在修學者的心。

清涼國師的〈疏鈔〉分析的非常細膩，學教的人喜歡。他一位一位的達到毗盧遮那佛的心，是圓融的、行布的。在方山長者李通玄定了十科，十科就是十玄門。在觀說，就是「周遍含容觀」。杜順和尚定了三觀，是三觀之中的周遍含容觀。真空絕相觀、理事無礙觀、周遍含容觀，道霈禪師把清涼國師的十玄，跟方山長者李通玄的十玄，把二個十玄合起分六個大科來解釋的。

三、顯經之宗趣

這一部《華嚴經》究竟是什麼宗旨？宗之所歸者就是趣向、目的。簡單說，要達到一個什麼目的？一切經論都讓學習者達到一個目的。在空宗上，特別是在《楞伽經》，一切法不立，不應該立什麼宗旨，那就是無宗的宗，這完全是禪宗的意思。無宗的宗，沒人進入，不能進入，

說就是教、宗就是禪；教跟宗，兩個都得通。不說，人家不進入，禪宗還要講開示，那個開示就告訴你了，告訴你什麼？參話頭。大家都知道參話頭，什麼叫話頭？不能說，一開口不是話頭了，是話尾巴了，沒說話前頭是什麼？這樣來參的，那叫不思議。但是有些經論也講究，沒法顯示了。思想達不到、議論不出來，加一個不可思議。

《華嚴經》講的不可思議，跟那個其他經論上所講的不可思議不一樣。龍樹菩薩把《華嚴經》定為《大不思議經》，不是大方廣。在〈華嚴疏鈔〉裡頭這樣辯論的。《淨名經》就是《維摩詰經》，他只是作用，不思議解脫，他只是解釋一分，沒有顯到法界圓通；圓融不思議，這是方等經跟《華嚴經》不同的。

《華嚴經》說明他所要達到的目的，他所有宗趣，不同的。不同在什麼地方？他是把法界稱為因果。普賢的法界就是因，毗盧遮那佛就是果。這個叫什麼？叫理實法界，這是《華嚴經》特殊的義理。事法界、理法界、理事無礙法界、事事無礙法界，一般的說是四法界。把這四法界合起來又說一個，理實法界；把這個因果融為一起的法界，講法界因果的。分別顯示的法界的因果，有時候說理，有時候又說圓融；有時候說性，有時候說相，相也自在，用也自在，無礙自在，這就是《華嚴經》的宗旨。《華嚴經》定的宗旨，就是理事無礙法界，把四法界都圓融了。

趣就是趣向，趣向到什麼？每一部經都有個趣向，各有各的宗旨，各有各的趣向，《楞伽經》沒有立宗，也沒有趣向。一切法不生，不應當立宗，一切法根本就不生，還有什麼宗？還有什麼語言？這純粹是拿

禪宗來立的論。

華嚴經是無宗之宗

　　但是《華嚴經》不是的，《華嚴經》是無宗之宗。《華嚴經》說即無說，宗跟說是沒有障礙的；以這個爲宗，法界理實緣起因果不思議爲宗。《華嚴經》的句子，有時候三四十個字，才點一個逗點，這才算一句話，跟其他的經不同。像我們這個，法界理實緣起因果不思議爲宗，這才一句話。這部經裡頭所講的法界理實，在《占察善惡業報經》叫「一實境界」。經，你要多看幾部，用經來解釋經，用那部經來顯這部經。這部經說的跟那部經相合了，再說明白一點就是實相，實相再說明白一點，就是我們現在的真心，平常叫真如，叫一真法界，《楞嚴經》叫妙明真心。法界也好、理實也好，緣起無相。凡事諸法因緣生，緣生無自性，一切法都是因緣生的；沒有因緣不會生起的。《華嚴經》也是因緣生的，就是這個意思。不過他講的是圓滿因果，講毗盧遮那的因果。佛的因果不是化佛，是法身佛的因果，法界理實緣起的因果，完了後面加三個字「不思議」，叫法界理實緣起因果不思議，這是以不思議爲宗。法界不思議、理實不思議、緣起不思議、因果不思議，都加個不思議。

　　這個不是講善惡果報，《華嚴經》不講善惡，也沒有善，也沒有惡，無善無惡。就是一心法界，把這一心演繹出來了，無邊無際的。那就是不思議。

　　你問《華嚴經》是什麼宗趣？不思議。所以龍樹菩薩定名爲《大不思議經》。我們以前講的《淨名經》、《維摩詰經》，他也說不思議，

明一切作用，化度眾生的一切方便善巧不思議，沒有講這麼深。他那指的是解脫，就是不思議解脫戒，是說你解脫了之後境界是什麼樣子？解脫境界之後是不思議。言語道斷心行處滅，心裡思惟的路子都是沒有的，斷了的。

　　《楞伽經》本來在禪宗是最重要的、最圓滿的，但是在華嚴五教把它判為頓教，不是圓滿的。因為圓滿的，一切眾生都能接受。《楞伽經》圓頓大教，初機的人剛入佛門的，乃至剛修行的人，或一生、兩生、三生、五生入佛門的，你接受不了，所以不成圓滿；他太孤立了，太頓了，初機沒法接受。

第八講竟

華嚴經的宗旨　法界緣起

現在解釋《華嚴經》的宗趣，這是依著清涼國師〈疏鈔〉來認識《華嚴經》。《華嚴經》的宗旨是什麼？要達到什麼目的？目的是什麼？就是「宗」。「趣」就是趣向的意思。宗之所歸者曰「趣」，每部經都有每部經的宗旨，但是《華嚴經》不同，它是以法界體、法界理、因果不思議，以此為宗。連貫起來說，就是法界理實緣起因果不思議為宗。凡說到法界了，就是平等的，每部經都有，不見得是特異。加上不思議了，就特異了；其他的經在經文裡頭說不思議，《華嚴經》從始至終都是不思議；所以這部經就是以不思議為宗，龍樹菩薩給這部經的定名，就叫《不思議經》。

每部經的定名都有它定名的涵義，就是它的宗旨宗趣。宗趣就是它的涵義。在這個宗趣裡頭，清涼國師把它定成四門，這個非常重要。不過在這個懸談當中，你不能理解就是你要進這個門，沒有開門的鑰匙你怎麼進得來？在這個前頭的懸談當中，大家要注意，你把這個懂了，全經你也瞭解個大概了。我們聽經文的時候，就不會茫然的，你有個思路的，跟著這個思路去學。這四門大家特別注意，頂好把它記下來。

　　第一個，四門的第一門「別開法界以成因果」。那就是普賢菩薩的法界為因，毗盧遮那佛的法界為果，都不離開法界。所以因果沒有離開，不離開理實法界，這是第一門。第一門是別開法界以成因果，普賢法界為因，遮那法界為果，是故因果不離理實法界，這是第一門。

　　第二門是「會融因果以同法界」。第三門是「法界因果分明顯示」，第四門是「法界因果雙融俱離」。性相渾然，無礙自在，這部經定的宗旨，先講這四門。我們說話、讀經、讀書、文字，它都要顯示，宗就是這個意思；顯示這個叫宗，宗必有歸向，就叫歸趣。宗之所歸者曰趣，趣向的趣。歸到什麼地方？趣向於何？簡單說我們達到什麼目的？每部經不論經文的多少，長和短，《心經》最短。如果念一個咒，咒就更短了，一個咒只幾句，包括無量義、包括無量經。你不解釋就叫密。密宗就是這個意思。解釋了就不密了，解釋了就顯了。這就是宗。

　　《華嚴經》的宗，就是以法界理實緣起因果不思議為宗。法界理實緣起因果不思議，這就是《華嚴經》的宗。在這部經裡，所講的是什麼？法界緣起，法界理實。法界，我們開始就講了很多了，就是心，就是生起一切諸法，萬法歸心。萬法從心流出去的，萬法還歸於心。萬法是說個大概而已，說一切法。

　　理實是什麼？在《占察善惡業報經》講的「一實境界」，就是我們所說的實相。什麼是實相？實相者無相。無相故能隨緣成一切相。無相，無相無不相。其他的經，像《楞嚴經》叫妙明真心，就是一真法界的真心，也叫真如，也叫一真法界。各部經的名詞不同，意義都是一樣，義理都是一樣的。

名詞雖多　都是指我們現前的一念心

儘管這麼多名詞，都是指我們現前的一念心，這個心有真有妄。妄依真起，真能成妄，就是我們的心。簡單說就是我們的心，法界如是，理實也如是。緣起的，我們是一切法無緣不起的；緣起無自性，凡是緣起法都無自性。一切法都是因緣生的，因緣所生的法都是空的，沒有因緣不會生起，諸法都是因緣生的，《華嚴經》也是因緣生的。現在我們講這個因緣，講的是圓滿的因緣，圓滿的果，這個圓滿的果是講毗盧遮那佛的因果，所以《華嚴經》一至六品的經文就是講毗盧遮那的因果。

為什麼後面加個「不思議」？這就不同了。《華嚴經》跟其他經不同就在加個不思議。它以不思議為宗，法界不思議、理實不思議、緣起不思議、因果不思議。這個因果不是講善惡因果的因果。特別注意，不要把它混淆了。我們平常一說因果就是善惡。《華嚴經》不講善惡因果，《華嚴經》講什麼？無善無惡。所以不講善惡因果，根本都沒有。什麼叫善？什麼叫惡？唯是一心。

《華嚴經》從始至終，叫你明白自己的心。最初是相信，信而行，行而證得，達到果德了，因不思議、果也不可思議，就是一心。要把這一心演明白，就說了一部《華嚴經》。上品華嚴，三千大千世界微塵數偈，就有這麼多，不可思議；再多了，也無非是一心。散開了，無窮無盡的，收攝回來就是你現前的心，顯心的意思。我們這個心沒有邊際的，心是什麼樣子？究竟這個心是什麼樣子？無心是什麼心？法界一切事物都是你的心。但是這個是很不可思議的。花是不是你的心？是。佛像是不是你的心？是。所有一切事物，你隨便舉什麼都是我的心。心外

無法，在我心之外，一法不立；法就是心，你找你的心在哪？就是一切法，一切法都是你的心。法外無心，心外無法。

那是無邊無際的，怎麼辦？沒辦法，加三個字，不思議。思是心裡想，議是口裡說，說不出來，議論不到，想也想不到，不可言說。《華嚴經》說了這麼多，但是不可言說，還是沒有說。不可言說的說，說就是沒有說。沒有說而說，這都要靠你意會，意會就是你思惟。這部經分四門來解釋，就是剛才我念的四門，這四門每一門都具足十義五對。這到以下再略說。

在《華嚴經》特別開了一個因果周，這個因果是法界因果，以法界之因，證法界之果。什麼是法界的因？普賢菩薩就是法界的因，什麼是法界的果？毗盧遮那就是法界的果。《華嚴經》一開始，就是以普賢菩薩為會主，就是普賢說的，他所說的全是因。

在他之前，文殊師利菩薩所說的，文殊師利菩薩為會主，所說的全是讓你發心，發菩提心，讓你信，信你自己就是毗盧遮那。因該果海，信的因，普賢菩薩；信的果，毗盧遮那。普賢菩薩是法界之因，毗盧遮那是法界之果，每隨拈一法具足法界。你拈一微塵，一微塵就是一法界大總相法門體；你拈一支花，一支花就是大總相法門體。

第一會，講的就是理實法界，實相的理際，際是個邊際，理是無際的際。用這個實相理體來解釋不可思議。

第二會，把一切的因果，普賢因，遮那果，同法界故，就是一同法界。融因果以同法界，把普賢的因跟毗盧遮那的因果融合，成為法界。

有因必有果，有個法界的因，一定有個法界的果。一因包括一法界，隨便你拈一法，就是遍法界的，因此才說《華嚴經》重重無盡。像地球所有的人類，舉一個人就都具足了，該一切人。畜生道，舉一個畜生，一切都是畜生，管它是飛禽走獸，陸上爬的，海裡頭爬的，就是眾生，就是畜生。不去分它的類，哪個國家，國家之內哪個地區。哪個國家都有好多民族，是哪個民族的，一律都不分，人就是人，這是就總體而言。隨便你舉哪一法，這一法就為主，其他法就為伴。舉一支花，這支花就是主，所有的山河大地草木人物一切都在這支花裡頭包含了，因為它是主，別的都是伴。在《華嚴經》裡講主伴圓融具德，主跟伴圓融起來了，具一切德，叫主伴圓融。反正都在法界之內，隨拈哪一法，今天說這一法，這一法就為主，其他都做伴，主伴圓融。

第三會，把法界的因果分開了，不能籠統；畜生就是畜生，人就是人。畜生又分開了，屬於飛禽、屬於走獸、屬於海裡的、屬於陸地上的；有些無形的眾生也算在內，這是我們肉眼見不到的。例如鬼道眾生，人怕鬼，你看見幾回鬼？好多眾生連他的形體，名字都不知道，你看電視或者到海洋公園裡頭去看一看，你看那海裡的眾生，沒辦法分它的類。眾生界無盡，就是這個意思。

第四會，就是「雙融俱離」，性即是相，相即是性，性相混然。分開來說，性不是相，相也不是性。要融合起來，相即是性，性即是相，這叫雙融。理實跟一切事物合為一體了，這都是教理的名相術語了。簡單說，把一切諸法融合你心裡頭，你心裡頭能盛一切諸法；這是以理實為法界，以法界為主。毗盧遮那，遮那是法界，也是以法界為主；普賢是一法界，也是以法界為主。法界是一，理實果合因菩薩，但是同時一

法界而已。

　　我們前頭講的，一門、二門、三門、四門，就是這個意思。融合起來，把一切相都回歸性。一切法，一切相，一切法都沒有了，就是一個法界而已。這叫一真法界，這是《華嚴經》講的。《華嚴經》講一真法界，一切事物，一切理實，性跟相混爲一體。「心佛與眾生，是三無差別」，是根據這個的涵義而說的，只是混（渾）然成爲一體的意思。

　　在〈十住品〉，「初發菩提心便成正覺」就講這個意思。在夜摩天的法會，功德林菩薩爲會主，叫十林菩薩。十林菩薩之中有個覺林菩薩，他讚歎佛的偈子，大家都很熟悉。沒念《地藏經》之前，要先念《華嚴經》的覺林菩薩偈頌，這是什麼意思？告訴你，《地藏經》所說的地獄，沒有；不但地獄沒有，佛也沒有，地獄是最低的，佛是功德最高的，所以他那一個偈頌就包括了，「若人欲了知，三世一切佛，應觀法界性，一切唯心造。」

　　在《華嚴經》有這麼兩句，一切諸法都是從法界而生出來的，一切諸法還歸於法界，無不從此法界流，無不還歸此法界。這是根本的教義。

你沒契入　一切都不是真法界

　　說來說去，收攝來就是一個法界；你要信，你要修行，要去證得。爲了消你的宿業，爲你的修行，爲你的成就而顯示。這一個法界不是真法界了，你契入了才是真法界；你沒契入，一切都不是真法界。因爲你現在還有障礙，就是不能無礙，處處盡是障礙，在障礙之中你不能自

在。本來是自在的，你自己給自己塑成了很多的障礙。很多道友經常說，煩惱很多、妄想很多；妄想在哪裡？你坐那裡找找什麼是妄想？什麼是煩惱？這個很不好答覆的，說不出來，他沒有定體的。

　　唐朝宰相魚朝恩，他是宰相，隨侍在皇上身邊的。當皇帝向國師請教的時候，他就問國師說：「無明從何起？何者是無明？」也就是說煩惱從哪來的？無明是總說。國師根本沒答覆他這個問題，回答的是說：「一個奴才，你還問佛法？」他就火了。「不錯，我這個奴才是皇上的奴才，一人之下，我還是萬萬人之上！」他就發火煩惱了。那國師說：「你不要生氣，你不是問我煩惱從何起嗎？煩惱就是從這裡來的，什麼是煩惱？這就是煩惱。」哈！當下就開悟了。

不明白的時候明白了　這就叫開悟

　　我們經常說開悟，不明白的時候突然明白了，這就叫開悟。我不曉得你們諸位道友法師有沒有這感覺，你聽人家講，或者念經，念了多少遍還是不明白。就像我們講說法界，法就是心，這個心怎麼生的？界生的。好像很明白，其實沒明白。但是讀經的時候，不論誰講也好，法師講也好，你自己領會也好，始終不明白。不明白就是你心裡頭沒有通。念念，或者十年、八年、二十年、三十年都不管他了，一下子你對這句話明白了，這叫開悟。乃至於這部經，從頭到尾你全明白了，大徹大悟，悟了之後，還有因果沒有？悟了之後，對你所造的業還負責不負責？還償還不償還？還是照樣還，業果不失。或者開悟了，開悟了就不昧因果了；不是不落因果，而是不昧因果。因果要還的，還的時候我們就還因，還過去作的業。現在受報，還的時候他感覺苦。你當然是苦，

害病是苦吧？你過去殺人，被人家殺是苦吧？生的時候是苦吧？老的時候是苦吧！生老病死苦，誰也離不開的。你受的時候要是開悟了，明白的時候，還的就自在了，不是障礙了。

我們看佛的故事，佛有馬麥之報，還宿債。琉璃大王殺釋種的時候，佛就頭痛。我們或者家庭、或者個人、或者自己六親眷屬，有什麼問題了，求佛菩薩加持、加持，業就了了，是這麼回事嗎？你的業果來了，或者你的父母，你就求佛加持，或者打個齋，供個眾，他業就沒有了，消了。是這樣的嗎？不是這樣子的嗎？不是這樣？大家為什麼這樣求？這裡頭就含著很深的法界義。我們的腦子總是遇什麼事，不去多思惟，不去追查原因。如果要那麼樣消，因果還有嗎？我造了很多的業，到廟裡供個齋，請幾位師父給我一念經就沒有了。哪有那麼便宜的事！如果不可能，因果不能轉不能消，我們信佛又有什麼用處？這個問題要好好思惟你才能投入。如果因果不能轉，信佛成道，你道也成不了，能成了佛嗎？業果不能轉，成得了佛嗎？業果能轉，還有因果律嗎？因果還有沒有？這個叫你好好思惟。

古來人打比方說，一個熱水，一個涼水。如果是熱水多涼水少，兩個水一合的時候，還是熱的，不是涼的了。涼水多，熱水少，二水合的時候，熱水變成涼水了。你轉的動否？不要在現相上看，世界上有很多的事，從現相上看也會生錯覺的，所以我們犯錯誤不開悟，就是你儘是錯覺給你現前，你沒有正知正見正覺，你怎麼開悟？

我們用世間的事，像這部經上說一真法界說的，你腦子糊裡糊塗的。說這怎麼回事？你還是不清楚。聽著我在這說，你心裡聽聽而已

了，怎麼回事？你還是不明白。什麼叫法界？無不從此法界流，無不還歸此法界。究竟是怎麼回事？你分辨不清楚的了。世間相你能分辨的清楚，我們常時認爲，這個水翻滾的時候，說燒開了，水燒開了不是滾嗎？我們看現相上，看很糟的東西，這糟的東西絕不是堅固的了。

以前乾隆皇帝跟他的大臣劉鏞，兩個人從北京經過青龍橋到玉泉山，青龍橋的左邊有座山，叫紅石山。紅石山的石頭非常堅硬，刻圖章的絕不刻這個石頭，刻不動。他拿杵劃，或者拿劍都不靈，那個石頭不吃這一套，梆硬的。乾隆皇帝就給劉鏞出個對子：「紅石山稀糟梆硬。」應該一動就碎了？不，它特別硬，特別堅固。紅石山過去就是玉泉山，玉泉山因爲有個泉，那個泉翻出來那個水是純白，就像我們燒水燒開了，咕嘟、咕嘟往上冒。就像那個火山，我在紐西蘭看過火山，火山一年四季都在冒，冒出來你看那是石漿，但是那個翻滾要冒出來可熱得不得了，一千度、兩千度，把石頭都變成泥漿了，劉鏞給對的就是「玉泉水翻滾冰涼。」「翻滾冰涼」，對「稀糟梆硬」。

看這兩句話，我也開悟了。嘿！其實我剛才講的就是這個，你的業看你怎麼對待，你的力量比他強了，受還是受，受就很愉快；就當娛樂遊戲一樣的。這個翻滾，火山冒的那個翻滾，跟玉泉山那個翻滾，二個你都不能下去洗澡，也不能下去游泳，哪一個都不行。因爲玉泉水的涼度非常之大的，你的身體不能適應。火山冒出來那個時間，你也不能行，那兒的溫度特別高，這叫物理。物理的「理」跟道理的「理」不能講。法理的「理」，法律的「理」，法律有道理沒道理？他那個法律是依著法律，根本不講人情，不講情理，就是依著法理。

我們說這個人不講道理，沒有一個講道理的，因為這個道理說不清楚。你是哪個道理？但是我們佛教講的道理是心理，叫法界理，叫實際理地；這個才是真的。

《華嚴經》玄的不得了。玄妙就是因為超過我們思想意識，我們現在思想意識達不到，這才玄妙。等你思想達到了，還有什麼玄？什麼妙？還不是白菜、豆腐、蘿蔔一樣的下飯菜，懂得這個意思吧？不要看的太深了。剛才我們講的四門，好像很深似的，還沒玄！怎麼樣玄？每一門都有十義，十義要分成五對，位位都可以作宗，位位都作趣，互為宗趣，那才叫玄，這都是顯的體。《華嚴經》顯大，都顯這個大。說是五門十義這就玄，十玄門。大家理解到華嚴義，都明白這個法界義，又是因果緣起的法界，有的是理實法界，因果緣起的法界跟這理實的法界。這叫不思議。雖然分四門，解釋而已。四門非四門，一體而已，就是一個體，就是一實法界，這是整個的一部《華嚴經》，這是《華嚴經》的宗趣。清涼國師〈華嚴疏鈔〉是這樣解釋的。

李長者的〈合論〉略有不同。他說這部《華嚴經》是毗盧遮那的大智慧法界，它的自體是寂的。方廣是相用，從自體而起的。自體雖然是寂的，但是它的用是相用，就是方廣。自體的相用圓滿了，自體的寂用圓滿了，自體當中有種寂，就是定，用就是慧。從自體的體會，相用和智慧跟定力，圓滿的果德。法身、報身、化身，性、相，一切都無礙的，這是佛自所成。佛自所成；就是佛運用的，這叫宗。

這句話沒逗點，二十多個字，「毗盧遮那大智法界本真自體寂用圓滿果德法報性相無礙佛自在所乘為宗」，中間沒逗點，就是一句話。

　　《華嚴經》難讀，沒逗點，逗點、句點，你都弄不清楚。這是佛的自乘，乘就是運載的意思。《妙法蓮華經》稱作寶乘，直至道場，道場就是佛果。禪宗的禪堂，此是選佛場，直至成佛。心空及第歸，心空了就成道了，就像中狀元一樣的。《華嚴經》上說，有的想求佛果的，給你說最上乘、最勝乘、無上乘、不思議乘。目的是什麼？宗趣是什麼？這也是解釋，是李長者的解釋。他說大方廣的意思，就是讓你們都得到如來的大智，讓一切眾生都成佛。你現在必須得有因，從因才能證果。把你自己的智慧跟佛的智慧、跟毗盧遮那的智慧合了，合成一體，就是自智跟佛智合一無二。

　　這就是《華嚴經》的宗趣。這個甚深難信，還不說你證了，最初你修因，信都不信。為什麼我們在講《華嚴經》之前講〈大乘起信論〉？就是讓你生起一個信大乘，信華嚴無上乘，信《華嚴經》的如來大智慧的境界。佛果法門，毗盧遮那佛果的這一法，你從信就進入了，信什麼？信你自己跟毗盧遮那佛無二無別，這就叫果徹因源。現在我們在因，佛是成就果，果徹因源；從因的時候就跟他無二無別。但是你一生起信心，信自己是毗盧遮那，這叫因該果海。毗盧遮那所有的一切性德你都具足了，有這麼個信心，決定能成毗盧遮那。

　　我們是講經的功德，現在念《金剛經》，消多少罪業，那功德大了。但《華嚴經》不同了，就是這麼一個信。「若有信此經中，如來大智境界佛果門而自有之」，我自己有的，就這個一個信心，有好大功德？勝過另一個人承事十佛剎微塵數諸佛。不用說十佛剎了，就是讓我們這個法堂挖到海底，這個中間微塵有好多？一個微塵一個佛。

供養的時間經過一劫，一劫是多少時間？人壽十歲，過一百年增一歲，增到八萬四千歲，經過多少個一百年，從十歲增到八萬四千歲，這叫一增。再過一百年，減一歲，過一百年減一歲，減到人壽命十歲，一增一減叫一劫。這個時間是多長？有人算過，多少億年了。供養十佛剎微塵數這麼多佛，不是一天兩天。經過一劫，這個功德大了，但是跟你相信自己是毗盧遮那佛的那個信心，還沒你這個信心的功德大，這是顯殊勝。

我們經常說要了生死，要成阿羅漢果，這個可不曉得要超過多少倍了，無法計算的倍數。我們經常求功德，無法計算的功德。就是相信毗盧遮那如來，如來的大智境界，佛果法門，是我自己有的，我也具足。就這麼一念信心，還不說你行了，還不說你修道了，你就證得了。

就這一念信心，超過了承事十佛剎微塵數那麼多佛，供養的所有功德。在經文裡頭〈賢首品〉有個偈頌，凡是偈頌都是頌揚佛的功德，或者長行說的，在頌裡再解釋一下。〈賢首品〉這個偈頌：「一切世界諸群生，少有欲求聲聞乘，求獨覺者轉復少，趣大乘者甚希有，趣大乘者猶為易，能信此法倍甚難。」這就是《大方廣佛華嚴經》佛說法的目的，它的宗旨、它的歸趣。這是用《華嚴經》〈賢首品〉一個偈頌，是讚歎佛的。所有在這個世界上的眾生，求聲聞乘的都很少，就求二乘果、求羅漢果的，求緣覺果的，求獨覺的轉少；趣向大乘的希有，可以說沒有了，有一個就希奇，希奇就是寶貝。

語言三昧就是自在無障礙

大家要想得個語言三昧，很不容易。語言三昧就是說自在無障礙，

這也是語言三昧。這個就形容著「少」。但是各地方語言又不同,這個地方最尊貴的,那個地方卻是最下賤的。我們在西藏「仁波切」翻譯成漢話就是寶貝,希有,尊貴。大喇嘛就是大善知識,凡是轉世的,都叫朱別古,朱別古就是轉世的意思。西藏沒有活佛這句話,漢地說是活佛,活著的佛;沒有圓寂的佛就是活佛,尊敬的意思。

但是他們管佛叫仁波切,仁波切是寶。我一聽翻譯就笑了。我那師父的侍者就問我,他說:「你笑啥?」我說:「這個翻譯不太好。」「嘿,仁波切還不好?」「不太好。」他問我什麼意思?我說:「我們在北京,說這個人大家都不喜歡他,說這傢伙是個寶貝。」寶貝是挖苦的話,還有說這個人沒有德,缺德。

寶貝是希有尊貴,說這個人很尊貴叫仁波切,叫寶貝。到我們這邊,罵人說:「這傢伙真是個寶貝。」寶貝是無用的別名。語言,對什麼人說什麼話。我們說投機分子,這是我們認為。佛說法就是對機說的,他不對機,說它幹什麼?你能聽《華嚴經》,華嚴這法是專對著華嚴機的。

我講這個《疏論導讀》是在溫哥華講的,已經七、八年了。他們也要我講《華嚴經》。我說:「我們隨便談一談,談談大意就好了。」大意你能進入,就不錯了。聽《華嚴經》,第一個沒這個時間,第二個,我就跟我那些弟子說:「你們沒這個福報。」「聽《華嚴經》還得有福報?」我說:「你聽哪部經都得有福報。」

你能聞到佛法也得有福報

不但聽《華嚴經》，你能聞到佛法也得有福報。你過去沒有這個善根，你聽不到。你在聽的時候，也不覺得怎麼希奇；讓你再說信，無量億，不止這個世界，把所有的世界都說上，把這個三千大千世界都說在內，不是那麼容易的了。聽到這些話，是見未見、聞未聞，從來沒聞過，從來沒見過，從來沒有經歷過，沒有這個習氣，一點邊兒都不沾。能聞得到嗎？聞不到；聞到了，好多障礙。你想聽，因緣不具足，不是這事就那事，就是讓你聽不成，很簡單。片段的聽一點，不是從頭到尾地聽，片段聽也不容易。說從頭到尾把《華嚴經》聽了一部，乃至讀一部，你自己應當慶幸。《金剛經》上說，不是一佛、二佛、三四五佛種的善根。《華嚴經》不這麼講，不是在微塵數佛種的善根，遇不到《華嚴經》。換句話說，沒有這個因緣。我們業障很重，業障歸業障，善根歸善根，這是兩個跑道。我們認為這個跑道上時間很長很長，那是你的看法，在《華嚴經》可不是這樣看法了。無量劫就是一念，一念就是無量劫；如果沒有這個心量，容不下。你怎麼能裝得了？裝裡頭溢了，流出去了、爆炸了。懂得這個道理就知道了。能信此法的，此法就是指《華嚴經》這一法，能信此法的非常難，這就是《華嚴經》的宗趣。

這是方山長者李通玄的認識。說成佛，剎那際就成佛了。就還差一點，差啥？迷了。就是迷悟之間。說是無量劫，無量億劫，就是一時，跟一時沒什麼差別。從凡夫地到你見道的時候，遇著這個經了；遇著這個經，你還不曉得修無量無量的億劫，才能成到毗盧遮那佛，但是你已經具足成佛。

無量劫就是一時，沒有前、沒有後、沒邊際、沒有始、沒有終、沒有始終內外；沒有長、沒有短、沒有大、沒有小，一切皆無。也不見

未成佛的時候，也不見成證覺的時候，也不見煩惱斷的時候，也不見菩提。證的時候，畢竟不離一念，都在一念間。修習五十位滿了，成一切種智了，都成就了，一時自在。

這裡頭包括了六相十玄。總相、別相、同相、異相、成相、壞相，這叫六相。六相十玄都是從信開始的，這都是在十信位說的。到十信滿心了，成一切種智了，都成就了，因為世間的情感，這二乘的智慧，通教菩薩的智慧，對此經還是無緣的。經文說，十信位是以文殊菩薩為會主，金色世界南方不動智佛他的上首弟子文殊師利，我們翻為妙德或妙吉祥，都是金色的。凡是說到文殊師利，說到南方不動智佛，都是金色的。這是法身的道理，金色是法身的道理。金色形容什麼？形容潔白、清淨、無垢，顯法的。法身之理，顯法身的理體。不動智，就是理中之智，法身中理的智慧，這個智慧我們都具足，所有在位都具足；不只我們人類，貓、狗，乃至一個螞蟻都具足，都共有的。

所以說一切處都是文殊師利，一切處都是金色世界，一切處都是不動智佛。信嗎？這就是要相信自己的心，無依住性，妙慧解脫。這是文殊師利，文殊師利就是你自己，自己就是文殊師利。文殊師利菩薩絕不給你生障礙的，如果你相信你自己是文殊師利，他高興死了。就是這個意思。這叫自文殊。

密宗的觀想　你很難得成就

道友們都喜歡修密宗，可是密宗的觀想，你很難得成就。你先修個壇城，什麼叫壇城？就是你修道的處所，自己先把依報建立，用酥油糌粑，學這個得學五年，但你還得精進學，不是精進學你還學不會。這屬

於工巧，自己作壇城。或者你修文殊師利，做個金色世界，八大金剛、八大菩薩、無量諸天、大梵天護法，都是你自己拿糌粑、酥油茶和起來做的。在壇城裡頭，中間設個寶座，觀想你自己坐在裡頭念咒。我們大概認為學密宗就是念咒，不對的，不完全是念咒；還要觀，化現我這個肉體跟本尊合體無遮，無一無二。

修文殊法，觀想你就是文殊，坐在那裡頭觀想，一切魔障都沒有了。因為你做的這個壇城，都是護法，周圍的四大金剛、八大護法，必須得做的，不然魔事就來了。你要是即身成佛還得了？魔王波旬天魔都會來，全靠觀力，觀想自己跟本尊無二無別。我們把修雙身法說成邪知邪見想的，那是智慧母，大悲大智的母，跟你的法身結合一體，這叫雙身集一身，報身跟法身。我們看見那個形像是男女關係，他不曉得其中的奧義，南轅北轍，錯到哪裡去了？這個沒辦法說，這是密！若說明白了就不密了，那還密嗎？把自己觀想成是文殊師利菩薩。

有幾位道友要修文殊法，修可以，念念咒，你觀想文殊師利或者觀音菩薩，是跟本尊結合起來的，你的肉身是和本尊結合起來的，合為一體。雙身非雙身，是一體的，那叫空行母。空行母是智慧母，智慧母都是文殊菩薩化身。我們現在到佛母洞，我想很多人都去朝過佛母洞，說通俗一點，你在文殊菩薩的肚子裡鑽進去，鑽出來，進一次佛母洞得到一次加持，去十次得到十次加持，那叫智慧母。智慧母產生什麼？產生智慧。不要盡用貪瞋癡的想法去想。

依照這個信心，就是無依住性，妙慧解脫，這叫自文殊，那你就是文殊了。在你的心沒有依住中，無性的妙慧理體，有沒有分別？有，有

自在的分別；無性可動，這就叫不動智佛。不動智佛就是文殊師利，文殊師利就是南方的不動智佛。理是法界的理，實際理地的理，一真法界的理就是這個理。智，文殊的智不二，理智不二。利生的事業，妙用自在。因此，一切諸佛的成就都從信心生起的，信能成就一切，「信為道源功德母，長養一切諸善根。」

所以稱文殊菩薩為十方諸佛之母，智慧母。現在黛螺頂五文殊，中間那個又稱為童子，文殊師利現個童子像叫孺童菩薩，這是說以信為主出生的，就是靠著信。信是一切修道，成道的根源，以信為主，信心成就了，你的定、你的慧解、你的觀智，什麼都具足。必須得從信生，跟你一念修得相應；相應就是你的心跟理，你這觀照思惟，跟這法性的理，合了。定力、慧力、自力，都合了，一念相應。這一念相應叫什麼？叫發菩提心。這叫從十信位滿，入了初住了，發了菩提心。

「初發心時成正覺，如是二心初心難。」你入了初住，就能十方法界現八相成道，利益眾生。這個號什麼？號普賢。文殊是妙智妙慧，沒有依止，沒有處所，這叫妙德。把這個無分別的智慧，知根的智慧，號之為不動智佛。南方不動佛是慧成的。你這個信處，就叫信心。信自己心，這是心佛相契，信住於心，這叫住心；諸佛所住，叫妙慧解脫。在這個時候，菩提心沒有一切相，這叫無生法；沒有一切相，無生，明白什麼？心外無有佛。如果是心外還有佛的話，不名信心。叫什麼？叫邪見人。一切諸佛跟你自心是相同的。一切眾生他的體性、自性，是相同的。大的體沒有差別，大方廣的大，大就是體，體無差別，都具足的，都是同體的。認識這個，就叫妙智慧，慧解現前。知道一切諸佛的心跟一切眾生的心是一個。如是的解悟，如是的信，這就是《華嚴經》的宗

趣，就李長者來說《華嚴經》的宗趣是這樣說的，不分別。

但是，文殊師利菩薩要分解成四門，不是這麼直接說的。究竟你信沒信？解沒解？明白沒明白？不要自己欺騙自己，讓眾生不要自欺，這就是《華嚴經》的宗趣。讓一切大心的眾生，相信華嚴的大道心的眾生，有時加個大字，能夠入到佛的根本的大智佛果。他叫什麼？一念契真。實際的理，般若的大智，同時現前，這叫名為佛，這叫法界的道理。法界的道理如是講，如是解說，這就是《大方廣佛華嚴經》的道理。沒有初、沒有中、沒有後，沒有初中後的三際差別。

不止《華嚴經》這樣說，《法華經》也如是說。在《華嚴經》是善財童子一生成道，漸修。怎麼叫漸修？經過五十三參的。《法華經》則是說龍女，龍是畜生道，不是成佛的，必須得人才能成佛。所以《法華經》說龍女非器，不是成佛的器。但是她刹那成佛，一刹那之間轉變成男身，轉變成佛。為什麼？信心廣大、一念頓圓，叫頓成。一念間就圓成了，這不是權教，她所修得的是實教，不愚癡故。她不是久學，才八歲的小孩子，現在成佛，也不是舊學，又是畜生女，顯她過去不是積修的，為什麼？她墮了畜生道。這叫什麼？此生所信的法門頓悟而成，理直無滯，法界體性，頓入法界，非三世收，一念應真。不是過去，未來，現在三世，一切情盡了。在娑婆世界的看見龍女成道了，娑婆世界舉眾遙見龍女到南方無垢世界成佛。《法華經》這樣說的。

為什麼都說南方？南方是正、是明，離開黑暗，離開邪知邪見。這是舉《法華經》的一個故事。證明著一真法界的體性，自己跟他互相徹，相徹的意思，通達的意思，沒垢沒障、無垢無礙的意思，這是龍

女。

　　在此經說的是善財。善財一生成佛，從凡夫地生起信心到十住契合無生了，法界的智慧生起了，頓悟成佛。龍女跟善財略有不同，善財成佛之後，又入普賢菩薩的一毛孔，參了無窮無盡的諸佛，那叫果後普賢，行普賢行。這是方山長者李通玄的解釋，他說佛果法門不可思議，「博大君子可試思焉。」具足這種知見的，可以思考一下，這是〈合論〉總說這一部《華嚴經》。

第九講竟

心就是華嚴經的本體

修行，不管你修什麼法門，拜懺也好，禮佛也好，乃至放焰口、做佛事、誦經，都是修行。舉例來說，你自己讀經的時候，你的心沒有在經上；我們在做佛事或者放焰口，或者人家請我們念《地藏經》，或者念《藥師經》，或者迴向，這都是修行，但是你做任何佛事，心在不在這個經上？在不在你做佛事上？修行就是修心，要把你這個心修好；換句話說，把心看住別讓它跑了，跑了你就修行不成了。

心就是我們講的《華嚴經》，就是你的本體。現在我們這個心是妄心，用這個妄來觀察你的真心，觀察你這個妄到什麼地方去了，把它收回來。或是妄心，或者注重身體，注重你的周圍環境，這都是假的地方；把你這個心用到真的地方，你現在用這個心是假的，把這個心用到真的上了，這個籠統你做不到。必須靠你的信心力，在修行的時候，多思惟多觀照，能夠進入法界；就是我們現在所講的，「心生則種種法生，心滅則種種法滅。」這就是入了法界的心。

依照李通玄長者所講的涵義，上次我們還沒有講完。把我們這個心

修到什麼樣程度呢？就是從你心的觀念、觀點，從我們講〈起信論〉開始，要讓你這個心跟毗盧遮那佛的大智相結合。根據你信《大方廣佛華嚴經》的信力，來修你這個心，把你這個心納入正規的道路。最正規的道路，就是跟毗盧遮那佛的大智相結合。現在我們每一座都提到大智如來，大智如來也是毗盧遮那佛，也是不動如來。

但是我們所觀照的境界是什麼境界呢？佛果的境界，我們現在是觀察不到的；但是信，就往這方面修。我們不知道也不理解，就跟著《大方廣佛華嚴經》這個教授，我們認爲這個教授的義理，就是毗盧遮那佛的果德，相信這個果德是我們本來具有的，要求你就修這麼一念的信心，相信我們自己本具有的，跟毗盧遮那所成就的果德無二無別，你就能修行這麼一個信心；要來計算它的功德，而不是求功德？我們讀《金剛經》，讀《彌陀經》乃至你所讀的一切經，都說功德。

但是那個功德跟現在我們講的，相信毗盧遮那佛的大智德相，就是這麼一個信心。它的功德有好大呢？那些經是不能相比的！例如說，我們供養十佛刹微塵數那麼多諸佛，一個佛刹是三千大千世界，把十個三千大千世界都抹爲微塵；一個微塵一個佛的刹土，一個刹土有一個諸佛，這十佛刹微塵數的刹土就十佛刹微塵的諸佛，你就修事事供養。事事供養，供養好長時間呢？供養一劫。

假使另一個人，他供養十佛刹微塵數那麼多佛，供養時間非常的長，供養一劫，拿這個功德跟你現前起的一念信心相比，信這個如來大智境界佛果的法門，是我自己本具有的。相信自己，這叫信心，比供養十佛刹微塵數諸佛，供養一個劫的時間，比那個功德大得多；因爲沒有

這個信心，你沒法進入華藏世界；換句話說，你的心不能跟法界相合，不是法界心。所以你必須得有這樣信心才能夠學《華嚴經》，否則你學不進去；信都沒有怎麼能生根呢？這個信根就不能成立。

在這種境界，舉南方的不動佛來說，什麼是不動智？不動就是如，如來的如，智就是來，智慧是照的意思，沒有來去相。我們談一件事，說你這人說話太不注重事實了，離開事實說話，好像說的是假話。我們再觀所有世間相，在世間上的一切事物有沒有個真實的，誰注重真實？實在的本來就沒有，誰又注重這個真實的事實？沒有真實的事實，根本就沒有個事實，我們說話要講究，注重實事。哪個是實事？講究竟了，事實是理實，不是事實；是理，不是事。

事實，事的實在是虛空的，是理，像虛空一樣是假的。理就是指我們的心，理的實在，那是真實的。什麼理？其他經沒這樣說，《占察善惡業報經》講的是「一實境界」。說如來的智慧的境界，是什麼境界？換句話說是什麼樣子？一實境界，這個一實境界又是什麼？就是我們現在所講的《大方廣佛華嚴經》的一真法界。

因此講不動智佛，這個智慧就是一真法界的智慧，是一切凡夫聖人都具足的，是共的。但是有的成就，有的迷惑。因此我們在一切處、一切時，都講文殊師利，是以智慧為主，五臺山是金色世界，以文殊菩薩觀察，一切處都是金色世界；不動智佛，毗盧遮那即是不動智，不動智就是毗盧遮那。

〈諸菩薩住處品〉中提出，「東方有國，名曰震旦，其土有山，號曰清涼」，清涼就是金色世界。一切處都是毗盧遮那，一切處都是不動

智。你若有這樣的信心，信自己就是不動如來，具足了不動智慧；信自己就是毗盧遮那佛，因為是心是佛，是心成佛。要有這個信心，你才能夠相信一切處都有文殊師利菩薩所成就的道場，一切時都有文殊菩薩在你身邊，有沒有這個信心？沒有，你要發心修行，我們最初講修行，修什麼？修信心，信一切處都有文殊師利菩薩在，相信你自己的心。《金剛經》告訴我們，心無所住，這個心是講性。我們經常說佛性，佛性就是我們的心；心跟性是一個，不是兩個。有時候說性，會更普遍一點，說心，有時候很容易跟我們妄心混在一起了。

例如我們看草木、山河大地，無情的，有沒有性？一切事物都有性！這個性是法界性。有情的叫體性，叫心；山河大地一切事物是無情的，叫做性。現在自己的心，為什麼達不到？自己不認識自己！這個非常微妙的，因為那是從實際理地之中所有具足的智慧，這叫理中之智，不是世智辯聰。這個是無性的，是無性的妙理，這個理就是智。無性的妙智，理就是智，智也就是理。因為在我們是真心，是沒有分別的，不屬於分別性，它是自在性。此自在怎麼得來的呢？觀得來的。《心經》第一句話就是觀自在，你這樣觀就會自在了。不這樣觀，你自在不了的。觀了可以五蘊皆空，它是照，照不是分別，「觀自在菩薩照見五蘊皆空」，而不是我們去講去分別。

這叫破除。什麼是妄？什麼是真？什麼是聖五蘊？五蘊的解釋也很多，也有這個涵義。所以要照見。智者他不是分別，我們現在所用的識是分別，它要分別什麼色、聲、香、味、觸、法，在上面起執著。我們在反省當中，不理解空和有，我們說空，就說虛空了；一說有，必須有個事物的事實。一進入菩薩位了，他就知道空有無礙；知道空有無礙這

個菩薩，他就相信自己了，相信自己是佛。理和智這樣地解釋，權乘菩薩這樣解釋，這樣認識了，理和智還不能合爲一體，是兩個不是一個。

觀自在菩薩照見五蘊皆空，理即是智，智即是理。權乘菩薩，理不是智，智不是理。他用智是從理而起的，這是智、這是用，不是體。實際上，用即是體，體即是用。這要看他是什麼地位的菩薩，看他怎麼樣用。若是從體而起的用，無障無礙的；用即是體，把無二的分作爲二，實際上是不二的，理就是智，智就是理，它是無二的。

認識到它不可思議相，自在的妙用。我們的用是局限的，不會靈活。就連這個我們也沒用上，因爲還不明白理，還不懂得理。平常我們所說的道理，道是菩提道，理是菩提理，講的菩提道理。發菩提心是因，成菩提果是果，成就了是果，但就是一個菩提，也沒有個發心，沒有個成就。像我們勸人信佛，現在這種信佛，相信外邊的佛，心外求佛，沒有相信自己是佛。剛剛有信心，這是一般佛教弟子的信佛。

這個信心，可不是我們講的這個信心。達到我們現在講的這個信心，那是很不容易的。如果你學華嚴學完了，還沒有個信心，還不相信自己是佛。那是因爲你最初開始的時候，就沒有相信自己是毗盧遮那，等到你具體學《華嚴經》的時候，你會茫然的，進不了華嚴境界。

現在開始修行　念念相信自己是佛

現在開始修行，念念相信自己是佛，每天觀照相信自己是佛。當你修淨土法門，自性彌陀，相信自己就是阿彌陀佛，相信極樂世界就是自己的依報，相信自己自性三寶，就是佛、法、僧。必須這樣修行，修行

一萬大劫,才把信心成就了再不動搖了。

現在我們所有在座學華嚴的,你能知道過去修行了好多時間的,信你自己是毗盧遮那嗎?不知道!現在有這個殊勝因緣,我們共同學習華嚴就知道了。從學習當中怎麼知道的呢?入法界。善財童子五十三參的時候,遇到文殊師利菩薩的時候,文殊菩薩就指示他參善知識。他從文殊師利菩薩處,相信自己是毗盧遮那;完了再參,一位一位地參,這叫行布,到入法界了,那叫圓融。他是參一位證一位,一信一信地參,一住一住地參;一行一行地參,一迴向一迴向地參,一地一地地參。

參到彌勒菩薩成就了,等覺菩薩了,彌勒菩薩又叫他回去參文殊師利,說你現在所成就的佛果,是從你最初相信自己能成佛,相信自己就是佛,是從這兒得來的,所以你還得回去參文殊師利菩薩。文殊師利菩薩指示他回去,再參普賢菩薩。這個參普賢菩薩是果後普賢,不是因了,是果了。用他所修行的,所得到的智慧,他自己沒法印證,就對普賢菩薩印證去了,這就是《華嚴經》。

我們現在學華嚴,《華嚴經》就是我們的老師,把《華嚴經》的境界相跟我們的心合為一體,心境不二、理智不二,這樣才能生起這個信心。我一開始就跟大家講,修行不是磕頭禮拜,也不是念阿彌陀佛這樣來修行,修什麼呢?修信自己是毗盧遮那,就修這個信心;如果修成了,修成了什麼樣子呢?生起信心了。

我們到經文裡頭就講十種信心,一位一位地學,《華嚴經》是先講行布,後講圓融;或者先講圓融,後講行布。先相信毗盧遮那果德,果德怎麼來的,從行布來的,一位一位地修行。我們經常說的,信是成

長最根本的，是智慧母。「信為道源功德母」，一切功德都是由此產生的，能夠長養你一直到成佛。因此這信心就得有智慧了。

文殊菩薩是一切諸佛之智慧母

文殊師利菩薩是一切諸佛之智慧母，母是能生長義，一切諸佛都是由文殊師利菩薩生長的，就是這個原因。一切諸佛從信生長起來的，所以必須相信自己是毗盧遮那，信自己是不動智如來，從這個信心會產生不思議的妙用。怎麼叫不思議的妙用呢？信得滿了，真正地沒有懷疑了，真正住到信位究竟了，這就入了初住了。初住菩薩叫發心住，這個時候才發菩提心度眾生，它就產生妙用了，就是一念的信心。但是在修行的過程當中，你必須有個方法。怎麼樣才能信呢？當然這裡有定、有慧，有參禪、有念佛，有修觀。

但是最初的時候，不論修什麼法門，你必須得建立信心。修念佛法門，你得有堅定不移的信心，信西方極樂世界，信阿彌陀佛現在還在說法。信阿彌陀佛四十八願，相信依佛的教導，釋迦牟尼佛的教導，我念佛一定能夠生到極樂世界，念阿彌陀佛也得有個信心。

現在依著《華嚴經》修信心，是修什麼法門呢？叫普賢行的法門。但是這個普賢所說的普賢即是文殊，文殊即是普賢，等你信心有了，自己就是毗盧遮那；自己也是文殊，自己也是普賢。大智的因，是修普賢行而得到的。

當你修普賢行的時候，成就的功德智慧，一定就是文殊師利，不可思議的妙德。文殊師利菩薩又翻妙德菩薩，就是產生的妙慧，這種說法

是不可思議，不可思議就是心想不到的。不但我們想不到，權教菩薩、十地菩薩都想不到。因為從理智上產生的智慧是不可思議的，文殊師利的智慧是從理中所產生的，因此稱他的另一個德號叫妙德，妙就不可思議，為什麼不可思議呢？因為根本智是無分別的，他從無分別智而起的差別智，差別智才能分別一切眾生的根機，就是那個善根成長的。分別眾生的根機，這又叫差別智；從根本智而起的差別智，能分別眾生的根性。

就像我們同住的道友，你看每一個人有每一個人的個性。我們所說的個性就是根性，習慣了，多生累劫成就的根性。壞也是個根性，殺人放火，做五逆十惡，他就是那個根性。我們經常講，從地獄出來的、從三惡道來的，大多數那個根性非常地惡劣。菩薩只要跟他有緣，都轉化他，知道他是什麼根性，就給他說什麼法，這種智慧叫方便善巧。我們講方便、善巧、智慧，必須從理上而生的方便、善巧。有智慧，他的方便就得解脫，越方便越解脫；無智慧的方便，越方便越束縛，解脫不了。所以說「有慧方便解」，有智慧的方便就能解脫，「無慧方便縛」，沒有智慧的方便，就把你縛住了。

我們一般地講六度，六度之中講般若是智慧，在《華嚴經》就稱智。所以《華嚴經》上講，施、戒、忍、進、禪、慧、方、願、力、智，十波羅蜜。

例如現在說信三寶，信佛、法、僧，信佛，學法；信心還沒有，更說不上成就了。我們受個三皈依，入佛門必須得有三皈，不受三皈的不算佛弟子。我們受了三皈的，算不算佛弟子呢？當然是佛弟子了，但

是可不是毗盧遮那佛的弟子，因爲他還不能具足相信毗盧遮那佛就是自己，現在所皈依的三寶就是自己，這叫「自性三寶」。

以前有人找我受三皈，我還給他講講自性三寶、理體三寶、世俗觀念的三寶、住持三寶；現在受三皈給他講，他不愛聽，我就不講了。本來受個三皈，心裡還挺舒服的，師父一講這些，弄得糊塗了，不曉得是信三寶還是不信三寶，也不曉得哪個是三寶。你給他說自性三寶，他會非常煩惱的，沒辦法進入，沒這個善根。因爲我們這個是開大座講，如果不開大座，你們這三四百人會跟我辯論的，這裡頭不全然是我講一聽就信了，多數人沒法進入。

解釋《大方廣佛華嚴經》，就是解釋這個題。不像平常先解「大」，後解「方」，後解「廣」，你必須倒過來給他解釋。什麼叫「華嚴」，什麼叫「嚴」，嚴是果，什麼是「華」？華是因，你種了善因，嚴你的佛果，完了這就是佛了。佛的本身具足體、相、用。用，佛就示現相好，這個相好，就是從大的體上來的，這叫倒著講。倒著講完了，再正著講，因體而生相，因相而生用，體、相、用是三合爲一體的；這個大可不是對著小大的大，得說清楚，你把它當大小的大就錯了。

翻來覆去的解說，目的就爲了達到一個，讓大家建立起一個信心，如果連信心都沒有，沒辦法得到成就。在《華嚴經》不講究了生死、解脫、斷煩惱；雖然會講也只是個過程，不是究竟。

你先有信心。你想學華嚴嗎？連個信心都沒有，怎麼學？這個信心也得修！不是一來了就信了，你說信我也不信，我說你不會信的。得

漸漸修，修什麼？修這個信心堅固，再不動搖了，修的是信心。就像我們當小孩子的時候，一周歲什麼都不懂，什麼也不會。你慢慢地成長，初生的小孩又會什麼呢？大家看到黛螺頂五文殊，從孺童文殊漸漸成長的。五文殊就表住、行、迴向、地，這是四位，但是必須得加上信位，孺童菩薩就代表信的。剛成長的，完了才能達到等覺、妙覺，文殊師利就代表五種了，信、住、行、向、地，一位一位的。

五文殊是代表五種法

五文殊在《華嚴經》是代表五種法，五個階段，依著這個來建立的。遍一切處都是文殊師利，遍一切處都是文殊師利教化一切眾生。要有信心，有信心了才能發起真實的菩提心。有時候發菩提心，它是真正地發菩提心。我小時候，大德們問我：「你發了菩提心沒有啊？」我說還不知道什麼叫菩提心；連菩提心是什麼還不知道，怎麼發！必須得講。沒有發菩提心，要發。怎麼發？就得學。發的時候要發真實的，什麼樣是真實的？發菩提心，我們經常說有沒有道心？發菩提心利益眾生，這都不是真實的；真實的菩提心，是相信自己是毗盧遮那，依著毗盧遮那的道路去走，到成就毗盧遮那，成就了，還是自己本具的，不是外頭來的，這才是真實的。

但是這個發心，登了初住的還是相似的，還沒達到真實程度。就這麼個信心都不容易！一個相似的都不容易。達到真實的，你還要經過三十個位子，十住、十行、十迴向，一步一步地修。到了十迴向滿心的時候，把相似變成真實的。真正的見到法身，真正地跟毗盧遮那結合到一起了，性相不二；到了初地才是一分真實。這個時候初地菩薩所發菩

提心是真實的，但是十分之中只有一分，這叫什麼呢？實際理地。已經成佛之後，還要發菩提心。善財童子參普賢菩薩，這叫果後普賢；成佛之後又行因。只有《華嚴經》這樣講，其他的經論沒有這樣講。

在沒有講《華嚴經》經文之前，先跟大家講這個意思，這是解釋《華嚴經》的特殊方法。你不懂經文，拿這個意去解釋，你就懂了，就會了。我們經常讀誦〈普賢行願品〉，你怎麼理解〈普賢行願品〉？大家都在念，也都在聽講〈普賢行願品〉。這個是果後的普賢。〈普賢行願品〉是第三譯，那是貞元年間譯的有四十卷，它有解釋，叫〈普賢行願品別行疏鈔〉。《華嚴經》最多的是唐譯八十卷，晉譯〈華嚴〉六十卷，〈普賢行願品〉一品就有四十卷，這純粹的果後普賢；是成了佛之後，行普賢行。

在經文裡所講的普賢，是果前的普賢，不是〈普賢行願品〉，而是〈普賢行品〉，所以必須有一念的相應。一念相應是什麼呢？這個信心相應了，雖然這個時候，這個佛果連我們這個邊還沒沾，煩惱還沒斷，但是這個信心建立起來了，就相似證得菩提了。信心建立起來了，行了究竟了，信心圓滿了，相似證得菩提，這叫十住的初心，十信滿了就成佛了，相似地成，這才能示現八相成道，示現化身佛的境界！在《華嚴經》另外有個名詞，叫素法身佛。素，沒有相好莊嚴，所以叫素法身。沒有功德，是說沒有佛那個功德。我們所說的成佛，示現化身佛，要三大阿僧祇劫，是從成了住，初住後算起的，不是現在從我們這個時候信佛來算起的，乃至於能示現百劫作佛，這時候才起修。一直到了成佛，要經過三大阿僧祇劫，不是我們現在。我們一般地理解錯了，從我們現在發心皈依三寶，三大阿僧祇劫才成佛了。

三大阿僧祇劫就是一念間

　　這個三大阿僧祇劫，在他來看就是一念，他相信了，就是一念間。三大阿僧祇劫沒有時間的長短，我們前頭講刹那際也就是一念間。但是能懂得了，成就這個信心了，知道在理上是平等平等的，真正的信心成就了，是相信自己，毗盧遮那，平等平等的，不但理平等，事上也能平等。爲什麼呢？從他理中的智慧得到了，認識到了，從這個智慧得到了是平等的。但是所證的果不平等，還很遠很遠。像我們道理懂得了，就是做不到。每位道友都懂得這個，斷煩惱證菩提；煩惱一斷就證了菩提，但是煩惱就是斷不了。

　　早晨剛一起來，或者誦經，或者上殿的時候先發個願：「願我今天清清淨淨的，絕不煩惱。」但是這一天下來，發願是回事，做的又是一回事。你希望別煩惱，別人踩到你的腳了，你馬上就煩惱，或者幹個什麼不方便，糾察師撥拉你一下，你也煩惱了，煩惱事太多了。不是我們說：「啊，我不煩惱！」想是想，願望是不錯的，做起來不行！就是這樣。怎麼辦呢？經常提醒自己，我自己有這麼個方法，這是我自己的，念經打瞌睡了，經行一下，你自己呵責自己。我出家以來就一個人住，一個人住的時候，沒有障礙，不妨礙別人，你喊他幾聲：「幹什麼要睡覺？要了生死！不怕下地獄嗎？」唉！你說幾聲，他就不睡了；胡思亂想，思想不集中，你也呵責自己：「不要打妄想，打妄想要下地獄噢！」

　　想想苦難，妄想就少了，這是一種方法。各人對治，要各人自己修行，說各人吃飯各人飽，各人修行各人了！你自己得想些辦法，有些

經上教我們辦法，我們拿來不相應，就是用不上，還沒學好。自己想些能用得上的，自己呵責自己，你呵責幾回就好，起碼在你誦經這個階段上，他不打妄想，不胡思亂想，不瞌睡。「開卷了然」，把經本打開，什麼都知道；「闔卷茫然」，把經本一合上，又糊裡糊塗。

照著鏡子的時候，你才知道自己哪兒髒了，擦一擦。沒有鏡子照了，你自己根本就不知道哪個地方髒了，自己見不到自己。經常聽人家開玩笑說：「嗨，你這個人，連自己都不認識！」我就問他：「你認識自己了嗎？說的多好聽！唉！連自己都不認識，沒有一個人能認識自己的。」認識自己的就是菩薩，什麼菩薩？我就是毗盧遮那！還不是化身佛；報身佛也不是，是法身佛。有好多話我們經常說，沒有去研究它。如果你一研究，有的話確實是聖境，但是有的話是凡夫，有的話是地獄，有的話是畜生。

如果是你心細一點，聽到有人說話，他就是畜生道說話的，可以斷定他十分之八是畜生道來的。這個人不懂事，不見人情，畜生道來的，你還要求他懂人事嗎？要求過高！人道來的，講禮儀，彬彬有禮。菩薩道來的，他來到人間，就是跟一般的人不同，從小孩的時候就不同。你可以對照自己，先認識自己之後才能認識到別人，你把自己和別人都認識到了，你才知道、相信，自己過去是有善根的。你知道自己是當過幾輩子和尚了嗎？回憶得起來否？做夢有沒有這種現相？你走到這個地方，走到這個廟，走到這個山裡，你忽然間有這種感覺，你說這個地方，哎喲，好熟！想起來某個地方你去過，是做夢，還是真實的，你去看看就是，因為你前生多生在這修行的緣故。

　　這是認識自己嗎？不是的，這是夢中的幻境。你這個人生，都是幻境，夢中夢，每個人都是。你活著就是在做夢，完了又有前生的夢，運用到今生，未來的那個幻境也入到現實。我的這些解釋，都是要建立信心。為什麼反覆解釋這個問題呢？不能夠進入。比如說我們過去，講過去一切諸佛成佛的因緣，他最初的因是怎麼種的？《法華經》上這樣說：若人入於塔廟中，單合掌、小低頭，看著菩薩像，就種了因；有這個因，一定能結果。結什麼果呢？最後一定能成佛，就是這個涵義。單合掌、小低頭，皆共成佛道。信嗎？還不說相信毗盧遮那，就這個你能信嗎？

　　我在廈門就有這麼個故事：廈門大學跟南普陀寺的佛學院緊俟著，從廈大的門就可以進入南普陀寺的門，這是因為以前廈大佔了很多南普陀寺的土地，才改建成廈門大學的，那批山都是南普陀的，這是歷史。

　　有一位廈大的老教授，他來到南普陀寺的廟裡，看到了：「若人入於塔廟中，單合掌、小低頭，皆共成佛道。」他就問佛學院的一位同學「你們這寫錯了」，小和尚回答說：「沒錯，這是從《法華經》摘下來的。」老教授就說：「我天天到廟裡頭來，我不是單合掌，小低頭；我是雙合掌的，我不是小低頭，我真正磕下去了。到現在我也沒成佛！不但沒成佛，佛學很多還不進入。」我們小和尚沒法答覆他，找來找去，就把他引到我那兒去了。

　　他說：「老和尚，你們這兒寫錯了。」我說：「沒錯！你想錯了。」他就舉他這個例子。我說：「單合掌、小低頭，是因哪！你雙合掌、磕頭禮拜，也是因！一定能成佛，不是現在。」他問：「怎麼解釋

啊?」我說:「你知道你當教授?這個你該知道?你怎麼當教授?你不是一上來就當教授,你得有個因,因跟果結合起來才行!往往的有些誤解。佛說這個法是過去一切眾生只要到於塔廟中,單合掌、小低頭,以後決定能成佛的,不是現在。我要說你現在就成佛了,你不相信。單合掌小低頭,皆已成佛道。你不信哪?」不但他不信,連我們諸位道友恐怕也不信,諸佛過去成佛就是這麼成的!他先種因,因該果海!這是華嚴義了。

因該果海這樣就成了,相信自己是毗盧遮那就成了。信嗎?往往把經上說的話,錯誤理解、錯誤判斷,你沒辦法進入。你怎麼進入?所以佛說法說那麼多,幹什麼呢?八萬四千法門,機不同!生生世世說,三大阿僧祇劫,十大阿僧祇劫,佛都是這樣說的。從剛發心那時候就說起,一直說到成佛了還在說。我們看見釋迦牟尼佛在印度入了涅槃了,是嗎?他換個身子又去說,不是佛身說了,或者現個菩薩身,還不曉得到哪道去說?也許到畜生道說,也許變魚去說。這個道理很多的,這是示現的了,隨著眾生心現。眾生心現,有因緣佛就給他說法,這是一定的;有如是因一定結如是果。達到信心成就了,所行的都是普賢行,我就是普賢。

因為這樣有好多好處,第一個好處,如果你相信我是毗盧遮那,想到毗盧遮那都做什麼事?如果你做一點害別人的事情,這不是我應該做的,我是毗盧遮那。哎喲!我怎麼能幹這個事?這事就截止了。你經常這樣觀照。我是普賢菩薩,我行普賢行,普賢菩薩坐微塵裡都能轉大法輪。你信了之後,有很多的加持力,使你成就得快一點。我煩惱了,害病苦了,你觀想觀想普賢菩薩,觀想觀想觀世音。隨便觀想什麼,你就

能解脫。所謂解脫者，你不去執著，病苦是執著佔一半。

你去看老中醫，他說：「你別幫病的忙！」怎麼幫病的忙？害病了，你心裡放不下。害病本來就夠苦的了，你心裡頭還加上幾分苦，那不苦就苦啊，這叫苦中苦。為什麼？說個故事，這都是唯心法門。

有一個老中醫，給一個害搭背瘡的治病。大家知道搭背？在後心那個地方長一個瘡，叫搭背。他長的瘡，藥也治不好，爛得不得了，爛得快看見他的心跳了。老中醫確實也沒辦法，老中醫就用心理療法。他來看病，就跟他說，你這個病，我能治好，沒什麼關係的，一兩個星期就好了。但是有一樣，你的臀部如果長個瘡，我沒辦法治療了。你注意，別讓那長瘡。哈！醫生這一說，他恐怖了，他一天摸他的那個臀部，三摸兩摸，沒隔三天，臃腫起來了，這一下子，坐也不能坐，躺也不能躺。哎！要死了！要死了！他把全部的力量都注重在臀部上。天天給老醫生看，老醫生只是擺擺腦殼：哎！沒辦法！他是越來越沒辦法，越來越注意。

隔了半個多月之後了，腫得確實沒辦法了，老醫生才給他治療這個臀部的瘡。老醫生就跟他亮底了，你那後頭搭背都快要爛到心臟了，我沒辦法了，就給你轉移一下。你這屁股上有什麼關係，肉那麼厚，再長再爛，離心遠得很，死不了了，這下他歡喜了。人都是怕死啊！好，他這個長大了，他後邊那個瘡沒有了。他把他那個後心的搭背瘡的火跟那毒，都引到他那個臀部上去了。後頭搭背瘡好了，屁股瘡大了，那很容易，上上藥、開開刀、貼貼，就沒事了。

眾生心要轉移一下

　　眾生心何嘗不是這樣！把它轉移一下，何必在貪瞋癡上那麼執著啊！貪瞋癡就轉變成戒定慧！戒定慧慢慢慢地修行就成佛了，總比貪瞋癡好。你把你那個煩惱，那個習氣轉變一下。這個在〈大乘起信論〉上叫熏習修，二種熏習：淨法熏染法，染法也成淨；染法熏淨法，淨法也成染。

　　現在在普壽寺裡頭，幾百人在這裡共修，一天地熏習，眼睛所見的、耳朵所聽的、身體所做的、心裡所想的，這叫熏習修。現在你們諸位道友可有這感覺？從你發心落髮到普壽寺來住，或者在別處修完一段到這來住，現在熏習如何？再回世間去，你受不了那個生活、習慣。即使你一時衝動，業障發現還俗了；或者是罷道了，或者是在家居士，信佛信心地不信了，回去不但後悔，你再過社會的生活，過不來的。

　　我在美國有好多還俗的弟子，在中國內地的大學畢業，在佛學院住了好多年的，完了之後在佛學院當法師，到美國就還俗了，這就是業障發現沒有辦法的，不是自己能轉的。但他還了俗，又如何呢？還俗了，沒好久就後悔。他們跟我說：「老法師，我們悔之晚矣！」我說：「不晚，不晚，只要你悔，你現在只要是誦一部經，或是念一聲佛號不斷，還可以回來！」這叫什麼呢？熏習。儘管那個衝動或者罷道，那是一時的，業障發現，過去惡業過去了，善業又來了，善根並沒有斷。特別我們道友，如果一信佛了，精進得不得了，一下子就想念成佛，辦不到的！

　　這有兩種原因，一種你精進過猛，業障發現。你修行猛利，宿業來得也猛利。道高一尺，魔高一丈，涵義就是這樣的。佛說的，修行不

緩不急，佛在世的時候，有一位比丘在夜間修行，悲感得不得了，佛就問他說：「你過去是幹什麼的？沒出家幹什麼？」他說：「過去在家是學彈琴的。」「啊，彈琴的。」說：「你把那個弦擰緊了成不成？」他說：「不行！如果緊了那個弦就要斷，它出不來好聲音，跟琴聲不相符。」佛說：「那個琴音、那個弦擰得鬆一點可不可以？」他說：「鬆了出不來好音聲，也不行啊！」佛再問他：「要怎麼樣才好呢？」他說：「這個音聲要出來，要不緊不慢才能成功。」佛就跟他說了：「你出家修道也如是！太過分了不可以，懈怠了也不可以。」他照著佛的教導修，這一修，沒好久就證阿羅漢果了。

我看到這段故事，非常感動。剛一出家，住山修道，不接近人事，見了凡人不說話，乃至跟父母斷絕關係。見了父母：「你是在家人，我是出家人，我是師父」，分得一清二楚的，佛都沒這麼分。這樣就過分了。過分了，容易危險。「老和尚，您這話說錯了？佛經不是講精進嗎？」佛教導你都有方法的！為什麼說八萬四千法門呢？你得按著佛的法門走。佛教導你怎麼做，你就怎麼做。你不依著佛的教導走，佛說的精進三時，我給他來個六時，我加一倍，我成佛該快點？你就不聽佛的話。怎麼著？緊了就繃了，慢了懈懈怠怠怎麼行啊？有懈怠成佛的嗎？沒有。叫你調和身心，特別我們現在的道友，我們這身體病苦多，沒辦法防。這叫什麼呢？防不勝防。你吃的菜、吃的飲食，都有農藥，你知道哪個沒農藥，吃了就生了病了。

現在這個癌、那個癌，挨上就很苦很苦。你們想不挨，不挨不可能；你心裡清淨一點，別幫他的忙。三分病，還有三分幫忙，再加環境又加個三分，離死差不多了。該生病，該怎麼治就怎麼治，你的思想不

要去再幫它的忙，一天把這個病擺在第一位，你把它擺到最後第三位、第四位。把信佛的信仰力擺在第一位，你該怎麼修行，就怎麼樣修行。修行的方法，佛說八萬四千法門，我們有多少有情眾生，就有多少法門。像我們這法堂修的跟別的法堂就不一樣，我們這才三個門，我還看見法堂八個門，他攝受八方眾生的。有的法堂門很小的小，我問他：「你法堂怎麼修這麼個門？」他說：「人家會偷藏經？」哈！我說：「你法堂怕人家偷藏經！」「我不是弘法的，是供養藏經的！」這是眾生心，不是佛心。

學華嚴要學毗盧遮那的心

我們學華嚴的，要學毗盧遮那的心、法身的心，毗盧遮那就是釋迦牟尼；釋迦牟尼就是毗盧遮那。如果你開始的時候，沒有這麼個心，你學不了華嚴；相信自己是毗盧遮那，相信自己是佛，你還有什麼問題沒解決啊？還有生老病死苦嗎？還有八苦交煎嗎？還有煩惱嗎？還有精進和懈怠嗎？這都是二邊法。學《華嚴經》二邊法都不立，只有一念：相信自己是毗盧遮那，這就叫信心。

第十講竟

圓滿的教義　法界緣起

《華嚴經》的宗趣這一大科，有兩家著述；一個是清涼國師，一個是方山長者。他們解說《華嚴經》的宗趣，從文字上看是不同的；從義理上看，沒有什麼差別。唐朝時候，諸家把佛說的法，以四教來判、以中觀來判、以唯識來判，說法不同，因此清涼國師把它總合起來。什麼是《華嚴經》的宗旨呢？就是「法界理實緣起因果不思議」為宗旨。方山長者則在毗盧遮那大智之下，即法界之下，加了體、用、法、報、性、相、無礙。雖然加這些，李長者的大意跟清涼國師還是沒什麼出入的，只不過清涼國師的重點是在法界緣起。

法界緣起，我們學起來比較方便，能令發大菩提心的眾生，信如來的境界，信佛果的法門。怎麼樣信呢？這是我們自己本有的，〈華嚴合論〉，則在法界之上多加「毗盧大智」，加個毗盧遮那佛的大智慧，在法界理實緣起因果不思議，加上毗盧大智這麼一句話，又在這個法界的下面，加了「體用法報性相無礙」，這些合起來就是法界緣起。

所以他們的意思是相同的，但是在〈華嚴纂要〉，道霈禪師是依著

清涼疏鈔的。他認為法界緣起是很微妙的、很玄的。

如果有發大心的眾生，這個大心指的是即身成佛，他能夠信自己是如來大智境界、佛果法門，本來自己有的。這句話是反覆地說。我們從開講《華嚴經》以來就講，相信自己是毗盧遮那大智境界。無論從〈疏鈔〉，或者從〈合論〉，都是這樣的教授、囑託我們，相信自己具足如來大智境界佛果法門。

例如釋迦牟尼佛在菩提樹下，夜睹明星開悟了，徹底地開悟了。那個悟跟我們禪宗說的悟不一樣的，他開悟的時候，教授了這麼一句話：「奇哉奇哉！大地眾生皆有佛性！不假修證，本自具足。」他自己成就了之後，再看一切眾生，都具足有佛性！但是不顯，不顯的原因是遮障住了，具足而不認識。另一部究竟了義經《法華經》的〈信解品〉裡，佛也如是說。他打個比喻，有個窮人他不知道衣服裡頭有個無價寶珠。就是形容我們這些眾生，在你的自性，自性就是你自己的心，有跟佛無二無別的智慧—毗盧遮那大智。但是不知道，不知道等於沒有了，還到處流浪。我們眾生本具足的如來智慧德相，但是我們不相信，自己不相信自己；所以才在六道輪迴流轉，受這些苦難。我們本來有這種不思議境界的智慧，但是現在用不上，也就是我們現在學了可是用不上，不起作用。應當讓它起作用，磨練他；現在我們修、行、念、讀誦，都是為了達到這個目的。

關於《華嚴經》宗趣，這是第三段。

四、判經屬圓教

以下就是判經，屬於圓教。判教的意思，教就是聖人被下之言，就是佛教授我們的一些話。佛法傳到東土之後，前輩諸位大德，恐怕我們不能理解，就把佛所說的法，加以解釋，使我們能進入，判別在某一個時期說什麼法，在某一個時期說什麼法，使我們能夠瞭解。《華嚴經》是最初說的，說的時間很短，說三七天，就是二十一天。把《華嚴經》判到什麼教呢？判到圓教，從經裡所說的道理、義理，定它為圓教。

教分五教，這個是賢首國師立的，不是清涼國師立的。第一個是小乘教；第二個是大乘始教；第三個是終教；第四是頓教；第五是圓教。我們一般說的華嚴宗，是以《華嚴經》為主。

天台宗是以《法華經》為主，智者大師判的。智者大師住在浙江天台山國清寺。智者大師他把佛說的一代時教，判成四教；四教就是藏、通、別、圓。五教就是小、始、終、頓、圓。小教、始教跟四教的藏教，教義裡頭說的經典，有「闡提無性」，闡提沒有佛性，還有「定性聲聞」，再不發心了，俱不成佛，他們不能成佛，所以叫小，或者叫藏教。這不是大乘的教義，不是大乘的法理。他把這個定為初，有一部分人不能成佛，兩種判教的方式不同，涵義是一樣的；藏教跟小教，小始終的小教是同的，所差的是中間的頓教。

很多道友沒有學過〈四教儀〉，也沒有學過〈五教儀〉，對於判教還不大清楚。〈四教儀〉的藏、通、別、圓；因為藏教也有頓，通教也有頓，別教也有頓，圓教也有頓，所以頓教不另判，這就是藏、通、別、圓。

五教，小教的頓跟這個頓的涵義不同。譬如善財童子一生成佛，龍

女一念頓超成佛，這個不能把它列為別教的頓，所以單立一個頓教。大乘到了極點了，立個終教；始教是對終教說的。始是大乘的開始，終教是大乘的至極，因為它稱實理故，所以又叫實教。頓教是什麼涵義呢？頓教是諸法不立、一念不生，不依漸次而說，所以說為頓教。

在大乘經典當中有部《思益經》，這部經講的人很少，為什麼呢？沒有聽的人。《思益經》不是講一地一地的，也不是漸次修行的。它既不同於後頭的圓教，也不同於前面的小、始、終，單給它立個頓教。頓詮此理，把它叫頓，這叫絕言真如。沒有言說，以言遣言。這個頓顯它絕言，一說就錯誤了。例如我們禪宗參話頭，不立語言、也不立文字，就是參。話頭，沒有說話之前、沒有言語之前的頭，所以分別一個頓教。為什麼要經過判教呢？因為用語、用處不同，有深淺的差別。歷代祖師看了這部經，他說這部經所攝的意思，是引導初機的。

但是有些經，你把它定為小教不可以，定為圓教也不可以。現在大家知道的《占察善惡業報經》，你聽這部經的名字，占察善惡業報因果，這是小教，意義不夠深遠。不敢說自己是佛，連相信都不相信，還敢說自己是佛嗎？沒有離開眾生界，怎麼說是佛呢？我們現在是苦惱眾生還沒離開，如何能說佛？只知道知苦斷集，慕滅修道。

但是《占察善惡業報經》後半部分就不是了，一實境界、兩種觀道，那就是圓教義了。但是也沒有說自己是佛，也沒有教導說你相信自己就是佛，沒有這個涵義。小教告訴我們，你知道苦是怎麼來的？是你召感來的，召感就是集。你作了很重的業，所以現在就受苦了。道是出世的因，慕滅修道。知道苦怎麼來的，斷苦怎麼樣能斷呢？就是把集的

因斷了。《阿含經》講苦集滅道，是這樣講的。《華嚴經》就不這樣講了。

不相信自己是佛　就犯根本錯誤

《華嚴經》不是這個意思，不相信自己是佛，那就犯根本錯誤了。在小教裡頭講，你說自己是佛，別人說你是大妄語，這種思想是犯大錯誤的。

判五教是以《華嚴經》為主，用五教來分析。

最初創立五教的是杜順和尚，到了第三代，賢首國師對學者、弟子正式地提出來定為五教，清涼國師只是把它發揚光大。我們講《華嚴經》，其他的教都不講了，講它只是略為比擬一下。第一是小教，相通的，這些經是小教，讓你知苦斷集，慕滅修道。大乘又分為兩種，一種是始教，一種是終教，一個是大乘的開始，一個是大乘的終極。頓教是超過的意思，頓超大乘。圓教，圓融無礙，圓教的心再看小教，小教皆圓，無一法不圓，而且凡夫即是諸佛。

〈普賢行願品〉就是這樣教授我們，如果不利益眾生，不能夠成佛。譬如曠野沙磧之中有大樹王，若根得水，枝葉花果才能繁茂。度眾生就是成就諸佛的；眾生是因，諸佛是果。始教是大乘的初步，在大乘初步的時候，說闡提無性。這不是小乘說的，是大乘始教說的。因為闡提他信都不信，沒有這個善根；沒有佛性，性不具故。就是說他沒有佛性，怎麼還能成佛呢？不能成佛，所以叫闡提，性不具。「闡提」是印度原話，「性不具」是我們華言，這個叫開始的大乘的分教。什麼叫分

教？有一分的人不能成佛，終教是至極之教了，一切眾生都能成佛。這種的教義在《涅槃經》說得最清楚了，一切闡提都具足有佛性。在《華嚴經》裡說，一切眾生都是佛，不但有佛性，一切眾生都能成佛，而且一切眾生就是佛，沒有不具的。

大家知道「生公說法，頑石點頭」嗎？知道這個故事吧！道生法師是道安法師的弟子，他跟慧遠大師，淨宗初祖可以算是師兄弟，慧遠大師也是道安法師的弟子。他在南京的譯經院，大家把他給擯出來了，說他是外道。他提倡一切眾生都有佛性，都能成佛，認為闡提也有佛性。那時候《涅槃經》還沒有翻譯到中國來，其他經上也沒有直接的說。大家說他是邪知邪見，把他給擯出來了；但他認為他的認識是對的，就到南京虎丘山，把石頭都堆成像人一樣的，他跟石頭說：「要是我這個道理錯了，你們就不動；如果我的道理對的，你們就點頭。」完了，他就跟石頭說法，他說：「佛說一切眾生都有佛性，闡提也有佛性。」那石頭就點頭，那是護法神使石頭點頭了。等到《涅槃經》翻到中國來的時候，大家才知道生公的知見是對的，他們是錯誤的，就向他道歉，這是故事。

在佛的教義當中，圓教經典是這樣說的，闡提有佛性。在小教、始教的很多經論上說，性不具，闡提沒佛性。到了《華嚴經》，不但有佛性，就是佛，還要你相信，相信自己是毗盧遮那，如果不相信呢？不相信就不必學《華嚴經》。在圓教上判，說初發心時成正覺。圓是圓滿、不缺欠的意思；這裡舉很多經論，像《解深密經》、《思益經》等。

我們主要是講《華嚴經》，所以這個教義也不詳細講它了，將來

可以學學〈五教儀〉。天台宗的四教，不立頓教，因為藏、通、別、圓裡頭都有頓的涵義。例如，佛在世的時候，有些甚至是外道，見了佛，佛給他一說法，他馬上就證得阿羅漢果。有些要修好多年，才把見思惑斷了；而且斷這個見思惑的時候還有過程，還有初果、二果、三果、四果。有的他一見佛、一聞法，就頓證了，就證了阿羅漢果。它說每個教裡都有頓的意思，所以不立頓教。

頓教是一念不生

頓教是什麼涵義呢？一念不生。你把念頭斷了，妄念頓歇，歇即菩提。一念不生，即名為佛。在《占察經》稱為「一實境界」。禪宗呢？禪堂叫選佛場，就是頓悟了。但是頓悟了，沒有功德德相；在教義裡頭又稱它是素法身佛，沒有功德德相；性空即佛，妄念頓歇，歇即菩提。

這類語言特別多。《思益經》說你只要證得諸法的正性，不要一地一地走，證得初地就該十地了。次第的一地一地走，這叫漸次。《思益經》是講頓的，這是頓的涵義。現在我們講的不是這個，我們叫圓融無礙，圓融具德。十門之中有個主伴圓明具德門，無礙的意思。四教不立頓教的涵義是這樣的。五教為什麼單立一個頓教呢？賢首國師那個時代，禪宗非常的發達，學教義的少，參禪的特多。念佛的法門可以說是沒有，寺廟只有禪堂，沒有念佛堂。

盧山慧遠大師，在盧山專門提倡念佛，但比起禪宗來就差多了。你看禪宗，現在我們每位道友出家的，你那個法名傳法的，全是禪宗的，沒有教下的。什麼臨濟派、曹洞派、雲門、法眼，全是禪宗的，每位出家人你看你法脈系統，全是禪宗。所有寺廟的住持得有法卷，法卷都是

禪宗傳的，淨土宗就沒有。哪個念佛堂的堂主還要個法卷嗎？沒有，那時候禪宗非常的興盛。

因此，賢首國師感覺東土的頓機、頓悟的根機特別多，就是諸經論所說的；離念真如，離言真如，絕相真如，都是這一類。跟其他的教裡頭所說的頓義，不相同的，是一種超越的意思。所以賢首國師特別的提倡頓教。

你學習〈五教儀〉，學習〈四教儀〉，這是依著教義說。至於我個人的認識呢？頓者，不過快一點就是了。他斷惑的時候，快一點。我感覺佛說法，在各處說法都是示現的，沒有哪個能超越的。特別現在我們科學發達，生活條件好的時候，過去坐老牛車跟現在汽車，能比嗎？馬車、牛車、驟車，現在你坐汽車了，或者坐火車了，不是超嗎？一天坐牛車走六十里路，現在一個小時就一百多里，這兩個不能比；這個就叫頓。頓，它是快而已了，並不能跳過去。飛機最快，飛機能跳嗎？它不能跳，沒有超越的了，但它是快速。像我們裝訂這個本子，裝訂工他拿那個電刀，一開電，啪，就下去了，你說它不是一張一張切的嗎？隨便怎麼快，你不能超越一張。快刀切千張紙也如是了，不過它不顯。

不論〈四教儀〉、〈五教儀〉，現在佛學院講得很少。講〈八識規矩頌〉，講〈三十唯識論〉還可以。我們有時講經就沒有判教。若一判教，我們講一部《心經》，最多講一個星期，三天就講完。若一判教，說這個心經屬於哪一教，依五教儀、或者四教儀來判。恐怕判教的時間就得去七天。像我們講《華嚴經》，差不多講個大意就講十天了，要是再詳細一講，一個月也講不完。但是這個有必要沒必要？解釋這種大

意，使你學《華嚴經》的時候能夠進入，因此必須得講。

接下來是分科判教的法。按照賢首國師的，清涼國師沒有判教，他也沒有科判，〈疏鈔〉就是科判。我們在鼓山學的時候，《華嚴經》的本子不是這麼小本，是大本的，上面都有很多空白。爲什麼呢？抄分科判教。不是判教了，就把這個經分段，全經分段，現在我們講的是它的大意，不是分科判教。等分科判教的時候，再把經的一段一段的抄到經的上頭；這一段什麼意思，那一段什麼意思，你容易懂，但是時間要很多。我們就抄那個，得花好幾個月才把分科的教抄完。

清涼国師把《華嚴經》分成了六大段解釋，六大段每一段都入經文裡頭去了，再三行兩行就有個小科目。說這一段講的什麼，那叫分科判教。我們嫌繁，喜歡簡略。爲什麼唐朝時禪宗那麼興盛？什麼也不要，坐著就想去，也不要經本，任何都不要。現在住洞的，穿一件老納衣，連吃飯都可以減少了都不要，就是減少時間。我們此土眾生喜歡大乘，喜歡圓教；它簡單少囉嗦，就是這個涵義。所以現在講經，無論講哪一部經，沒有去分科也沒有去判教。因爲《華嚴經》是五教的根本，我們大略地說一說，對我們的學習用處不大。如果你專弘揚教派的，必須要講〈五教儀〉；弘揚〈四教儀〉的，必須得講〈四教儀〉。

我們聽經的目的是斷煩惱了生死

但是在佛學院的法師，你或要弘揚五教的，或要弘揚四教的，或要弘揚中觀的，你學哪一門弘揚哪一門，你必須得知道，必須得學〈五教儀〉、學〈四教儀〉。像這種開大座，四眾弟子都有，不是佛學院，誰都可以聽。佛學院不行，沒有旁聽席的；一班是一班的，你必須得講教

義，不過現在也沒有講教義了。現在我們學教聽經的，一個目的：斷煩惱，了生死；就這個目的，斷煩惱了生死。要是聞了法，能得到利益，能了生死就好了。只求現生得安樂，減少痛苦，是學法的目的。

學《華嚴經》，我們要達到什麼目的呢？相信自己是佛！能達到這麼個目的就很了不得了。現在我們講，就是培養我們能夠信，信自己是毗盧遮那佛，那是法身。為什麼沒說信釋迦牟尼佛呢？這個信建立在毗盧遮那是法身佛，是人人本具的，你從這個信了、證得了，你才有妙用，釋迦牟尼佛是妙用。我們的妙用是什麼呢？貪瞋癡，身見、邊見、戒見、邪見、見取見，身邊戒見邪，貪瞋癡慢疑，要把這些轉成十種德。戒、定、慧、解脫、解脫知見，這叫五分法身。現在我們信我們的一真法界，法界真如心。

《華嚴經》，分教判經屬於圓教。圓教的意思，十信滿心了，信自己是佛。光信不行，還得讓他恢復，這得發菩提心。發菩提心就是恢復，雖然本具的，但是現在沒有發起。現在信，信成就了，到住位，發心住，這時候才能發菩提心。經過住、行、向、地、十一地，成佛了，這叫普賢的法界。但是我們經常把普賢菩薩當成一個人，一聽到說普賢，就想到普賢菩薩。《華嚴經》不是的，《華嚴經》的普賢是普賢法界，普是普遍的意思，賢是修行的行門；依照普賢法界進入毗盧遮那佛的大智境界；成了佛果了，又依著普賢法界，果後普賢，那叫普賢的行願。但是普賢菩薩是不是一個人呢？確實是普賢菩薩修成的。但是這位菩薩他是眾普所成，普遍成就的。普遍什麼？普遍法界，普遍的圓融。什麼圓融？主伴圓融，一多圓融，自他圓融。圓融的意思太多了，他是一法為主，其他法為伴，就叫主，伴，其他法都服從了，這叫圓融。

如果說釋迦牟尼在娑婆世界，在我們現在南贍部洲，在印度，或在祇園精舍說法，釋迦牟尼佛為主，其他的世界，藥師佛、阿彌陀佛、不動智佛，其他的無量世界諸佛來這個地方都是伴，不是主。伴是助，幫助他弘法，讚歎他弘法。西藏的喇嘛教義，他們的作法就照這種意思作的。不像我們佛學院，一個法師講大家聽，不是的；他們是五十個人一班，或者三十個一班也可以，二十個一班也可以。反正這一班人，今天你做主，其它的人就是伴。

如果大家讀〈普賢行願品〉，基本上都要背得，那就提問題問你，那幾個人，或者十個人、二十個人、三十個人問你，你今天就是法主。明天，輪到他來做主了，你又是伴了，說主伴圓融，就是這種涵義。《華嚴經》講十普菩薩，普賢，普慧，普慈，普什麼，都叫普，叫十普菩薩。他們的地位同等，證得同等，互相的問答給我們做榜樣的；時而是文殊師利菩薩作會主，時而普賢菩薩做會主，時而功德林菩薩做會主，金剛藏菩薩做會主，會主隨時變的。特別是《華嚴經》不是佛在說，都是菩薩在說，知道這種涵義，就懂得《華嚴經》屬於圓教義。在六大科之中，這是第四大科。

《華嚴經》屬於圓教，這是依照清涼疏鈔。如果你不看〈疏鈔〉，只看〈合論〉，李長者就不是這樣說了，他怎麼說呢？看他論中的這一段，「東土西天諸家立教」，東土是現在，西天指佛在世，乃是說自己。「通玄自參聖教」，我學佛，聖是指佛的教導，隨我自己的，我窺視好多，就把我意思寫成〈合論〉，「用呈後哲」，呈給後來的賢人。他把《華嚴經》的教義立了十種教，從開始到最後，從成道到涅槃，把佛的教授分成十大科。

第一個是小乘的，純有教，不學華嚴的沒聽到這個名詞。純有的，就說一切都有，實實在在的，苦就是苦，苦樂是有的，生老病死是有的，苦集滅道是有的，這叫純粹有。佛最初說的，都是純粹有。

第二時說的般若，那就純粹空了，明空不是有。

第三時說的《解深密經》，什麼叫深？什麼叫密？說有的時候，密空，空就隱了，說空的時候就密有，所以叫密；這個密，密得很深，要把這種道理解釋明白，就叫《解深密經》。他是把空有會到一起，明不空不有，這是第三時說的。

第四時說的《楞伽經》，契假即真。一切假的都是真實的，沒有假的，真遍於假故，這是華嚴義，用這個來解釋。

第五時說《維摩詰經》，俗就是真，真就是俗，真俗不二。

第六時說《法華經》，引權歸實，全是實教，沒有方便善巧了。

第七時說《涅槃經》，也是捨權向實，一切眾生都有佛性，是涅槃說的，乃至闡提都有佛性，把一切權都捨棄了，不要了，全是實教。唯此一事實餘二皆非真，這就是法華涅槃義，最後說的。

第一時說的《華嚴經》，在這裡變成第八時了，佛初成正覺說的就是《華嚴經》。時無定體，是沒有一定的體的。說華嚴時，說剎那際，大家知道剎那際定，這是李通玄長者定的，剎那際通攝十世、圓融無礙，沒始終、沒前後。

第九時，共不共教，共是一切眾生，情與無情都共的。不共，分別說。共是圓融在前，行布在後。

第十時，不共共教，行布在前，圓融在後。就是行布圓融，圓融行布，如是十教。

總的來說，如來與本法界一刹那際、一時一聲，頓印如響，一音發出，其他的相應，就這麼個意思。隨眾生自分根力，漸頓不同，機不同了有頓有漸，那得看眾生的根了，隨眾生的根機了，這叫對機說法。因為這麼個緣故，所以圓教裡頭以圓攝一切，圓滿一切。他列了十門，讓你進修、理解、修行、成就，這是無差別的差別，還是有差別的。

我們講相信自己是佛，這是本具的了，你要想把本具的顯現出來，還得修。不過《華嚴經》告訴你修的方法，你看〈淨行品〉，一舉一動、起心動念，吃飯、穿衣、睡覺，反正一舉一動都有個偈子給你，讓你學；到了睡覺，都有偈子給你。從你一天早晨睜開眼睛，一直到睡覺，這就是行布。圓怎麼進入呢？善用其心，這樣才能進入，不然你怎麼進入得到呢？

李通玄這個教義沒誰學，也沒誰講，可以說還沒弘揚，我們念一遍就可以了。大概禪宗的道友們學《華嚴經》的時候，學〈合論〉的多；因為他沒有參雜這些教義，比較的單純，參雜教義的時候，他就複雜一點。他把佛教的興起，從佛的降生到佛的示現涅槃，他分這麼十種教義。

第一時，說小乘的純有教，說的有法，為什麼加個「純」字呢？

純粹有，實實在在有，一點不說空。說的都是世間的善惡因果，或者過去、未來、現在三世的因果；有苦可受，有樂可得，這是真實的，純純粹粹，一點不假，這叫純有，說的是有法。

第二時說般若時，說空破有，破那個純有，說一切都如幻的，如夢的，如影子一樣。其實般若是第三時，方山長者把它定為第二時。說法就是一個有，一個空；明瞭空了，就說有都是假的不是真的，一切諸法皆空。

第三時，他是以《解深密經》為主的。把空和有會合到一起了，叫不空不有。要圓融起來說，不空不有、亦空亦有、非空非有、即空即有，那就圓融了。這個只說不空不有，只是按《解深密經》說的，依著這部經而定的一個觀點。

第四時，是《楞伽經》，把假的都契合到真的。在《華嚴經》是理遍於事，事是假的，理是真的，理遍於事，假的也是真的，就叫契假即真。有就是空，空也就是有，假即是真、真即是假，這個假是空的，建立在真空上的。真空，不說不空，等到真空不空，那就圓融了。因為對有才說真空，因為對假才說真，對空才說有。所以說契假即真。

第五時，就是《維摩詰經》，維摩詰長者他說俗諦就是真諦，不但俗諦是真諦，俗恒常是真的。以華嚴義說，是俗能顯真，就是會事歸理，理須事成，沒有事怎麼能成到理呢？俗都是真的，沒有俗諦，因為真諦而建立俗諦，即俗恒真。我們經常說《淨名經》，也叫《維摩詰經》，這個地方他講《維摩詰經》，不說《淨名經》了。

　　第六時，是《法華經》，引權歸實。以前佛說的教，都是權巧方便引度眾生的，現在機都成熟，會權歸實。《法華經》本來是實教，實教就是圓教。四教獨崇法華，說華嚴是頓圓，法華是圓滿，他把法華推第一。五教，說華嚴是最圓，別別皆圓。

　　第七時，是《涅槃經》，讓一切三乘人捨權向實。佛涅槃的時候，最後了，跟那些弟子說，以前的三乘是權巧方便，不是真實的，把那個捨掉，歸於真實。

　　第八時，說《華嚴經》。《華嚴經》，長者的定義是剎那際，說什麼過去、現在、未來都沒有。剎那際，就是我們現前的一念心。密宗最圓滿的大手印，那就是《華嚴經》最後講的剎那際。剎那際是我們的思想達不到的那一念，中間沒有給你思索的時間，說不可思議，就是這樣一個意思。《華嚴經》總說起來，十世圓融無礙。什麼叫十世呢？過去現在未來，這叫三世。過去有過去、現在、未來，現在有現在、未來、過去。未來又有現在、過去、未來，這叫九世，九世再加你現前一念，就是剎那際一念，這叫十世。十世不離於當念。沒有時間，沒有處所，都把它總合為剎那際。沒有時間，勉強定個時間，叫剎那際。十世是沒有的，現前這一念也不存在的；沒有始終、沒有內外、沒有過去、沒有現在、沒有未來，這是《華嚴經》最究竟的。

　　第九時，是共不共。長者李通玄他講共不共，怎麼叫共不共呢？共是平等平等，大家共的。不共，你有你的看法，我有我的看法。你理解力是圓教，我理解力不是，是小教。圓人受法，無法不圓。如果小教人來學華嚴，他也把《華嚴經》學成小教。共是通的，大家共的，例如

毗盧遮那佛的佛性，人人都具足的，是共了的。不共，各是各的。人這個涵義是共的，管你黑的、白的、紅的、黃的、藍的，都是人。但黑種人、黃種人、白種人五大洲，這是不共的。男人、女人、老人、小孩，這也不共；共的人都是人，這是共不共意，拿這個來比喻。

我們最初開始講的就是十信法，要相信文殊師利菩薩在一切處，一切時，沒有一個地方，哪怕微塵處，都有文殊師利菩薩。文殊是表智慧的，只要你有知識、有智；這智有大小，懂得穿衣吃飯，這也是有智慧，不論哪個民族都如是、不論哪個處所都如是。在華嚴會上，十方法界十方一切諸佛刹，每個佛刹裡都有無窮無盡的眾生，都來集到了娑婆世界。

《華嚴經》從始至終，好像都沒有文殊師利菩薩，其實都有文殊師利菩薩。實際上這是說理、說事。文殊師利菩薩並沒在菩提道場，他到處去度眾生去，他從大寶樓閣出來，這些法會都沒有他，是這樣子嗎？不是的。〈淨行品〉就是智首菩薩問他的，所以《華嚴經》又稱為〈雜華〉，非常的複雜，並不是都在菩提場。一會至九會到處都是，但是只說了三周。依照經的分量說，比哪部經都複雜，比哪部經都多；阿含最簡單了，說了十二年。

這個你只能意會，用思想去觀照、觀察，不要用執著來測聖境、來學華嚴，那可麻煩了。麻煩到什麼程度？你看善財童子參普賢菩薩之後，參這個主夜神，那個主夜神，都現的女相，主夜神都現的女相，他可是證了等覺菩薩。他跟這些人學什麼？這些人都是等覺菩薩的位子，各有各的法門。不是佛佛道同嗎？不但佛佛道同，十法界的眾生都同。

釋迦牟尼佛這個娑婆世界,南贍部洲是這樣子。他勸你:我這個地方很不好,到極樂世界去,這是五濁惡世。劫濁、見濁、煩惱濁、眾生濁、命濁,極樂世界沒有。

學佛千萬莫要鑽牛角尖

不是佛佛道同嗎?你學佛千萬莫要執著,莫要鑽牛角尖,不要拈這些來做疑難;那是你自己不通,不通就沒有智慧,沒有理解。各各佛他度眾生的願不同,就像我們每個人的業不同,你受的報也不同。我們這世界現在有六十億人,六十億人個個都不同,各有一份。在地球上有住在寒帶的,有住在熱帶的,現在我們這兒快到五點半,在紐約是早晨五點半,剛起床上班,那個時間跟你這個時間不同的。懂得這個行布,用你的心把它圓融。

在華嚴會上來的諸菩薩,天龍八部各各差別;但是它聞到毗盧遮那佛的果德的法門,同時,一個時間聞到的,不是有七處九會嗎?那是行布,都在說也都在聽;在如來的本法界,在剎那際裡頭。一時,一處,一聲;聽的,說的,各個不同,這叫行布。同時,一多無礙,同時具足相應門,同時相應。

第十一講竟

重重無盡的華嚴境界

李長者把全部華嚴總立爲十種教誨。「總依如來。無三世智海。一刹那際一時頓說。」由於根機不同，所以產生種種的差別，這就是全部《華嚴經》圓頓教的宗旨。李長者這個論是別立一家的，跟古德的大意上還是相合的。道霈禪師說，李長者之所以立十種教，是依如來無三世智海建立的。這個如來無三世智海在《華嚴經》是沒有逗點的，我們得加個逗點。「總依如來」、「無三世智海」，都是依如來無三世智，是一刹那際建立的。「如來」，逗點。若連續說，就會變成如來是沒有智慧的，沒有三世智慧的，那就完全錯誤了。加個逗點，「如來，無三世智」。一刹那際一時頓說。如來的智慧是不立三世的，沒有過去未來，就是一刹那定。

如果你讀木刻版《華嚴經》，沒有逗點，沒有句號，有時把意義全部反了。古來人他有智慧，現在的人要讀《華嚴經》得加個逗點、句號。「如來沒有三世智」，這句話就沒辦法講，怎麼講？加個逗點，就好了。如來的智慧是不假三世的，像海一樣的那樣，這樣解釋。《華嚴經》是什麼時候說的，說了多長時間？刹那際。刹那際是沒有時間的，

191

一念。一念之間有九十剎那，這是不可思議的。

像宋朝時候，鼓山有一位老和尚，每逢初一、十五，他早晨必須先到護法殿，再到天王殿，到處燒香，完了到大殿，這時候大眾才集齊上早殿。在這過程之中，他的侍者捧著香盤就聽著老和尚嘟嘟囔囔念。他問老和尚說：「老和尚，您在念什麼了呢？」老和尚說：「我念《華嚴經》。」「念《華嚴經》，這麼大點兒時間您念了好多？」「一部《華嚴經》。」嘿！侍者就笑了，笑的意思根本就不相信，這麼大的一部《華嚴經》，從護法殿走到大殿就念完了，不相信。老和尚就跟侍者說：「好了，過幾天，我給你證實一下。」

到了大眾放假的日期，老和尚就請了八十位老師父，一人拿著一份《華嚴經》，老和尚就在那上頭念。「完了你讓大家對證一下，看我念得對不對。」很快地就念完了。他叫侍者：「你問問他們，我念得對不對？」他問念第一卷的，看第一卷的人說：「念得對，都念得我這卷，從頭到尾沒錯。」問第二卷的也說沒錯，八十卷都沒錯。

這叫什麼？剎那際頓念的。所謂頓者，你聽著老和尚念的是你這卷，他聽著老和尚念的是那卷。拿第一卷的，聽著念第一卷；拿第八十卷的聽到老和尚念的是第八十卷，而且念得非常得快，一字都不落的。什麼意思？這叫剎那際。看著是有次第實際無次第，這叫頓說。雖然立十種教其實就是一個涵義，宗旨不變故，圓教的教旨就是這樣的。

五、示圓義分齊

之前講的是《華嚴經》的宗趣，現在開始講圓義的分齊。

　　圓教的分齊是什麼？「教海宏深，包含無外，色空交映，德用重重。語其橫收，全收五教。乃至人天，總無不包。方顯深廣，其猶百川，不攝大海，大海必攝百川，同一鹹味。故隨一滴，迥異百川。」前面的四教，小、始、終、頓，不攝於圓，攝不到圓教，圓必攝四。圓教，就是一定要攝到小、始、終、頓，拿圓教以貫之。因此，你受了十善五戒，都是圓教攝，都是通的。

　　不過在圓教裡頭它又分了，有同圓，有別圓。《華嚴經》屬於別圓。同類的都同實，別教一乘，它只是圓融具德，以別該同，都是圓教義。但是它把圓教的義理分成四門。一、明所依體事。二、攝歸真實。三、彰其無礙。四、周遍含容。分這四門。每一門又分十門，顯無盡的意思。

　　以下講的是所依體事的十門。一、教義。二、理事。三、境智。四、行位。五、因果。六、依正。七、體用。八、人法。九、逆順。十、應感。

　　我們先把這十種義解釋一下。這就告訴我們《華嚴經》是屬於別圓的，它的義理就是說它所顯示的道理，有好大呢？就是這麼樣一個意思。但是它沒有分齊的，沒有大小、長短、方圓。這個標題是說它的分齊，可是它是沒有分齊的，因為這都是屬於圓教。圓教道理怎麼講的呢？圓教講的是它的分齊，是界限；圓教教理講的是沒界限的界限。這部經教的所有涵義是沒有界限的，它的真正教義就像海那樣子似的，法界之外沒有東西了。色跟空是互相交映的，就像我們講《心經》的時候，說空不可以，說色也不可以；相輔相成，說色的時候就含著空，說

空的時候就含著色，色空不二。把空定為體，把色法作為用，這就是它的體和用，在《華嚴經》，它是重重無盡的。

就像我們經常念〈普賢行願品〉，「一塵中有塵數剎，一一剎有難思佛。」一一塵中有塵數剎，一個微塵裡面有無邊無際的佛的剎土。一微塵就是體，無數個佛剎就是用，因體而起的用。這一微塵是這樣，其他的微塵也如是；個個微塵都如是，這就是重重無盡。前面我們按五教講是小、始、終、頓，都屬於圓教，把這四教全收了。但是前四個不是圓的，前四個也不能成為圓。最後講這個圓教的道理，就是圓滿的。

清涼國師舉個例子告訴我們說，就像一切的水流，河、湖、川，不能攝大海，而大海必攝百川，這是一定的涵義。雖攝百川，這個百川的水到了大海裡去，它就變了。變了什麼呢？味道是一個鹹味。海能容納百川，百川不能容納大海，就是這個涵義。按照五教教義，圓能圓一切，小、始、終、頓不能圓圓教，圓教必攝前四，這叫一圓一切圓，這是圓法。每位道友最初受三皈的時候，無論哪個法師給你代受，你所皈依的佛是一切佛，不是哪尊佛。我們受戒，或者出家、剃度、皈依，好像有位師父代受，無論誰受都是代表。你師父是誰？釋迦牟尼佛。每逢念經，南無本師釋迦牟尼佛，那是你的剃度師，也是你的三皈師，也是你的五戒師，也是你受比丘、比丘尼戒，菩薩戒的戒師。皈依佛，就是毗盧遮那、釋迦牟尼、盧舍那，乃至於藥師琉璃光如來、阿彌陀佛、不動佛，他是一切佛。念一萬佛，就是無窮無盡的佛，你所皈依的是恒河沙數一切諸佛。

舉一佛攝一切佛　是就自心來說的

舉一佛攝一切佛，能攝的是什麼？是自心來說的。不是相信自己是佛，皈依佛是皈依自性的佛，這個就叫圓了。你心生一切佛就是一切佛。你現在受五戒，殺、盜、婬、妄、酒。五戒就是二百五十戒，也包括菩薩戒，包括一切的律儀。你入佛門受了三皈，也就攝一切戒了。戒是防非止惡的，「諸惡莫作，眾善奉行」，就是戒。但是這是圓教的意思，不是圓教的時候，三皈就是三皈，不能攝五戒，各個不同，那叫行布。因為我們現在講的是圓教，拿這個做例子說了。你前頭所有學過的一切教義都是圓教攝，因此圓教的義就包含一切了。在我們日常生活當中，你能不能圓呢？這個就靠你經常思惟了，不要從文字上講，要從生活的慣例上講。怎麼樣思惟？你不要把這個圓講到圓滑上，這個也不是圓義，這跟圓滑不同了。說這個人圓滑，這不是讚美詞，是貶詞。圓滑是什麼意思？不負責任，幹什麼事都不負責任、不落實，應付你。但你這個所說的圓教可不是這個意思了。這個圓表現什麼？圓滿，沒有缺陷的意思。沒有始終，沒有內外，沒有大小，沒有方圓，這就叫圓了。圓攝一切事，圓攝一切時。佛教是佛所教導的，說大、說小、說無量乘，它是對機說的。

在我們所學的《華嚴經》裡頭講，唯顯一乘，就是頓的一乘。這一乘是什麼乘？佛乘！所以經常觀想自己是佛。乘是運載之義，乘是形容詞，把你運載到大的裡頭，把你運載到小的裡頭，把你運載到解脫裡頭。《華嚴經》所講的這個乘，是把你運送到成佛，乘就是這麼一個涵義，運載到你成佛。

在圓教裡也分兩種，一種是同圓，一種是別圓。同圓是從圓教收攝小、始、終、頓。小、始、終，頓都是為了圓教的方便，都應當攝到

圓教裡頭。在《華嚴經》裡，就沒有定性聲聞，沒有闡提，連山河、大地、樹木、房舍，都能說法，都能演華嚴。這就是華嚴的特殊的別別皆圓，這就是別教一乘，不同於同圓；同圓是同前頭的小、始、終、頓。別圓是不同。

這科就拿前面的四科來解釋，記住這個層次，這叫「事法界、理法界、理事無礙法界、事事無礙法界」。事事無礙法界就是周遍含容觀，把事法界收攝到三觀。事法界用分齊來分，就是我們一天所處的境，我們一天所做的事，在這個事法界、理法界、理事無礙法界、事事無礙法界都給你收攝完了；乃至你一生、無量生，每個人的每一天。因為你必有體，必有事；你所做的體、事，在事情上就叫行布。行布是說這個事不是那個事，那個事不是這個事，這就是行布。就像我們說男的不是女的，老的不是小的，老人不是小孩，這叫事。事不能圓，圓不起來，事是不圓的，但是事情必須依於理，事要遍於理，理也要攝於事。理就是說心，做什麼事都得用心。事要遍於理，理要攝於事，理攝事也圓了，事遍理也圓了。在理上講，沒有什麼男女老小，沒有分別，沒有大小、長短、方圓，都沒有，在理法界是都沒有，在事法界就不同了。事法界各是各的，各是各的體，就是明所依的體是事。

第二種是攝歸真實。真實是什麼？就是實際理地。真實就是理，這個就叫理法界。事法界不能離開理，離開理，事法界不能成立。事能成理，要把它攝歸真實，真實就是理法界；理能成事，事能顯理，彰其無礙。事入於理，因為理無障礙故；事攝於理，事也就無障礙。那理攝於事，事即是理，理即是事，那就是事和理無礙，這就是圓融義。

用我們的心去圓一切事

這個意思就是說用我們的心去圓一切事。比如修空觀,等你修空觀修成了,理就成於事了,在這個時候就無礙了。我們現在還沒有到,不懂得辦不到,把這個門都關上你出不去了,等到你理事無礙的時候,關門是事,成於理了,理無礙故;門也關不住你了,爲什麼?空了,身體沒有了,也就是你觀成功的時候。

例如說修水觀,水觀童子他修水觀修成功了。有一次他的小沙彌一推開門,看到屋裡全是水了,師父沒有了,他撿起一塊小石頭就丟到水裡了。水就沒有了,師父現了,他師父一現了,這肚子疼得不得了了,他師父就知道出問題了,問這個小沙彌:「你剛才進來看見什麼了?」「我什麼也沒看見,屋子都是水。」他說:「你有什麼動作嗎?」「我丟個小石頭玩,撲騰一下,掉到水裡去了。」他說:「等一會兒,打坐時,看屋裡都是水的時候,把它撿出來。」小沙彌也不知道怎麼回事,反正一會兒,師父又修觀了,屋裡全是水了,小沙彌把石頭就撿出來,他師父肚子也不痛了。

這是觀力,也是我們講的無礙的意思。到了事遍於理的時候,你就通了,通了就是你空觀修成了。把你的身體,把這房子都空了,空了就無障礙了。阿羅漢的神通,得入定的時候才能生起,他不能隨時這樣做。但你學《華嚴經》的,隨時一作意,它是剎那際的定,無障礙的。我們修行,或者修念觀音菩薩,或者念文殊師利菩薩,念普賢菩薩,念地藏菩薩,念哪位菩薩都可以;或者念佛,等你法門修成了,得到佛菩薩的加持了,你就通了也無障礙了。如果不然,爲什麼求加持?或者說

感應！這是在理上加持，理能成事，把事轉變了，障礙就沒有了。為什麼佛菩薩加持？因為你的心跟佛菩薩心成為一個了。我們的感，菩薩的應，無障礙了，事事都無障礙了，這叫事事無礙法界。所有的事全變成理了，這叫真空絕相，理事無礙觀。為什麼呢？因為把一切的色法都變成空的；色即是空，《心經》上這樣說的。事全是理了，到那個時候事事都無障礙，沒有事了，全是理了，但是不壞世間相，世間相還如是。

第四周遍含容。圓教總的說來是這樣一個意思，因為清涼國師怕大家不容易理解，就把它分成十對。教義、理事、境智、行位、因果、依正、體用、人法、逆順、應感，這叫十對，這樣才能顯示出《華嚴經》重重無盡的意思。這個意思你懂了以後，再來讀、聽《華嚴經》，你才知道普賢菩薩重重無盡的道理了。一個微塵裡，就有微塵數的那麼多佛刹，「一塵中有塵數刹，一一刹有難思佛。」一個微塵就是整個整體，這個微塵變成你的真心；這個微塵裡頭不但有體，它還含著無窮無盡的妙用。所有一切世界都在這一個微塵裡頭。這個微塵如是，那個微塵也如是，每個微塵都如是，這就是無盡的微塵，無盡的事理，這就叫重重無盡；周遍含容就這個意思，究竟了義。

再解釋這個所依的體、所依的事，是怎麼個樣子？攝歸真實之後是如何？華嚴初祖杜順和尚把它分成三觀，「真空絕相觀」、「理事無礙觀」、「周遍含容觀」。三觀又分十玄門，分六相，十玄門六相。

真空絕相是沒有相

什麼叫真空絕相？真空，不是我們所認為的那個頑空，真空絕相是沒有相，有相了就是不空，凡一切有相都是不空。虛空還有個空相，

如果拿圓的器皿裡頭是空的，那是圓空；拿方的器皿裡頭是空的，叫方空。虛空還有個空相，因為大地都是有的，那地方沒有，沒有就叫空。真空跟虛空是不一樣的，我們有時候用虛空來比喻真空的意思。為什麼呢？因為虛空沒有障礙，留也留不住，抓也抓不著。比如說我們從這飛臺灣、飛加拿大、飛美國，因為空的，空的無障礙。你能把加拿大的空帶回來嗎？能把臺灣的空帶回來嗎？能把我們太原的空帶到北京嗎？空是沒有形相的，不能帶的，這是虛空。雖然是空的，你通不到地獄，你也到不了忉利天，到不了四王天；所以這個空跟那個空不一樣的，這叫頑空。這個空是假的，不是真的。真空是不立一切相的，沒有空相的。我們自性的本體心是空的，是寂的，沒有能取的取，也沒有個所見的見，能見所見都沒有了，能取所取都沒有了，無取無見的，你能達到這個境界就是佛了，成就了，性空即是佛。

這部《華嚴經》，杜順大和尚把它立成三觀，「真空絕相觀」、「理事無礙觀」、「周遍含容觀」。周遍含容觀，我們現在的思想能夠想到的，什麼樣才是周遍含容？你量一量，測一測，算一算，看它有好多，大小、長短、方圓，這些都是沒有的。現在我們再重複一下，這就是什麼呢？《華嚴經》所依的體和事；體是性，把這個攝歸真實。

第一種是所依的體事。第二種義，把它攝歸真實。第三種，彰其無礙。無論從教義、理事、境智、行位、因果、依正、體用、人法、逆順、應感，十種顯事全部都是無礙的。我們禮懺、磕頭要消業障，在禮懺的時候，我們是想消業障的。能夠感到諸佛菩薩加持了，感諸佛現身了。我們經常念感應道交難思議，這叫道交，不是思想想得到的。為什麼說它難思議呢？因為你想不到，就是你現在見到地藏王菩薩，那是你

自己心現的，不是地藏王菩薩現的，這叫自性的地藏。感應阿彌陀佛，叫自性的阿彌陀佛，是你的心現的，都是你的自性；這個不是從外頭來的，不是從西方世界來的，因此說性空即是佛。性空了就是佛，跟佛一樣了。這是用事來顯這個無礙境界，有時候要用理來顯無礙境界。

這種顯現也有十門，說一個法，就是用十門來解釋。為什麼說門？門是通達義，這十種一說，就像你那個門似的出來進去，這是通達義，通達的意思就是你把障礙都通達了，沒有障礙了。你把這個門鎖上了，你出不去了，進也進不來了，為什麼？有障礙。等你達到無障礙的時候，不管它鎖不鎖，進也進得來、出也出得去，這是什麼呢？「事遍於理門」。

還有「依理成事門」，「事能顯理門」；「以理奪事門」，用理來奪事，那事就沒有，全是理了。「事能隱理門」，全是事了，理沒有了，理隱了。「真理即事門」，真理就是事；「事法即理門」，事也就是理。「真理非事門」，「事法非理門」。這又是十門。

把它運用到生活上，什麼是理？這都叫緣起法，十門都是緣起。緣起建立在性空上，叫性空緣起。緣起諸法無自性，在體性上是無障礙的，體性上無障礙，緣起無障礙。緣起的一切諸法，它從體上來的，體無障礙故，緣起諸法也無障礙故，為什麼呢？性空故，空才無障礙。因緣和合了，那就有了，就成了因緣；因緣別離散了，散了就沒有。家庭的成員有人死了，或者有的離了婚，緣盡了。「緣盡還分手，各自尋門走。」那就不是一家子了。對於這些事，學佛法的人從來不留戀；什麼時候死，愉愉快快的就死了，緣盡了，這一段因緣了就無罣無礙的，對

這個世界毫不留戀。我們也沒有什麼可留戀的，緣散了，留戀也沒用。一切事物都是如是，成、住、壞，空。

我們不說學佛的人，就說算命的先生，他能算得這個物質什麼時候壞？什麼時候成就？以他的智慧觀察到的，他能算出來。民國二十二年，一九三三年，天津發生這麼一件事。什麼事呢？一個瓷枕頭，那個瓷枕頭，夏天枕起來是涼快的，很富有的家庭才有這種枕頭。他家裡鬧老鼠，鬧老鼠他沒什麼拿的，拿那個枕頭打那個老鼠。這本來沒什麼希奇的，這一打把這個瓷枕頭打壞了，裡面有個字條，字條說：「此枕為擊鼠而碎」。說這個枕頭是因為打老鼠才碎的。這個枕頭就希奇了，一查年限，是宋朝時候做的。宋朝有個算命家，算的非常得靈。有時候他測驗他的技術是不是好，在枕頭寫個字條，他算這個枕頭怎麼會壞，將來怎麼壞。他一算，它是打老鼠壞的，寫個字條擱到裡頭，這叫預言家。

他在家裡經常算，算這個飯碗，他說這個飯碗命盡了，中午一定會壞。他說這個靈嗎？能這麼準確嗎？他就把這個飯碗扣到桌子上，就坐在那裡，瞅這個飯碗，我看你這個時間怎麼碎？到中午吃飯的時候，他太太飯做好了，一家人都要吃飯就等著他，他就不來吃。「你怎麼不吃飯嗎？什麼時候了？」他說：「我看它怎麼碎？」他太太氣得把那碗，啪啪就打了。啊，這麼碎的他哈哈大笑，好了吃飯去吧。

有一次他又算，算這個瓶子早晨八點鐘一定碎。他擱這兒也不是，擱那兒也不是，怕碎了；就把瓶子拴上，拿個袋子裝上，挂到牆上，他對著這個牆瞅著，看這瓶子怎麼碎。他太太的弟弟到他們家來看他們，

他騎著馬來的，那時候沒有火車、汽車，那馬沒地方拴，東找西找，找個木頭橛子，把那個木頭橛釘到牆上，好拴馬，哈，這一釘，把他裡頭挂的瓶子正好一動，啪就打碎了，瓶子是這麼碎的。

這是世間的術法。大家學過這個沒有？你看算命的卦攤都擺個八卦，以這個來做演算法，這是古來祖師發明的。剛才我說這個就是依著這個算法，得懂這個原理，這叫術學。

佛教是講緣起性空，超過他們，算它空了，怎麼空的？不存在的，這是緣，助成的緣，緣散了不必留戀。一學過緣起了，學學性空，叫性空緣起，緣起性空。在新加坡光明寺，我講了三天緣起性空，性空緣起。這四個字你別看它簡單，只四個字可以講一個月，緣起性空，一天兩鐘頭，一個月也講不完的。真正的講透徹了，真正明瞭什麼叫緣起？什麼叫性空？不是一兩句話。

一切事物都具足。像我們剛才說這個故事，這是緣起上的，這個人叫什麼名字呢？學過宋史就知道，他叫邵康節先生。因為這個枕頭打出來這個紙條寫著「邵康節」，此枕為擊鼠而碎，這叫預言家。還有唐代的袁天綱、李淳風都是。像漢朝的諸葛亮，明朝的劉伯溫，這都是術學家。這個術是生死的，不是了生死的。緣起性空，因緣是了生死的。緣盡還分手，各自尋門走；因此把家庭、夫妻，一切的因緣一筆勾。大家念過蓮池大師《七筆勾》就知道了，這是緣起，緣聚則成、緣滅則散，不必留戀，一切事物都如是。今天看著成，明天一場風就壞了，一場大風就沒有了的。

前年（2002年），我去朝玄奘法師走過的「絲綢」之路。到了新

疆朝高昌國，玄奘大師去印度取經的時候，在這兒講過經，高昌國在烏魯木齊。但是一夜之間，高昌國沒有了，整個土地什麼都沒有了。知道暴風刮那個風沙吧？讓沙子埋上了。隔了一千多年之後，我們再去，高昌國又現了，現的時候才看到原來高昌國的地基，風把沙子吹走了，他又現了。一場風沙子，一夜之間就甕上了，這是大自然的變化，大自然的變化就是該散的時候散，這就是緣起。他這個緣就是風沙，別的緣沒有；人生就是如是，我們這是講圓教，圓教的性空，注重性空，性空才能圓。緣起諸法，性空緣起都如是，一切事物就是這樣變化的，今天看著成，明天就沒有了。

我們看著這個地方，十五年前這裡什麼都沒有。一千年前，這是大華嚴寺，多者上千人。如果你們看看後頭我那院子裡頭那些碑，就知道了。挖地基的時候，挖出來覺證大師的那個碑。那時候他是國師，那些碑記載他當國師，當大僧正。從太原山西一直到大同，每一個寺廟的住持，每一個寺廟的名字，我們那個幢上刻的都有。一切無常的，緣滅了沒有了。因為空，滅了，沒有了。現在又建了個普壽寺，空才能建立，這是性空緣起，緣起性空。緣散了，你不要悲傷，我們都喜歡有，不喜歡沒，學道者就是喜歡沒有才好，性空才好。緣成了也沒什麼幸福，應該這樣觀。性空了，說不定是最大的好處，沒有煩惱了；空了還有什麼煩惱？因為空故沒有障礙了，也沒有煩惱了，一切都無障礙了。

在《華嚴經》說，總、別、同、異、成、壞，這叫六相。前面所標的這些題目，就是所依的體、所依的事。把事都攝歸於體，攝歸真實了，攝歸真實才無障礙；無障礙了，才能發展到周遍含容。《華嚴經》盡是重複，但是這個重複的涵義可不同了，那是個別的，叫周遍含容。

重複一道又一道，重複一道又一道，一次跟一次不同。現在講的都是標個名，以後要一個一個事實的講，講的時候就用這十門來講。

什麼叫教義？我們講圓教的分齊，什麼是圓義？圓義是教的義。教是能詮，能詮什麼呢？五教。小、始、終、頓、圓，這個是教，佛教授我們的一切話，我們把佛所教導的這一切話分類，這一類歸於小乘，說的是苦、集、滅，道；這一類說的是大乘了，大乘剛開始說的是空的，一切諸法都是空的，沒有什麼苦、集、滅，道。苦集滅道至極了，就成佛了，這就是終教。終教的過程有頓成的，還有圓成的，所以又單立一個頓教。現在我們講的是圓教的分齊。小、始、終、頓，小、始、終又叫漸教，漸頓最後都入於圓教。這是圓教的義，圓教的義理就這麼廣。

剛才講能詮、所詮。能詮就是佛所說的教導。所詮呢？這些教導都說些什麼話？什麼涵義？我們必須一個一個學，學了之後懂得了，懂得了就知道了，才能依著佛的教導達到他的道理，才能明白他的道理。解釋明白了，當然有個條件，想開智慧，想明白真理，我們經常說明白真理。現在你看報紙上說是講真理，我們佛弟子看了笑一笑。他知道什麼叫真理？他講那個真理是真理嗎？他是妄想心。對我有利益就是真理，對我沒利益不是真理，他是建立在這個上頭。我們要想依著這個教來把這道理都明白了，這叫解。解就是悟了，解悟了、開悟了就是智慧。開悟得有個條件，什麼條件呢？就是信。你信了才能學，學的時候你才能懂得道理，道理都明白了，這才叫解，解就是悟。

什麼是理？什麼是事？我們經常看見人爭執，或者打官司，打官司就是兩個人爭執。在事情上爭執，要講個道理，到法院打官司，都得看

國家怎麼規定的條文，按法律的條文來定的合理不合理，誰對誰不對。這個道理是真實的嗎？這個道理不是真實的，國家有國家的法律，美國有美國的法律，日本有日本的法律，他根據他的國情而定的法律，那叫法理。凡是人，不論哪國人他都講人情，那叫情理。

我們講的是菩提道，覺悟了，覺悟是空的，沒有理立不住的。上來所說這個道理是虛妄不實的，這是虛妄的。現在我們學習的《華嚴經》也講道理，講的什麼道理呢？講成佛，講性的理體，一真法性。我們講的理是空理，理就是空，空有二十種。先講兩種空，有生空，有法空，這兩種空所顯的理是什麼呢？把它定的名字有真如、自性、自心、佛性都可以，這叫顯理。顯這個理，就是我們自性的心。身屬於色法，心屬於理法，就是我們的身心。這個心是支配我們的身，我們的心能成就事。

但是身是依著心的，從身才能顯到理，顯到你的心，從事才能顯到理。每天不論做什麼動作，離不開你八識的妄心。這個妄心建立在什麼地方？沒離開真實，妄依真起的，沒有真了，妄也沒有了。但是我們怎麼能從妄裡頭把真顯現出來？《華嚴經》一部大經講的就是這麼個問題，很簡單。你能夠明白了自己的日常生活，知道日常生活都是妄，從真而起的，這部經完全講的就是這個問題，這是講的入。

現在我們用的是妄　不是智慧

還有境，客觀現實一切環境都叫境。凡是小、始、終、頓、圓所教導我們的、佛所教授我們的，都是對境。我們一天都對著境，你住的房子、山河大地，這都是境。你的肉體也是境，自己的、他人的、一切

人、一切畜生、一切有情、無情的，都屬於境。你把他觀一觀，誰來觀？能觀的是什麼？觀境，對境生心。能觀的就是你的心，這個心有分別，有智慧心、有虛妄心、有真實心、有妄想心；心不是境，境不是心，境能生心，心能轉境。「心能轉境，即同如來。」你能把外面境轉了，你就是佛了；心被境轉，就是一切眾生。我們有個妄心，還有個智慧心，現在我們用的是妄，不是智慧。

什麼是智慧？佛是一切種智，菩薩是後得智；菩薩一成佛了，就是根本智了。現在所用的不是智，還是妄，因為沒有證得。但是我們用的也是分別智，識的分別。現在大家共同學習，為什麼要學習？為了修行，修什麼？修你這個心。學的時候就用觀力，觀察；一切人，一切有情，包括豬、狗、貓那些家禽，它們也在用心，有智慧嗎？沒有智慧，用處不同，但你得調教牠，貓、狗都會做各種藝術表演。知道牠那個識，也能調教牠，假如我們拿瓷器，或者拿木器，你做成佛像，人家磕頭禮拜。你把它做成廁所，那完全就不同了，那個木頭跟這個木頭就不同了，就看你怎麼用。

體本來是一，用處不同，它就變了。我們用在了生死上，就是智慧；我們用於貪、瞋、癡、慢、疑、身、邊、戒、見、邪，那就是生死流轉，那就叫煩惱。沒有煩惱，沒有障礙了，你這個執著的心變了。沒有執著，沒有煩惱，沒有障礙了，能觀的智慧產生了，能觀的智生起，就是真諦，所觀的境叫俗諦。諦是什麼？諦就是理智。

大家看每部經，誰向佛一請問，佛答應了跟你說了，先囑咐你諦聽諦聽，說你聽我說的話，不要在我話上起執著，要審查它的理，諦就是

理。諦聽諦聽，從語言達到理，語言三昧就是理。你用智慧觀一切世間境界相，心能轉境，把一切境界相轉成為理了，就是把境界相都轉成智慧了，那就跟佛一樣了。如果外頭境界相把你心轉了，心被境轉，那就六道輪轉去吧！

心能轉境就是佛，心被境轉就是眾生。我們一天到晚這個不如意，那個不高興，一下又煩惱了，不知道這一切都是假的，夢幻泡影。你用真的智慧來觀假的，從你認識力量的不同，分出小乘、中乘、大乘。苦、集、滅、道四諦；真俗二諦；空、假、中三觀，這就是理上的，事上的表現。能觀者就是你的心，所觀者就是苦集滅道，這是四諦的境。

涅槃與生滅，涅槃是不生滅的。你觀什麼是不生滅，什麼是生滅；從不生滅表現出來，認識生滅了，從生滅又達到不生滅。生滅跟不生滅，好像兩個互相對立似的，其實是一個，就是妄想心和真心。我們說有漏、無漏，不漏落三乘，不墮權小，這是華嚴境界，菩薩也如是。始教的菩薩他心量不太大，達到究竟，把根本無明垢染都把它除掉，這才叫真智慧。

《華嚴經》是〈雜華〉，說得極圓滿，講得極通俗。就日常生活，講小乘是怎麼修的，這有根本智和後得智之分。根本智不說了，一切眾生都具足的。所說的就是後得智，迷與悟，從不覺，到始覺，到相似覺，到分證覺，到究竟覺，就到了成佛了。有的時候講空、假、中三觀，真諦、俗諦、中諦，三諦三觀，完了再進入真實無礙，權智與實智的差別，達到一切智。

頓教是沒有境界相的　圓教是無盡的

　　頓教是沒有境界相的，它對的是無境界的境界，頓入空寂，絕一切相，絕一切智。圓教是無盡的，什麼都是無盡的，境無盡，智也無盡，以無盡的智慧來觀無盡的境界。一切境都轉成智，叫智境一如，智即是境，境即是智。現在只是隨著說說而已，這都是標題，將來入到經文裡再詳細地分析，讓我們能進入。

　　你先要信，信了瞭解了，開悟了，並不就是萬事大吉。開悟得修，悟只是明白了，你還要修行的。修行才來定位置，你是什麼位置就定什麼位置，修行到什麼境界相。斷了見思惑，你可以出三界了，那就是阿羅漢，你見一切法不生煩惱了，你心裡所想的跟境都能符合了，但這只是二乘。不墮入人天果報了，就是不落三界了，不生死流轉了，這個智慧叫無漏智。但是他的無明，塵沙惑還沒有斷。因此你修行到什麼位置，就有什麼位置的差別，這就是《華嚴經》所講的行布。

　　我們剛才講圓融，圓融是怎麼來的？圓融從行布來的，由行布修行才能達到圓融；修行到什麼境界相，才能得到什麼位置，才能證得什麼果。這個果就是具足了因，因你的信，因你的修行才到這個果，這個果不是究竟的。在這上頭你又起修，那果又變成因了，修了一地一地又證成果；果又變成因了，因又是果，到了究竟成佛了，就達到圓滿了。

　　我們經常講因果，因跟果通不通呢？小乘教義講，在初果之前，有煖、頂、忍、世第一，四個位置，再加五停心、別相念、總相念，這叫七方便。你在人天生死當中流轉，必須得有這七方便，想證個初果也不容易，你得修，一直到成佛達到妙覺果位，這樣來講的因果。

　　《華嚴經》講因有五十三個，講果也有五十三個，參一個地位證得

一個地位；證得又向前參，因又變成果，果又變成因，到最後完成了。
以前所有的過程都叫因，妙覺以前都叫因，到了妙覺才是達到果。

第十二講竟

華嚴法界觀是總說的

上次我們講修行的次第，看你修到什麼地位，就證得什麼果。例如證了八地，八地就是果。要是證得九地，那八地成為因了；等你證到九地了，又成果了。你向前再進修，九地又變成因了；等到證了十地，就是果了。也就是因變成果，果又成因，要到什麼時候才究竟呢？到了佛的果位，那就是究竟果。

而小乘教義裡講的因果，跟現在我們講的圓教的因果，是不同的。煖、頂、忍、世第一，五停心，別相念，總相念，這叫七方便。七方便是因，等到你證了須陀洹果位，初果，那是果。可是須陀洹還要來人間，經過人間的七番生死，小教的教義是這樣說的。

而大乘的始教，位位都是因，位位都是果，一直到終教，到了成佛的等覺位，這叫果。這是講次第的因果。

《華嚴經》它的因果就是五十三個因，五十三個果。參五十三參，他參一地位，參的時候就是因，他修成功了，這個因就成了果。他向前

進一步地參，現在這個果又變成因了。這五十三位，就叫五十三位因果；五十三位都叫因，也都叫果。這就是後面要講的因果同時具德，這叫行布。在妙果以前都叫因，證了妙覺的菩薩，成了佛果；妙覺就是佛，到了妙果，這才為果，這是因果一對了。

以下就是依正，依正就是我們的二報。你生到什麼地方，那個地方就是你依報的果，以前你種的這個因，現在你生到這個國土，那就是果。生到邊地，生到沒有佛法的地方去了。依報，就是依止處，我們住的房子也是我們的依報，我們所處的世界，所處的土地，這都是依報。

正報，就是我們的身體。依報和正報，體和用，這個體用有佛的體用，佛的體是指法身說的，不是釋迦牟尼佛的肉體，是指毗盧遮那佛說的，指法身說的。什麼是毗盧遮那的用呢？盧舍那佛、釋迦牟尼佛，都是毗盧遮那佛的用，用叫應化身。現在在娑婆世界，在印度成佛的這尊佛叫化身佛，小釋迦牟尼佛。還有大釋迦牟尼佛，大釋迦牟尼佛是對小釋迦牟尼佛說的，在娑婆世界、在印度降生，這是小釋迦牟尼佛。《梵網經》上說，盧舍那佛所坐的蓮花座有一千葉，一葉一釋迦，那個釋迦牟尼佛就是大釋迦牟尼佛；每一葉都有百億的國土，百億國土就是百億的化身佛，這一百億的國土，一國一釋迦。我們南贍部洲的釋迦牟尼佛這叫小化，有時叫應化，應身就是大釋迦牟尼；說佛的四身，除了法、報、化，還有個應身。

法、報、應、化，是指佛的四身說的。我們這個娑婆世界，南贍部洲的釋迦牟尼佛，丈六金身，這叫化身。盧舍那佛是千丈不是丈六，這是報身佛的境界。在西藏密宗教義講，它講佛的四身，叫法、報、應、

化，這個就是佛的用。佛的體，法身、報身、應化身都是佛的用，這就是體用。人法，人就是覺，法就是菩提。人是有覺悟的，這是專指佛說的。法是指菩提說的，佛所證得的阿耨多羅三藐三菩提，是證得究竟的心法，無上法。

《華嚴經》講逆境和順境，逆和順是有所不同的。逆境的現相，他示現就是反佛教的。像善財童子五十三參，參到婆須蜜女，婆須蜜女是妓女，但是這個妓女跟一般所說的妓女不一樣，她是化身。她用這個攝受一切人。在經文裡講，善財童子在參婆須蜜女的時候，他不知道她住處。到了這城，就問哪是婆須蜜女的住處？街上人就說：「你這個童子很有道德的很有威嚴的，你怎麼要上妓女院去找妓女？」但是婆須蜜女沒有男女之相，她是不執著的，是法身境界，示現的就叫逆境。

善財童子參無厭足王。無厭足王是殺人的，殺人無有厭足。善財童子參他的時候，他的房舍都掛滿了人的腦殼，人的腳幹四肢。善財童子剛一見到就嚇一跳，就想不參了；護法神跟他說：「不要在現相上參善知識，這是假相。」婆須蜜女、無厭足王都現的是逆境。

釋迦牟尼的堂弟，叫提婆達多。佛成佛了，他一直地反對，他在山上搬石頭打佛，把佛的腳打出血了，叫出佛身血，身陷地獄，他示現是逆境，也是大菩薩。在《華嚴經》上講，你看見破戒的和尚、比丘、比丘尼，你千萬不要謗毀，你不管他做什麼。像我們禪宗的祖師，有燒佛像的，像道濟禪師吃肉喝酒，住在廟裡頭不做佛事的，這都現的逆境，他是行菩薩道的，這叫示現逆行。這是逆和順。

另外的應和感，這都是圓融無礙的了，逆順都是一樣的了。我們現

在是講圓融的境界，若是講戒律可不行，不能這麼講。

應感，應是佛菩薩，感是求佛菩薩的眾生，佛菩薩應我們的所求，我們是當機眾。例如我們聽《華嚴經》，拜懺禮佛的時候，求佛菩薩的加持感應，讓我們能夠進入圓教的分齊，圓教的感，不是像我們說佛菩薩加持。圓教的感就是我們現在的身心。圓教的應是我們這個真心，自己求自己，誰應你呢？是自心感自心，自心的感，自心的應，這才是圓教義。現在我們上來到此十對，這十對要是分別解釋，包羅萬象；如果在圓融的解釋，都是你自心顯現的。

圓融無礙，你只能在華嚴境界找到答案；離開《華嚴經》，在別的經裡頭你找不到的，那個答案都是錯誤的。各經有各經的問題，各經有各經的答案。用華嚴圓融一切諸經，一切諸經不能圓融華嚴。因為這個是在體上講，約法身的理體上講；有時候在法身的，所有的應化妙用，應身的釋迦牟尼，化身的釋迦牟尼統統都是事，就是境界相，攝事歸理。歸理，理就是真空。用真空絕相觀，就是我們的本體。在解釋真相觀，有這麼十門，十門之中又有十門，那就是一百門。佛體，人人都具足的，因此說，心、佛與眾生，是三無差別。這就是圓融歸真義，這是圓教義，統統都解釋圓義。圓教的分齊是什麼呢？就是這個圓融無礙，真空絕相，這是真空絕相的一種。

第二，攝歸真實。在《華嚴經》說，「法性本空寂」，法性的本體是空寂的。「無取亦無見，性空即是佛，不可得思量。」有這麼一個偈子，就是攝歸真實，這叫法界觀；法界觀的真空絕相觀，顯它無礙。我們前面講的十對，都是無礙義。約事約理，再顯無礙，亦有十門。攝歸

真實也有十門，每一個都有十門，這叫華嚴義。

這十門：一、理遍於事門，二、事遍於理門，三、依理成事門，四、事能顯理門，五、以理奪事門，六、事能引理門，七、真理即事門，八、事法即理門，九、真理非事門，十、事法非理門。

這十門都叫緣起。緣起諸法，在性空之內是沒有障礙的。若是約理望事來說，有成相，有壞相，有即有離，有成壞即離，這是約理望事。若事望於理，有顯有隱，有一有異，逆順自在，無障無礙，同時頓現。深思令觀明現，成就理事圓融無礙觀，攝歸真實。

「法性本空寂，無取亦無見。」法性的理體，不是我們這個思念分別，有可見性，有能取、所取。法性本來是空寂的，沒有能取之智，智慧的智；也沒有所取的境，所以說無取亦無見。一切諸法的生起是緣起的，明白性空了就是佛；性空即是佛，心空及第歸。菩提翻「覺」，佛也翻「覺」，是有覺悟的人，成了佛，覺究竟了；覺又是什麼意思呢？覺是明。明又是什麼事呢？明是性。達到性空就是體，這就是明瞭，入了根本智慧，這叫離於言語離於思量，說不出來，能說就不是了。說不出來這個空又是什麼呢？他加三個不可說，不可說不可說不可說。

法界觀是總說的。最初發揮這義理是華嚴初祖杜順和尚，他立了一個法界觀。從法界觀裡又分了三種：真空絕相觀、事理無礙觀、周遍含容觀。每一觀都有十門，每一門又分十門，十門就變成一百門，門門相通。門的意思就是通達無障礙的意思。

泯絕無寄觀，在《心經》上沒有說泯絕無寄觀。攝妄歸真觀，這

在《心經》上就有了。泯絕無寄觀，泯絕無寄呢？泯絕一切法，不假寄託。前面講攝歸真實觀，《心經》上，色即是空空即是色，這是形容色空無礙觀。《華嚴經》的泯絕無寄觀是究竟的，每一觀都有四句，後面的一觀一定攝前頭的兩觀，這就成了十句。真空絕相觀、事理無礙觀、周遍含容觀，後頭的兩觀攝前頭的。說真實，真實就是無礙。前面所有說過的，全是無礙，無礙就是無障礙，爲什麼呢？所有的事全歸理了。事歸於理，真空無礙了。因爲到了絕相，才感到事理無礙，事全是理了。事是什麼？就是外面一切境界相，理是什麼？理是空的。

我們上來講的十對，顯這個無礙。說了十門，十門就是顯現的。這都有單行本的，「真空絕相觀」、「事理無礙觀」、「周遍含容觀」，是杜順和尙的三觀。這在《華嚴經》第三祖賢首國師，他的〈五教儀〉也有觀的事和理，用十門來解釋的。理就是我們說的真空，就是絕相，空遍於有，就是理遍於事；事情是有界限的，有分別的。有人、有畜生，人絕不是畜生，畜生也不是人，是有界限的。事上是這種不同，理上就沒有了，不但畜生是人，畜生也是佛；佛也是畜生。這你聽了很詫異，平等平等是就那個體性，就佛的理性上說的。畜生的體、人的體，跟諸佛的體是一樣的，都是以法身爲體的，平等平等的。

但是遍入的時候就不同了，有全入的、有半入的、有微少入的，有這些差別。無限的理體遍於有限的事物，我們經常舉「坐微塵裡轉大法輪」。一微塵裡能夠轉大法輪，所有的微塵呢？每個微塵都能如是。爲什麼這樣說？理遍於事，你舉哪一個微塵，它就圓滿具足了。爲什麼？理遍故，理事都具足的。若理不全遍，事就有分寸那就不同了。所以我們在理上不明理，事上也搞不通，就是這個涵義。明瞭一點點，那叫什

麼呢？叫小乘。所斷的惑，就是見思煩惱。

到權乘菩薩了，三賢位的菩薩，他相似地見理，相似見不是真實見，還沒有證得理，只是相似而已；相似見到那一分，不是全遍的。登了地的菩薩證一分，見一分；到了佛的果位，理全遍於事了，事全是理了。如果理不能全遍，這一微塵裡頭怎麼能轉大法輪？微塵，我有時候肉眼看不見的微塵，把這一微塵作為理，這一微塵就是一真法界。一真法界就包括一切事物，這個微塵如是，個個微塵都如是。理遍於整個的事，事事都能遍，事事都能普遍含容。

舉例說：文殊師利菩薩加被一切眾生，遍到一切眾生，什麼遍呢？智慧。舉哪一個眾生，這個眾生，文殊師利菩薩大智全遍於他身上；對這個眾生如是，對那個眾生也如是。在《地藏經》中，這種意思說得最明顯了。地藏菩薩化身無窮無盡的，因為他的願力是無窮無盡的願。你讀《地藏經》，你也就變成地藏菩薩的化身；他念地藏聖號，他也變成地藏菩薩的化身。所以《地藏經》上說，你有千百萬億的願、千百萬億的事，同一時間同一念，地藏菩薩都能應。怎能應的呢？因為你念的名號跟他相應，融合為一體。念阿彌陀佛，阿彌陀佛是在極樂世界上，早晨沒吃飯之前，能夠到十萬億國土去供養十萬億佛，完了再回極樂世界來吃早飯。我不曉得大家想過這個涵義沒有？如果你要動的話，到十萬億佛土，吃午飯你也回不來，你還回來吃早飯呢！

這要怎麼樣去理解呢？好多道友只是念經文，從來沒想經文所說的意思。你想想，縱使有再大的神通，怎麼能夠先到十萬億佛土，再回到極樂世界來吃早飯呢？原來他並沒有動，他不是用神通飛到十萬億國

土外，不是這個事，有再大的神通也跑不過來。原來他根本沒有離開極樂世界，觀自在菩薩是到娑婆世界來度眾生嗎？離開極樂世界了嗎？根本沒有離開極樂世界。大家要懂得這個道理才行，要是不懂你沒辦法進入。

舉最淺顯的例子，現在你在這個法堂裡頭打個妄想，或者你家在廣東，或者你的廟在東北哈爾濱，你這麼一想，廣東、哈爾濱都在你心裡頭。凡是你所到過的地方，一打妄想全到了；全到了，但不是肉體，而是假心、妄想心。你一作意、一念之間，凡是你去過的處所，你一回憶都到了，都現前了，實際上你沒動，這叫普遍，但你這還是妄想不是真的。你那真心要是一作意，就隨意念轉了，真到了，所以是定。

「洞中方七日，世上幾千年」。時間如是，處所也如是。這是什麼呢？妄想即是事，你所到過的處所，這個事就顯理，就是理遍，不是事遍。當你讀大乘經典的時候，心裡明亮了，但是你還沒證得，不是你心裡明亮了。什麼明亮？經上告訴你說的話，你明亮了，佛教導你的明亮了。你把經本一闔上，就不明亮又糊塗了。「開卷了然，闔卷茫然」。打開經本什麼都知道，不是你的，是佛的。

看看《高僧傳》，從唐朝到現在好多老和尚，都有這種境界。假使我們念經的時候，你這樣念念念念的，專注到念經上，外頭本來已經黑了，但是他照樣念經，不知道天黑了還照樣的念，你看得見嗎？看不見我怎麼念？看見了，等你這麼一說，他一作意，看不見了。天都這麼黑了，你還看得見？天黑了嗎？哦，一看天黑了，再看經看不見了。為什麼看不見呢？動了念。我們說：「寧動千江水，莫動道人心」，涵義就

在這裡。你一動他念的時候，他「真」失掉了，「妄」就不行了。

如果在戰場上，雙方戰鬥員，那個兵已經負了重傷，但他自己不知道，一直的還在鬥；或者一個同事跟他說「你掛彩了」。在軍隊裡頭，受傷不叫受傷叫掛彩了，流出紅色的血。他一聽出血，一看，馬上就得倒下，這叫精神支配物質。明白這個涵義嗎？懂得這個道理了你才能明白，你的修行就是修心。外頭一切境界相，相隨心轉；外面境界相被你心轉了，境界相就變了。

河裡的水，我們看見是水，餓鬼看見是火，天人看見是琉璃，不是水了，但這都是短暫的。當你沒證得短暫一現，證得了是永久的。一時相應，當你那個時候忘了能念的我，忘了所對的境，沒有心也沒有意識，都混為一體。心跟境混為一體，光明就顯現。

皈依三寶之後　你會有片刻的相應

皈依三寶之後，你會有片刻的相應；讀諸大乘經典境界相很多。現在天很冷，特別在早晨兩、三點鐘的時候很冷，有暖氣就不用說了，要是屋裡沒暖氣的很冷，可是念經會念得發熱，甚至身體還出汗。有的在夏天，身上冒汗，念經念得非常冷，這是一般的現相了。有時候你坐這念兩個鐘頭，或者念三個鐘頭，念得非常得愉快，得了法喜很舒服，念完了起來，也不知道是兩三個鐘頭了，就好像一念間似的。有的上殿，本來四十多分鐘，或者一個點鐘，像站了幾個小時，都一樣的。念經念煩惱了，腿子也痛了腰也酸了，念不下去了，你就會感覺到，這個心是最大的怪物。

　　不論時間長或時間短，這些都是心裡的作用。或者心裡高度集中，或者不集中；高度集中已經入理了，不高度集中就是事。為什麼在《楞嚴經》講，於一毫端現寶王剎，坐微塵裡轉大法輪呢？為什麼會這樣呢？因為他遍了。明瞭理了，理遍於一切事，進入理法界了，理遍於事；懂得這個道理，你就慢慢地能進入了。

　　我們經常這樣子說，在社會生活當中，當我們心情不舒服的時候，或者幫助別人的時候，哎，你不要太感情用事，聽到這些話，好像很對似的。他說別人是感情用事，可是他這個說法是不是也在感情用事？現在在這個世界上的人，哪一位又不是感情用事呢？除非他證得了。不感情用事，他就不是人了。人是有感情的，不感情用事就不是人，不是人，是什麼？他就到另外一個世界，到佛法界。到佛法界裡，起碼是斷了見思惑的，起碼證了阿羅漢果，阿羅漢無生，無生無我。現在我們都是感情用事。

諸位道友是感情來學華嚴經　　還是真心來學

　　現在我們學《華嚴經》，諸位道友是感情來學嗎？是真心來學嗎？是不是感情用事？感情用事是錯誤的，但是又有哪個不是感情用事呢？感情是什麼？是你的妄心。你要明白這個事和理的關係，事本來是理，理也能成事，事也能顯理，是一是異？一般說事就是事，理就是理；可是我們往往不是這樣子，事不是事，理不是理。你看兩個人爭執，打架。狗跟狗，人跟人，男跟女，經常都如是。凡是兩個不相同的，不是一就是異；感情相同的是一，感情不相同的就是異，異了就要吵，就要打就要鬧。我們要分開，事就是事、理就是理。

　　說你這個人不講理，什麼樣才算講理呢？這個理有沒有標準呢？我們佛弟子，對佛學深入一點知道了，知道事和理是一個，在事上講道理，這個道理是大家公開承認的道理，不承認了沒辦法了，就到法院去告狀，等著法律來判決，那就不是事理，叫法理。規定什麼個法，怎麼樣處理你，就處理你。現在我們講的是佛理，事即是理。佛是什麼？佛是覺悟。這是明白事了，事就是理，理也就是事；理遍於事，事能成理，事能顯理，理也能成事。

　　如此一來，你才懂得這個道理，一微塵就是整個一法界；一滴水大海收，一微塵大地收。因為是無量的微塵成就大地，無量的一滴水成就大海，在事跟理上，說事跟理是一個不可以，理就是理，事就是事。說事跟理不同也不可以，這是說參學參學，就去參去學。例如，理遍於事的時候，是不是要把事情壞了呢？事情不壞，原封不動；理遍於事的時候，是不是事沒有？光是理呢？也不對，這必須得證得。

　　說到神異，有些神異的事是很神，但是能不能轉變？轉變不了。我在拉薩學習的時候，住在廟裡頭；西藏喇嘛有個護法神，叫涅沖卻軍。神附他體的時候，他說的是神話，神附他的體所說的話不是他本人說的，這個特別不能夠理解的。為什麼呢？他戴那頭盔有三百多兩黃金，身上的盔甲也有好幾百斤。而這個裝神的喇嘛身體特別胖，這個喇嘛跟漢人經常交往，他常到在西藏做生意的北京商人那地方去。他就是一般的喇嘛，很胖，他走路上下樓梯都很困難，必須兩個侍者攙著他，扶著他。可是感他降神的時候，完全不是這樣子了，兩個人抬著那個大頭盔，給他擱到腦殼上，然後用拿繩子拴住，要拴得很緊，不很緊的話他一跳不就甩掉了？他平常是一滴酒不會喝的。但那個時候可以喝十斤

酒，兩大罈子，咕嚕咕嚕就喝下了，他神一來了，一定要喝酒。把盔甲穿上，從他住的地點，涅沖卻軍神廟，走到大昭寺的大殿要很遠，比從我們這兒到前頭山門還要遠。他是翻山過去的，平常走不動，那個時候卻像飛的一樣。身上帶著好幾百斤，還跳舞，大家看過跳喇嘛舞嗎？邊跳邊走，不是這樣正常走。酒一喝，盔甲穿上一下就跳起來，就去了。問他什麼事，他可以答覆你，例如國家大事，或者我們的事，因為他是神，他可以知道。感那神要走沒走的時候，他就從在山上回來了，回到他的住處，這兩個給他解這個盔甲的侍者非常緊張，要是慢一點點他就會被勒死，氣出不來。

我也問過這位喇嘛，我說你有這麼大的神通，英國人打到了藥王山的時候，你怎麼還不知道啊？他說：「我知道。」我說：「你知道，你怎麼不挽救啊？」他說：「我這個神力太小，這些因果的大事，我做不了主！」這不是他能力所及的，涅沖卻軍也有一定限制的，我這個說明什麼呢？涅沖卻軍在降體的時候，他不是他了。

再舉例說，道宣律師是學戒的，大家知道他不會打妄語的，天人給他送飯，這是事實。我到終南山，現在那塊送飯石還在那裡，天人送來的飯就擱到那個石頭山上。像這種境界相是什麼呢？叫理成於事，用事來顯理，那就是《華嚴經》無礙的意思，這就是自他相攝。這類故事非常之多，因為鬼神當理的時候，你的意思感應到他身上，他跟你相應，為什麼降神的喇嘛必須得是他，而不是別人？因為涅沖卻軍跟他相應。要是換個喇嘛，涅沖卻軍不降了，這叫因緣。「因緣所生法，我說即是空」。沒有，可是他確實有事，這叫理成於事。

　　還有我們在青島湛山佛學院的時候，有位給我們上課的董老師，因爲這個老師很好，大家都願意到他屋上去。在他念佛的時候，他怕你去，他的門在裡頭鎖上了，在裡頭念佛。那天，我們上晚殿時候，他念念佛念出去了，就到了大殿了。其中有一個同學說：「董老師，您回去，您不能到我們這兒來，我們正在上殿呢！」他就一愣，他說：「沒有，我在屋裡念佛。」他說：「這不是屋裡，您怎麼跑這兒來了？」他想回去了，可是回不去了，爲什麼？門在裡頭鎖上了，找誰也開不開。於是就找木匠，才把門卸下來，鑰匙放在他屋裡。他是怎麼出來的？門在裡面鎖上，念念佛念出來，這叫無心。

　　這就是無障礙境界。那下一回他還行不行呢？下回不靈了，只是這麼一回。這叫相應，如果念念相應，成就了；那就念念得通了。就是當你心作意身心都忘了，無我、無他，無有一切境界相。

　　碧山寺壽冶老和尙，他住在美國紐約光明寺，有一次回到五臺山，他在上海下了飛機。五臺山的有位大和尙哪也沒去，就在屋子裡頭。後來，壽冶老和尙到了五臺山，這個大和尙跟壽冶老和尙說：「你來了好久了，現在才到五臺山來，早就該來了。」他說：「我哪天來的啊？」他就說你哪天上的飛機，在上海下的飛機，哪些人去接你的都對。他可是在五臺山，他得天眼通了嗎？沒有，這叫一時相應，這叫境界相，成道了嗎？不見得。

　　那些老和尙過去修行時候，都有這麼一時相應。念念相應，那就好了，這叫什麼呢？理遍於事，他在心裡作種定力，一看，噢！開了天眼通，看見你什麼時候下飛機，他給你記上。啊！你來了，他跟你說，

是不是這樣對證一下，就是這麼回事。爲什麼大菩薩他能知道眾生的心念，不但知道你一個眾生的心念，無量眾生的心念他都知道。刹塵心念可數知，你那念頭無量的念自己並不知道，那證得究竟的大菩薩，對你他都知道，這叫神。

什麼叫神呢　自然的心

什麼叫神呢？心，就是自然的心。神名天心，神就是天心；天者，天是自然的意思。什麼叫通？是慧性，就是智慧。神名天心，通名慧性。你那個自然的心，得了智慧，開大智慧，這叫依理成事。大家懂得這個道理了，知道什麼叫理法界，什麼叫事法界，什麼叫理事無礙法界，什麼叫事事無礙法界。你這個心被境界一動，完了，你那個真心變了，不是你的心了。隨著妄想轉了，這就是真心；把你無量劫來的業轉了，神通自在沒有了，不自在了。

我們曾經遇到這麼一件事，心不被境轉的時候，神通就來了。有位不信佛的女人，她是山東人，移民到東北去的，她還是那個古老的小腳，連五、六斤水都提不動。她走不動，年齡又大了，她就帶著她的小孫女。那個時候，北方不是像現在很現代化的；打個木盆，就在木盆裡頭洗個澡。木盆前頭安個小爐子，燒上這麼一木盆水，洗完澡，這個小孫女趴著掉到木盆裡，這個小腳兒的老太太急了，她平常連十斤水也提不動，居然把這個桶子，兩手抱起來把水倒了。水倒了，小孫女當然沒事了。別人說：「她怎麼能把這個水倒了？」把小孫女拉出去，再想把木盆還原擱回原處去，水都沒有了，空桶她也拿不動了。這是什麼道理？心不被境轉了，當時她一急之下，沒想到自己拿動拿不動。沒想到

這個水是好重。這叫神力不可思議。所以，那些大德們，他修行得到那種力量了，叫神力不思議。

再舉個例子，大家知道鳩摩羅什法師，我們讀的經好多是鳩摩羅什法師翻的。小時候媽媽帶他上廟去，看見供桌前供的佛鉢。他高興地玩，把鉢拿起來，頂到腦殼上去了。第一念沒有注意，也沒管它輕重，就跟我說的老太婆一樣。第二念：「這麼重的鉢，我哪能拿得起！」這一下完了，馬上就趴下去，鉢就把他罩上。鳩摩羅什法師最初開悟是這麼開的，別人把鉢拿走他才知道，我沒動念時為什麼拿得起；一動念，第二念一分別，前頭是無分別智，第二念是分別心，一分別，全都沒有。

每位道友在你修行的時候，不管你讀經也好，解釋經也好，當你作第二念的時候，完了；第一念的智慧都沒有。你知道一切諸法，「心生則種種法生，心滅則種種法滅」。華嚴義，把這個擴充千萬億倍，這是因為理的緣故。什麼叫理？什麼叫心？什麼叫真心？得要事來顯；沒有事，顯不出來，理是從事顯。但是，事得靠理來成就，也就是你修行未達到理。你修行都叫事，乃至釋迦牟尼、盧舍那都叫事，只有毗盧遮那才叫理。理靠事顯，靠什麼事呢？理是沒有文字的，沒有語言的，沒有思惟的，不可思議的。假使不立文字，言語道斷，心行處滅；也不要想，也不要說，誰也入不到，怎麼入？

禪堂是純粹用理　以理奪事

我在鼓山的時候，首座和尚到冬天就打禪七，講簡單的開示。禪堂一進去就告訴你，言語道斷，不許說話。參話頭，就是沒說話前頭是什

麼？話頭，一說不是話頭，而是話尾巴。不說，不講開示，這些禪和子又怎麼進入呢？打禪七的時候，老和尚不在，首座和尚必須得講；首座和尚不在，就是西堂；西堂不在，就是後堂；後堂不在，就是堂主。這是禪堂裡的次序。東西兩座，主要是掌管規律。禪堂的意思是選佛場，此是選佛場，心空及第歸；心空了，成佛了。這就是禪堂，純粹用理，以理奪事。

學堂是以理顯事，事能成理。學堂專講事的，講教相的，講名詞的。禪堂挖苦我們這個學堂的，「入海算沙徒自困」，入到海裡去，數海裡好多沙礫，你不是自己給自己找麻煩嗎？自己困自己？學堂的人說，你一天在那枯坐，想什麼？胡思亂想，跟石頭有什麼差別？石頭一天在那兒不動。這都是錯的，事是學習，是顯理的，但直接入理，頓超直入，是成就事的。事能顯理，理能成事，必須結合起來。理跟事，你應當反反覆覆的；理就是事，事就是理。說是沒有說，沒說是在說；但是得證得，得悟得。說的都不是真實的，但是它能顯真實。火不是火，說火是火，嘴巴子早燒爛了。你說的都是假的。雖是假的，他讓你明白真的。不說怎麼行呢？你懂得這個道理，不論他怎麼變化，說也好，不說也好，不管怎麼變化，目的只有一個，達到明，叫你懂得生長智慧。有了智慧你自然就悟了。悟了，你自然就不被境轉了，這是必然的。

為什麼呢？因為理把那個事情轉化，或者是理能奪事，理把事情奪了，真心顯出來了。這個真心，不管你學習佛法也好，沒學習佛法也好，有時候會顯現的，只是你不認識而已。但是你能知道妄想從什麼地方來的？妄想是對著真實的，真實的就是從妄想來的，妄想是從真實來的。這兩個是兩個？是一個？真實的就在你妄想裡頭。離開妄想，你去

哪兒找真實？真的沒有。斷除妄想，這個斷除妄想並不是斷，轉妄想成真，只是轉。轉識成智，轉八識成四智。斷了，斷了就沒有，這是斷見。說常在的是常見，斷常都不可以。永嘉大師說，說的時候就是默，默的時候就是說。「說是默，默是說，大士門中無壅塞。」他是通的，無障礙的。

「圓頓教沒人情，有疑不決直須諍，非是山僧諍人我，修行恐落斷常坑」。我們的知見不是斷，就是常；不是常，就是斷。其實就是中的意思，三論宗的中觀義。說離開妄想沒有真的，妄想沒有了，真的也沒有了。說「斷除妄想重增病，趣向真如也是邪」，那個就是說轉妄成真，轉識成智，是轉；但是真理絕不是事，事又從哪裡來的？事是依靠什麼起的？事是依靠緣起起的；緣起又依著什麼？依著性空。性空緣起，緣起性空，一切法都是緣起的。性空就是真理，真理絕不是事。緣起是事，緣起法都是事，事是依著真理而來的。妄即是真，真即是妄。真又異於妄，妄絕不是真，真非事。

這個涵義你要是明白，你就成就。那得要智慧，說者能說不是智，一遇境了通不過去。說的時候說的頭頭是道，你上來給我兩耳光，我馬上就發火，這是什麼呢？真不是事。我們說的濕，說潮濕，潮濕是不是水？有濕氣，濕氣是不是水？水是流動性，濕不是流動性，那是濕，不是水；沒有水，怎麼會濕呢？這個道理要參的。世間法，事不是理，真不是妄；但是事能顯理，不是理能顯理！事是靠理來成就的。真不是妄，真要妄顯。

妄由真起的

　　妄由哪生起的呢？妄由真起的。妄依真起，它不是真。這個道理或者我們不懂，媽媽生兒子，哪來的？依他媽媽生的。他生下來，他不是他媽媽的個性，兒子跟媽媽的心裡一樣嗎？不一樣。你說你是男的？是女的？有時候前生你是男的，今生你是女的，這是前世今生。現在不同，科學發達，你如果不願意當女的、要當男的，可以，到醫院去開刀。他可把你化妝成男的。這不是開玩笑的，是社會的現實。現實都是虛妄的，虛妄的都可以變的，看變什麼樣子？

　　解釋真理跟事，就是心跟境，我們的心裡跟外頭的境界相。在《楞嚴經》上說，「心能轉境，即同如來。」心能轉得動境嗎？只有隨境轉，所以我們才是眾生。「心生則種種法生，心滅則種種法滅。」道理都懂，念也可以明白，這個行起來簡直就違背了；一做起來，跟那個心裡想像的是兩回事。我剛才說，打開經本明明白白，闔上經本糊裡糊塗。什麼時候能做到？做到那就轉了，成就了，這是講圓意。說這些話都是顯，顯什麼呢？顯圓教的道理。為什麼要圓融一點、隨緣一點兒，經常說這個話，隨緣消舊業，更莫造新殃，隨緣來做。

第十三講竟

事事無礙的十玄門

在生活當中遇著一切的境界相，你能都把它當成是《華嚴經》的意思嗎？在現實生活中，你所遇到的每個人，無論他有多高興，他的苦難還是很多的。遇著苦難，怎麼處理它？我們是佛弟子，依著佛的教導，你在處理這些問題，泰然處之，不會感覺到有什麼痛苦，也不感覺有什麼逼迫性；這是依著佛的教導來轉化你的心地，你會得到自在的。

如果你不能夠轉化，就像我們看到社會上很多自殺的，不能轉化他的現實環境，這是逼迫的苦。或者因為很多的病，好多的煩惱，身心都不得安定，為什麼？你對虛幻的境界太認真！看破一點、看開一點，看開了、看破了，你就放下了。你看人們互相爭執起來，有吵嘴打架的，有臉紅緊張的，他們太認真了！根本沒有一個真事！

拿客觀的現實生活作比較，我在美國、加拿大，感覺他們的生活，再跟現在康藏地區的人民生活一比，他們的生活簡直就跟地獄裡的生活差不多！但是生在那個地區，他感覺還很愉快似的；他生到極優越的地方，感覺也是很不如意，好像也有不愉快的；這完全是心理作用，心理

作用就是思想問題。

在康藏地區生活的時候，那裡的生活條件特別差，想找點木材小樹枝來生火？沒樹！靠什麼生火呢？牛糞！如果你到那兒生活，我看你是沒辦法生活。你看那些人手裡抓著牛糞，生了火之後，這個手洗都不洗，就來給你和麵，或者給你倒糌粑，怎麼吃！你看見了簡直心裡頭就噁心，他們就是這樣地生活。

我說起來大家可能不相信，那牛糞燒起來是香的！因為牛吃完了草，有些草地的胃根本消化不了的，就留在牛糞裡，那個草燒起來很香。他們認為那個牛糞很乾淨。不只是西藏，印度也這樣子，西藏是雪山的牛，那個牛都不臭，這叫生活習慣，他們一代一代地就這樣生活。他們不像我們，一幹什麼就洗洗手，他們抓完牛糞也不洗手，你是客人來了，給你和點麵，撥拉點疙瘩湯，這是待客最好的；但是這個手還沒洗，抓完牛糞就來和麵，要是看見，你會噁心的。

在這樣的生活環境裡，你怎麼能得到自在？在那個地方生活，他認為就是這個樣子很自在的。只要糌粑不斷頓，如果連糌粑都沒有了，他們就拿牛肉來補充。我們這兒講洗澡，還要換洗衣服，他們是一領無面羊裘，時時常如舊。無面羊裘就是白皮襖，就是把羊皮梳梳，梳完了，就做成了白皮襖。然後在那上面抹酥油，皮襖都變成黑的，不是白的。夏天的時候，他們就翻過來穿，因為皮面抹酥油已經抹得溜光，穿的時候感覺很涼快；冬天就再翻過來穿。

他們穿的不用勞心，什麼都不需要，只要一件皮襖就夠了。晚上，它就是被子。皮襖非常地長，腰上繫個腰帶子，吃的都往這裡頭擱，為

什麼？它那麼長！晚上再把這些東西拿出來，把皮襖往下一放，上頭包著腦殼，下頭包著腳，他就睡了。人的生活是沒有限制的，他們也過一生。

這個意思就是我們講的華嚴義，這是事。這個事跟他的心理相結合，他們處理事情的方式，跟我們處理事情的方式不一樣。處理事情的心就是理，這叫心理作用。煩惱跟清淨、污染，這是你心理的作用。眾生對五欲境界有滿足的時候嗎？沒有！任何人，沒有證果的、沒有斷見思惑的人都如是。在社會上，他們一天都在塵勞當中，他們看著我們這些在寺廟裡作佛事的人，他們羨慕清淨。

但是如果你讓他來幹，他幹不幹呢？絕對不幹！換過來，你們在這裡頭的，清淨的，讓你再回到塵俗上，你也沒辦法生活！我看著我們好多還俗的，不論是男道友還是女道友，他感覺是掉到火坑裡，為什麼還要往裡跳？業！自己造的業，沒有辦法。事是我們的心理作用，煩惱、清淨也還是我們的心理作用；說這些是為了讓我們懂得這個道理，懂得道理就要轉化它。我想，每個人都有煩惱，如果沒煩惱了，除非他斷了惑，沒斷的時候都有煩惱。有一種是因為外頭有境界相，他煩惱；自己跟自己過不去，自己無緣無故地煩惱，這叫宿業發現。

我們怎麼樣認識它呢？現在我們講的是華嚴義，理事無礙，這說的都是理事無礙！用你的心。心是理，轉變一切事。心是體，事是相，用你心的體性來轉變一切事物。我們經常這樣說，一切諸法都是緣起的，緣起的就是事，我們的心就是性。緣起諸法是沒有自性的，但是它是有體的。桌子的體是什麼？那是木頭做的，把它做成桌子，做成供桌又不

同了！每一事物都如是。

西藏人講究辯論　會歸為體

　　我在西藏生活過，西藏人都講究辯論。任何辯論，他們都會歸為體，人人都懂得唯物辯證法；人人都知道緣起，但是他們不用名詞。你看他們的生活，還是一千年以前的生活方式，沒有什麼轉化。他們的智慧，就連一個普通老太婆的智慧都很大，她一天就「嗡嘛呢叭彌吽」的，她也開智慧，都念得有點智慧。她的生活很艱苦，但是一天當中都過得很愉快。

　　我們在北京、上海、紐約、華盛頓，特別是在溫哥華，那些享受的階層，他們的生活並不愉快，一天到晚都是煩惱。這就是理上，他心裡上不舒服，為什麼呢？看不破，放不下，沒有智慧。類似這樣的例子非常之多，這叫事和理的關係。把這個關係處理好，理的關係你明白了，事的關係你也都過關了，這是轉事成理；這種智慧，把它用於日常生活當中。

　　西藏有位格西，他到各地度化眾生的時候，眾生並不理睬他，到了晚上天很冷了，要到哪兒借宿？因為他是格西，到處跟人抬摃，到處辯論，人家都不借給他。格西走得很晚了，那邊是沒有村落的，好幾里路有個帳篷，帳篷也就是移動房舍，他跟人家借宿，想在那兒住一晚上，一家人都不願意留他，「唉！」老太太說：「師父很可憐，天都黑了還到哪兒去！留他吧！」就留他了。他老老實實就在這坐著修行好了，他不；老太太這麼一摸身上，藏人身上的這個蝨子，知道蝨子吧？那是很隨便，一抓就很多的。她拿著這個蝨子叫他小孫孫：「來，你把它送到

不死的地方。」那格西就來了，說：「老太太，不要送它了。我正找不死的地方，把我送去好了。」大家懂得這個意思吧？一聽到這個，這位格西就動了機，他一天就是辯論，還有個不死的地方嗎？在這個地球上、這個娑婆世界，你能找到一個不死的地方嗎？這是舉這麼個例子。

在西藏，出家人都是自己帶個帳篷，大大小小的。西藏盡是荒野，你到哪兒借宿？沒有旅店！但是你若把日常生活都轉變成為你的理體，這就叫不可思議了！叫無障無礙！你一天的生活，無論在什麼條件下，你要是理能轉事，一切就都是愉愉快快的，也沒有煩惱，什麼都沒有；若是在事上，事跟事過不去，事事都是障礙的！

若是事事都成了理？這叫以理奪事！以理奪事的時候，你的心裡會非常地愉快，就是放下了、看破了，把事都變成理了。事是緣起的，變成理了，就是性空的，性空才無礙，空還有什麼障礙嗎？事跟事就有障礙。性空就是理法界，一切境界相都是事法界，依理成就這些事。

以理奪事，事能顯理，所以才無障礙。當你煩惱的時候，遇著不愉快的事、行不通的時候，你就觀想觀想！最近，有些道友給我打電話，說他被非人迷惑住了，我告訴他念念《地藏經》就好了。有沒有這個事呢？這些事是幻化的！是你的心裡有罣礙，胡思亂想，妖魔鬼怪什麼都有了；心裡無罣礙了，連你自己的心都沒有了，無心道人！

你依理成事，事都變成理了！理是什麼？性空！你連自己都沒有，還有什麼魔障你呢？想想這個事，你建立在空的基礎上，一切皆空，無心就是道！你不要起妄念，鬼本來沒有的，是你自心起自心的煩惱。

有些是聖境，有些是我們凡夫所經歷過的事境，你不要太執著！換句話說，你不要太認真！我去印度，到了菩提場，佛坐的金剛座。我看見那是什麼金剛啊？我看見的就是一堆土壇，這個土壇經過了兩三千年，還是那個樣子，風吹雨打也沒個棚，現在給它修了個棚了，它還是不變化。《華嚴經》形容菩提樹菩提道的境界！但是你親自到看那個實物，實在的現相不是那麼回事！為什麼？因為我們用的是肉眼，我們是在事上看的，《華嚴經》完全是理法界，那是毗盧遮那佛的境界！我們怎麼樣能進入？這要靠你觀！觀就是想，想就是思惟修，思惟到成就了，就是三昧。

這就是我們講四法界的第三個，叫理事無礙。下面就是事事無礙，講事事無礙法界，就是觀之中的周遍含容觀。「周遍含容」的「周」是都包括在內的意思。「遍」是周遍，「含容」就是把一切的事都含容到裡邊。一切的事都變成理，都是空相；而事不壞理、理應成事，事能顯理，所以叫事事無礙。

依著事事無礙，建了十玄門。先辨別什麼叫玄門？玄門又做什麼？十玄門就是十個，我們先舉名字：一、同時具足相應門；二、廣狹自在無礙門；三、一多相容不同門；四、諸法相即自在門；五、秘密隱顯俱成門；六、微細相容安立門；七、因陀羅網境界門；八、託事顯法生解門；九、十世隔法異成門；十、主伴圓明具德門，一共有十門。

十門就是緣起，無礙圓融就是體相。隨便舉哪一門，都具足十門；每一門又具足十門，這叫十十的重重無盡。我們講圓融，凡是事跟理沒有障礙，理遍於事就圓融無礙了。在事上的境界相各各不同，在理上是

圓融的。最圓融的就是周遍含容，你就想了，什麼叫周遍含容？我怎麼觀周遍含容？事事無礙，隨便舉哪件事，它的本體就是法界；隨拈一件事、或拈一件法，它就是主，其他的就是伴。隨拈哪一法都是佛，這就明白了。隨便你拈哪一件事都是佛，佛就是心，心就是法界，這就是法界。這個眾生是佛，那個眾生也是佛，「總教何處不毗盧」，就是這個意思。無論有情的、無情的，隨拈哪一法，這一法就爲主，它就是一真法界。

　　「同時具足相應門」，這就把我們所說的道理全部概括了。清涼國師舉「同時具足相應」這個例子。他說，拈大海水的一滴，這一滴就包括了整個大海；海水是鹹的，這一滴海水就是整個的一法界，跟我們平常說一微塵裡轉大法輪，一樣的意思。拈這個汗毛，這個汗毛就是一法界，把所有的山川、世界都收攝到這一汗毛裡頭來了，就是這麼一個涵義。我們前頭單講一剎那際，一剎那際具足了，就是那一剎那，你發心修道，修成佛了、度眾生了，這一念具足。把這個解釋清楚，就是一部《華嚴經》。所以《華嚴經》說：「一切法門無盡海，同會一法道場中，華藏世界所有塵，一一塵中見法界。」一塵即爾，法法如是，法法皆然，這就叫同時具足。「一切法門無盡海」，一切法門就是佛所說的一切的教法。教就是佛的聖教量，加被我們一切眾生的話；教者，聖人被下之言就叫教。懂得這個同時具足了，就像拈海水的一滴就具足了整個的大海，也具足了一切的百川，隨拈一法就具足全體了。

　　在小教義裡講苦，苦就是苦，什麼是苦的相？什麼是苦的性？什麼是苦的境？但是我們的性呢？它不苦！它不但不苦，苦即是樂。苦跟樂是相對的，苦的反面就是樂，沒苦又怎麼顯出樂來呢？這一翻身你就不

知道了，苦一翻身成了樂，不是苦！

這是講苦的性，從苦的理上講。《華嚴經》說理能奪事，講理的時候事情就沒有了，全部顯理了，也就是事不存在了，這樣的例子非常多，每個道友修道的時候也遇見過。當你病得苦到極點的時候，突然想起佛的教導，就勉強撐持著；或者是打坐，或者起不來，你想著佛的教導：苦是因為有身體。「我連身體都沒有了，苦還存在嗎？」這是什麼呢？這是用理來奪事。當你苦到極點的時候，還不能解脫的時候，或者念阿彌陀佛，或者念地藏聖號，或者念觀音菩薩；你把你的心全心全力注重到這上頭，那是我們還不能轉苦為樂的時候；能轉苦為樂的時候，效果就大了。我們認為這個世界是苦的，它本來也是苦的；天人看著這個世界也是苦的，凡是人間都是苦的、髒的，天人絕不到人間來。我們看到畜生，你到豬圈看看豬的生活，讓你去跟豬生活，你幹嗎？你感到太苦了！但豬本身感覺苦嗎？牠並不感覺苦！我們看螞蟻，螞蟻是很有組織性的，牠們的奮鬥精神是非常厲害的，讓你去當螞蟻你絕對不幹的！

一切法都如是，你要想學懂一切法、要想修行，得學懂了。如果學不懂，就學一劫、兩劫、無量劫，直到學懂為止。哪怕就讀一部《心經》，你只要把這一部《心經》，從頭到尾學會了、學通了，然後去行。行了，證得了，一部《心經》，你也夠了。《華嚴經》就是〈雜華〉，華是因，修因的時候，因非常地雜，你種什麼因都可以；雜是雜、亂，很雜很亂，千頭萬緒的。你就從一品經，一個法會裡頭，觀想力具足了，真正通達了，這叫一即一切。《華嚴經》說：「同會一法道場中」，能顯無盡諸法門。這叫同時相應。一法通，百法通；小不能通

大，大能圓融小，這樣的圓融起來就叫無盡法門、法門無盡。你必須單修一法，從一入手才能達到無盡。《華嚴經》就這麼地教授：圓人學法，無法不圓。同是學苦、集、滅、道，圓人學的，他會找到苦的性，不是苦的相；找到苦的性，性不苦，這叫無盡法門。

另一個無盡，《華嚴經》有七處九會，七處九會同時俱演。它是同時說的，不是這一會說完了再到另一會說，都在說！《華嚴經》叫刹那際，一時都說完了。這個一時是無盡的，這個一時是具足無窮無盡的時。或者把它引申出來，把它收縮回來，可以放、可以收。無盡劫就是刹那際，刹那際就是無盡劫，這才是華嚴義：一念就是無量劫、無量劫就是現前的一念心。這種道理，你必須觀想。「山中方七日，世上幾千年。」這從心理上說的，不是說的事物。你心裡無障礙了，修道的時候就一切沒有障礙。人我是非、生活起居的條件沒有了，這都是障礙，但你從心裡頭，這些都沒有了，都把它解決了，這就是作意。作意就是心想，你怎麼想的？怎麼念的？修成功了就是修了一念，一念就是無量劫、無量劫就是一念，念念修，念念是，究竟成就了。這是說心的力，有時候大能容小，三千大千世界容了很多國家、容了很多山河、容了很多土地。坐一微塵裡轉大法輪，這是小能容大。

小容大可不容易了

大容小，誰都懂。小容大可不容易了，一個微塵容世界，因為把微塵變成心力了，變成心力就大了。也別把華藏世界看大了，相對地說，同一性體故。性的體，沒有大也沒有小，大跟小是相對法；但是《華嚴經》的這個大，不是相對的，沒有小，只是大。大是什麼？大就是體，

它是絕對地大，不是相對地大，這個就不容易相信了，這就玄了。

毗盧遮那就是我現前的一念心，理上講是不錯的，一切諸佛都是你現前一念心；十方法界也就是現前一念心。學的時候、聽的時候，你不理解了，若轉變成了我們這一念心，就是無量劫。這很不容易修成，學的時候、說的時候還可以；這一念心如果沒有那麼個力量，就不是這麼個境界。

怎麼能夠周遍含容呢？周遍含容觀，你要這樣觀。周遍含容，小要容大，原因是沒有大也沒有小，大小都是相對的。現在我們是講絕對的，凡是相對的法，都是比較地來說。什麼是大？什麼是小？大跟小沒有一定的體。什麼叫大？沒有大的定體！沒有大的定體它就不大了，小沒有小的定體，那也就不小了；大小都是我們思想上的作用。

但是我們怎麼進入這個境界相？問題就在這。出家人經常會說「遁入空門」、「出了家就空了」，出家的道友們，我們空得了嗎？空什麼了？我們一進山門，每個廟的山門（也就是三門），空、無相、無作，無相、無作是空義，空得了嗎？還是照常吃飯！和尚也安口鍋，跟在家差不多！照樣地穿衣服！衣、食、住、行都是一樣的！和尚說空、說玄，玄天玄地的，好像說話也不著邊，「老和尚說話都是玄天玄地的。」他認為我們胡說八道，特別是像《華嚴經》玄天玄地的。如果你沒懂得道理，你會認為說這些話的不是瘋子、就是傻子，癲狂了！說瘋話！精神病患者！有這種認識這種看法的，那是因為他不懂。我們這是修觀，叫你如是觀，觀就是讓你從不明白到明白。禪宗經常說開悟，開悟是頓，不是圓。我們現在學的是圓；跟禪宗講的頓完全不一樣，我們

現在講的這一段是周遍含容。

周遍含容　一切都沒有

　　周遍含容，沒什麼是非，沒什麼人我，沒什麼長短，沒有大小，沒有方圓，一切都沒有。大家讀《楞嚴經》，《楞嚴經》有「如海一漚發，有漏微塵國」的偈子，這些國土、這些山河大地是有漏的，不是堅固的，山川大地就像海裡冒的一個水泡似的。為什麼這樣比喻？這一個水泡就是一法界，三千大千世界都在這個水泡裡頭，你得懂得這個道理，完了你得思惟。現在通過科學家的工作，你可以證實了。

　　從這些方面，你懂得這個道理，說起來慢慢能進入，好像是語言上明白了，心裡頭能不能真正承認？不容易！承認了之後而又能證實，那就更不容易。我們說得很圓，可是現在連自己生活當中的煩惱習氣都解決不了！在《華嚴經》裡，最小的小果是阿羅漢，就一個阿羅漢斷了見思惑，能達到嗎？說能說一丈，做起來連一寸都做不到；但是從心裡上講，學大法的、學究竟法的，不成則已，一成就一切成。

　　為什麼在沒講經之前先講信心呢？如果沒有信心，你聽《華嚴經》就很難了！大心的凡夫，我們不是講信心嗎？就是信自己心的人，他還是凡夫，沒有斷惑，也沒有證真；這個大心就是圓融的、圓教的，發圓教心的人，就叫大心；雖然是凡夫，但他已經成佛了。相信這種道理，就是這一念信心，信自己。你有這種思想，這麼一念、一作意，把十方法界、十方諸佛、一切的佛剎都包括在你的心念當中。雖然你沒證得也沒做到，但你的心量是包括的，由實變成心了。極樂世界、東方琉璃世界，從東到西、從南到北都在你一念之間，這叫學習著入法界。

例如說現在快到五點了，如果我們把錶往回一撥就是三點了，再一撥，或者撥成一點。你把現在的五點定成一點鐘，我們就照這執行，它就是一點了。外頭也沒有什麼障礙，你跟別界通是通不到的，什麼時候你能通到？比如說我們做夢，夢裡有很多世界，也夢到現在，夢裡有時跟你生活不一樣的，你醒了才知道是做夢，沒醒的時候不知道是夢。

我們在學習的時候沒有證實，就已經明白法界相，明白剎那際，這個明白是學習的明白；如果達到證得的明白，那就成道了。我們知道做夢是做夢，我們每天生活當中的講課不是在做夢嗎？認識這個夢嗎？等你什麼時候開悟，什麼時候醒了證得了，你才知道現在也是在做夢：夢裡聽《華嚴經》，是在做夢。

你們有夢中聽《華嚴經》的嗎？因為你沒有這個影子，這種夢是做不到的，也沒看過這種事實。要不是佛說《華嚴經》，周遍含容的這個道理，我們絕不會懂的，也是想不到的。

我們講「同時具足相應門」，每個都講十門，十門就是一念，就是一念之間具足了，所以才叫「同時具足相應」。前面已經講了理事、境智、因果、行位，講了十對。又講七方便，七方便是剛入佛門的，因為你剛入佛門必須得懂得。但是我們對這個還不大清楚，還不大懂，因為你還沒有去做。我們說圓融，圓融什麼？用我們現在的觀念，把以前說的都圓融起來，沒有性的分別，不是什麼男性女性的，都一樣。

在一天的活動之中，你用了好多心？在寺院裡學佛的時候，你所用的心，所對的境界相，所做的一切事，還包括你內心的思想活動，那就是理法界。你外邊燒香、磕頭、禮拜、念經，這就是境。你觀想，那

就是智慧。這裡就含著無量的因果；什麼因得什麼果，這又是小教的意思。

現在講圓教的意思，圓到極點了，你再回頭看看你在見道之前的，就像我們現在見惑還沒斷，這個境界相都是什麼？要想斷苦得樂，從歸依三寶起；歸依三寶了之後，七方便能使你很快成道，使你斷掉現前的煩惱，不論哪一部分你都得修。修的方式，就是用你的心念來觀；先修觀想，先修想。學佛學久了，他雖然沒成道但也修過；或者修了，現在又忘記了，沒修成。圓者，是圓融以前不圓融的那些問題，那才叫圓融！

比如說我們講小乘的七種方便就是五停心觀，別相念的諸觀、總相念的那些觀，這是沒證初果以前，還沒斷煩惱沒斷惑。五停心，就是你的心要住在五停上思惟觀想。

五停心：第一觀身不淨。從母親懷你的時候起，就是不乾淨的，這叫不淨觀。這是種子不淨，不淨就是不乾淨了；大小便溺，眼有眼屎，耳有耳屎，鼻子還有鼻涕，口裡還有痰，沒有一樣是乾淨的，你要這樣觀想，這叫不淨觀。種子不淨，一切都不淨。

第二修慈悲觀。這個慈悲觀跟我們平常講大慈大悲的慈悲不一樣，這是初步的，還沒有到那個程度。給別人快樂，不要佔別人的便宜；別人痛苦，幫助別人解決痛苦，這是第二種用心。

第三還得修因緣觀。無明緣行，行緣名色，名色緣六入；六入緣觸，觸緣受，受緣有，有緣愛，愛下面就是別離了，別離了就痛苦了，

這叫愛別離苦。

第四界分別觀。界就是眼、耳、鼻、舌、身、意，入到色、聲、香、味、觸、法，這叫六界，三個六就是十八，總說是十八界。

第五就是數息觀。我在講《大乘大集地藏十輪經》的時候，講的是數息觀，怎麼樣入定？先數你的息，調你的呼吸，調你的數數的呼吸。調一調，調好了漸漸就入定了。我以前修這個的時候，念阿彌陀佛，念地藏王菩薩，出息一個字，入息一個字；再出息又一個字，再入息又一個字，這叫用呼吸念法念聖號，這都是初步的。

這五種，觀不淨觀、觀慈悲觀、觀因緣觀、觀界觀、觀數觀，就是五停心。完了，學別念處，觀你這個肉體，觀它的不淨，不淨和前頭的五停心觀是一樣的，相通的。凡是你能領納的，凡你所接觸的、接受的，凡是受的都是苦，就是觀受是苦。妄想雜念特別多，這個雜念完了，那個雜念又來了，讓你去修無常觀。無常是相續不斷的，一個念頭過去，一個念頭又來了，相續不斷的。

如果你睡覺不做夢，好像沒有妄想了，做夢就有妄想了。妄想還是在妄想，妄想在妄想裡頭，就是不停地妄想，沒有一念停的時候，我們的妄想，生生世世、無量劫來，就是在六塵境界相上打妄想，從來沒停止過。

現在講《華嚴經》不是停妄想止，而是把妄想圓融了，把妄想都成了無障礙，無礙；這樣觀達到圓融義。觀一切法，觀一切法的時候就是觀一切境，凡是你所遇到的境界相，都是你心裡所緣念的。緣念什麼

呢？沒有個主宰，你都做不了主！你做不了主，而說「我」，「我」是主宰義，你都做不了主，這個「我」就不存在。我們經常說，「我的」鼻子，「我的」眼睛，凡是任何屬於「我的」都是我的一部分。這個觀就應該這樣觀，「我的」不是我，是「我的」。「我的」耳朵、「我的」腦袋、「我的」身體，是「我的」，不是我！離開這些「我的」，我在哪裡呢？這所說的都是我的一部分，是屬於我，但它不是我。這是每個人都承認的，有人這樣說嗎？我眼、我鼻、我腦袋，沒有「的」字就不行了，沒有這樣說的，都是「我的」，「我的」不是我，你就這樣觀。「我的」眼睛，「我的」耳朵跟「我的」衣服，跟「我的」桌子，跟「我的」水杯，不是一樣嗎？都是屬於「我的」，都是物質性，這就是修一切法無我，要這樣想。這一切法無我，我們現在所講的叫別念處。

總念處是說一切有漏的法，它是有生滅的，都是苦、空、無常、無我的，這叫總觀。這個觀觀得有點煖氣了，就是有點功力了，即將進入煖位。煖位觀時，觀到有了功力，這就漸漸能入定了，在定的時候達到頂點，叫頂位。煖、頂、忍、世第一、五停心、別相念、總相念，加起來這叫七種方便。

七種方便，也叫七賢位。小乘的七賢位，到了世第一，很快地就斷見惑，漸漸就入聖，入聖就是初果。現在講大乘，大乘的七賢位不是這樣講的。在別教，它的七賢位，發心、持誦、禮拜、念經、看經、學佛，這是有相的修行，從有相的修行進入無相；進入無相，一切法都是空的，是般若義無常的，再方便去利益別人，這就入了方便道，修行人以這個法利益別人，用這個法來熏習一切眾生。聞法，拜懺，持誦，禮

拜這樣地修行，這是一種種性，叫「習種性」。

大乘主要是講相信自己

大乘主要是講相信自己，相信自己是毗盧遮那，這叫「性種性」。性種性是性裡頭本來具足的，沒有得到彰顯，要靠修道來顯。修就是「道種性」，通過修道來顯你的性種性。先是用習種性、性種性，再就是道種性，這才能達到成佛，「一切種性」成道了。心裡相信，向這方面去做，這是講修心的方法。

不論小教也好、始教也好、終教也好、圓教也好，乃至於修觀行的、修禪宗的、學教義的、學念佛的，隨便你學哪一個法門，七方便絕對不能少，少了，你什麼也進不去。

密宗講這個，則是講四加行，也叫四加行位，這也是七方便，不是念個咒就行了。學密宗的，你學了才能知道，你怎麼樣具足現前一念心呢？大手印是最究竟的了，也是叫你怎麼樣掌握這現前一念心的心念，你要學過才知道，那是更不容易的。所以不論修哪一法門，最初的七方便：觀苦、空、無常、無我，必須得做！這七種：煖、頂、忍、世第一、五停心、別相念、總相念，這都是讓你轉凡成聖的。

但是《華嚴經》可不是這樣講。大家可能沒看過，智儼大師有一本著作〈華嚴孔目章〉，它是《華嚴經》的注解，它叫七大事，七種大事情。具足這七大事才是菩薩，有時候也叫七聖人，人中之聖。你在學習，不論了義法，還是不了義法、或是圓融法，你必須懂得善巧方便。

244

　　為什麼要講這些呢？這是你最初下手處。圓教，它就不是這樣講了。它講的不是修完了這個修那個，它是一念之間頓具，這叫華嚴義，一念都具足了。最突出的是〈普賢行願品〉。〈淨行品〉是講有的，〈梵行品〉是講空的，而〈普賢行願品〉則講重重無盡；空即是有，有即是空，空無盡，有無盡，重重無盡。

　　每位道友都可以回憶一下，自從修道、入佛門以來，你修過多少次觀身不淨、觀受是苦、觀心無常、觀法無我？數息觀也好、分別界相觀也好、十二因緣觀也好，我們修過多少次？或者有沒有修過？有沒有修成功？這些都叫次第，《華嚴經》叫行布。行布義就顯圓融，次第就顯圓滿。圓融是在一念之間就具足了，分開來你還得漸漸去做、一個一個地去做，圓融什麼呢？圓融以前的行布。

　　就像一個人，早晨睡醒了，睜開眼睛之後，不管你是哪一行、哪一業的，不論你自己經營公司也好、給人家打工也好、乃至在家庭裡整理家務也好。這一天你從睜開眼睛，到晚上再睡覺的時候，事物很紛雜的，都是你這個心念一步一步去做的！在普壽寺，一天到晚也有很多的事！睜開眼睛，要做做清潔吧，做完了要上殿；上殿完了，接下來就過堂，過堂了要聽課，七事八事無量事，事事都得去做，那不是你的心念嗎？你做哪個事，你的心必須得到！做完了這個才做那個！這一天的事都做完了，到睡覺的時候了，這一天的事過去了，都攝歸你自己的一心。但攝歸一心，你有沒有回憶一下？這一天從早到晚都做了什麼？哪個做對了？哪個做錯了？做哪個事的時候，我心裡離開這個事？做這個事，心不在焉，就是心裡離開這個事。哪個事做對？不論對也好、不對也好，這個問題大家都很懂得的，你要把這個會歸，攝歸你自己自心，

這就是《華嚴經》。

你一天所做的都有因有果

你一天所做的都有因有果。例如說，你是上班的，或者是在大學當教授、當老師，這是你過去學來的，現在你做就是果，果又變成因了。這是《華嚴經》所講的「無不從此法界流」，都是從你的心流出去的。這一天不論你幹什麼，都是你心念到的，這樣把一切法再會歸真實，都是一真法界流出去的。流出去還要流回來，不是流著就走了，「無不還歸此法界」。寫副對聯也可以：「無不從此法界流，無不還歸此法界。」一切水從大海流出來，還還歸於大海。

無論世間法，還是出世間法，名相多得很！一個地方有一個地方的方言，一個地方有一個地方辦事的規矩議程，一個國家有一個國家的制度，非常複雜，都是人為的。不管它有多少名相、多少修行，你的次第都如是。我們現在就有兩個，一個了生死，一個成佛。成佛也得要了生死，了生死才能成佛。了生死，得解脫；得解脫，還是成佛。了生死就得自在、得解脫。你要想得解脫、得自在，必須依照佛所教導的去做。

如果你見到什麼就迷什麼，永遠成不了佛！罣礙太多了！為什麼害怕？《心經》說得很清楚：有罣礙故才有恐怖，沒罣礙就沒有恐怖了！你連不淨觀都修不好，貪愛心也不去掉，什麼法你也修不進去！你修什麼，都是騙人的！連最起碼對你自己身體的修都不做。

如果念〈淨行品〉，你一天上廁所也好、吃飯也好，一舉心一動念，把文殊師利菩薩教導的善用其心用上，你就入法界了。看著很難，

這是你能做得到的，不是很難的！還不說你坐在那修行入定了，動中就是定！動中怎麼定呢？如果你每次上廁所都想到：「大小便時，當願眾生，棄貪瞋癡，蠲除罪法。」這是誰都能做得到的，但是你不做！念是念會了，或是做一兩遍，又忘了。「睡眠始寤，當願眾生，一切智覺，周顧十方。」你一睜開眼睛，第一個就念這個；晚上睡覺：「以時寢息，當願眾生，身得安隱，心無動亂。」心不要亂動，倒在床上，疲勞就好好睡覺。翻來覆去，翻來覆去，東想西想，倒在床上「烙餅」！好多能做得到的，他不做！你怎麼修道？

《華嚴經》說得很圓，等你一品一品地修；五十三參、一參一參地去參，究竟圓滿！這是目的，不是手段，中間有很多手段。我們學《華嚴經》，是讓我們修的。你把文殊師利菩薩所說的一百四十一種修完了，菩提心具足了，生死了了！

或者是我們有個辦法，怕記不得怕忘了，早晨一起來，你先把〈淨行品〉誦一遍，不管今天遇著什麼事，反正先解決問題，我誦了。每天你誦一遍，這就是修行。能做的你不做，不能做的你想去做！頓修、成佛，那得一步一步地走！完了你再念〈淨行品〉，念完了再念念〈梵行品〉。梵就是清淨，是清淨行，淨行也是清淨行，梵行還是清淨行，究竟到了普賢行願，究竟清淨。

〈普賢行願品〉是成了佛之後修的，叫果後普賢。善財童子已經成就了，再講普賢，這叫圓融行布，行布圓融。這跟你一天睜開眼睛就在社會上做一切事一樣的，沒有什麼差別，那也是普賢行。但是你那個主導的心是怎麼樣的？這是你的行為，靠你主導的心。心是普賢心，所行

都是普賢行；這就是「無不從此法界流，無不還歸此法界。」

世間法，沒有世間法，也沒有什麼叫出世間法，也沒有生死可了，也沒有涅槃可證。但是沒有達到這個地步的時候，是有涅槃可證，是有生死可了，是有道可修。我們現在是在因地，在因地就說因地的話。《華嚴經》有說顯果德的事，那是我們的目的、趣向、證得，現在我們在因地就得修因，就是這樣的涵義。

我們現在的身體還沒生到梵天，梵天的天人認為本身是清淨的，實際上還沒有達到清淨。但是跟人間、跟六欲天完全不一樣，跟六道輪迴中其他的眾生也不一樣。

想想人類的痛苦，想想地獄的痛苦，想想畜生的痛苦，三惡道：地獄、餓鬼、畜生，跟人類的苦就完全不同了！千萬莫墮三惡道！懂得這個道理了，大家學華嚴的時候，先從修心起。怎樣修心？先從信起修。我們隨時都得講信！沒信，什麼也入不了；唯信能入！

第十四講竟

在修行中有行布　有圓融

我們學習就是學樣子，仿效人家怎麼做，我們就怎麼做。仿效誰呢？仿效佛。佛怎麼說，我們就怎麼說；佛怎麼樣做，我們就怎麼樣做。昨天講了七方便，那就是學樣子，學習怎麼樣修行，在修行當中有行布，有圓融。圓融是一念間就具足了；行布就是以信心為基礎，完了，漸漸地去修行，修到成功了就圓融了；圓融了，一念間就具足。我們上來所講的圓融，一念具足。有的時候，我們要漸漸去做；有的時候，要用一念頓成，這就是行布跟圓融的意思。

例如在生活當中，不論上班也好，乃至整理家務，從你睜開眼睛這一天，所有的事務紛紛雜亂，好像幹不完的事，你得一步一步去做；等做完了，晚上到你睡覺的時候，沒事了。這一天的事都過去了，又回歸你的自心。早晨從你自己自心之中，指導你的身做一切事務，一天做完了又回歸你自己的自心，安歇了沒事了，這是很通俗、很容易懂的，這就叫華嚴義。

如果會歸你所學的《華嚴經》，運用你所學的《華嚴經》，對華嚴

的道理你就能懂。就是從你心裡起，計畫做這一切事；一切事做完了，又回歸你的心。這是《華嚴經》所說的「無不從此法界流，無不還歸此法界」。法界就是心，就是你一心。一切水從大海流出去，還歸大海；太陽出來，不管陰天下雨，或者罩霧，太陽永遠蒸發海洋，二十四小時沒有一分鐘斷過的。我們現在是黑天沒有太陽了，美國則是白天。凡是太陽二十四小時轉的時候，太陽蒸發著海水，海水又變成氣體，氣體又變成雨又下到海裡頭，就是來回迴圈的，爲什麼大海永不乾枯？就這樣的意思。

學《華嚴經》，要相信你自己的心，一切法都從你的心產生的；而後，還歸你的心，就是這麼個意思。你體會到這個意思，經常這樣想，你所做的一切事務，都是從法界流出來的；觀心的時候，觀法界的時候你就這樣觀。但是有一個目的，了生死，得解脫，像我們學佛的人，目的就是了生死，要得解脫；你解脫了，才能自在。

觀就是用你的心

你要想得解脫，想得到自在，你觀一觀。「觀」就是用你的心，照一切的事物，照你所做的一切事情，用你這個心照自心。起心動念，一定要把心看好，讓它盡做清淨的事，不做不清淨的事；去除貪愛的心來修淨行，這叫清淨行。假使說你用貪愛的心來學，是沒辦法進入的。

最起碼你有觀照的無我心，這是最起碼的條件。我們對華嚴的殊勝法門，羨慕，但是不能進入。這得要相信，還要真信，你只羨慕一回，不解決任何問題；說我學了理解了，理解歸理解，理解不能進入，必須得修行。修行先要有信心，相信自己是毗盧遮那，有了這個信心，這是

圓滿意成就。圓融就在這個地方，修行的行布也在這個地方。

因此，你在修十玄門的時候，從你的心遍於一切事，這一切事又遍回來你的心；你的心能成就一切事，事也能顯你這個心，用你這個心把事都奪了。事能奪理，那就是事顯現了，理就沒有了。現在是理顯現了，以理奪事，事就隱沒了。再如是想，真理就是你的真心，真心就要靠事顯。事即是真心，事法即是理法，這個理法的真理，真理不是事，真理非事。事法呢？一切事情也不是理，事法非理。你這樣子反反覆覆，不是一次兩次，得億萬次這樣來學習華嚴，華嚴學明白了，三藏十二部你都具足了，顯密也都具足了。懂得這個義理，你再如是學。

剛才講我們的目的，要解脫自在，但是這有個前題，必須得觀。大家都會背《心經》，《心經》就是觀自在。你觀你自在，他觀他自在，你不觀你不自在；這是理事無礙觀，你必須得修的。第一門「同時具足相應門」算講完了。

第二門，是「廣狹自在無礙門」。廣是廣義，狹是狹義，廣是普遍的，這是第二門。你在事跟理上，都能夠達到無礙。理無礙故，理遍於事，事也無礙。事無礙故顯理，事遍於理，理就無礙，事也無礙，這叫理事無礙廣狹自在。

無論你做任何事　要先通過你的心

做一件事，無論你做任何事，要先通過你的心。如果你思想通了，很愉快做這件事，就算是很困難的事，你做起來好像很順利，沒有什麼障礙，爲什麼呢？因爲高興去做，你願意去做。遇著困難，遇著障礙

了，你能夠解決。如果你做這一件事，彆彆扭扭，你心裡就不高興去做。很容易的事你也做不好。如果你不高興去做的，再容易的事，你不想做；強迫你去做，你不高興，這個事做不好的。本來一個鐘頭完成，拖拖拉拉的，一天你也給它完成不了，這叫什麼呢？磨洋工。

古人有句話：「性相近，習相遠。」如果性不相近，你學起來可就困難；性不相近，習起來有種種障礙。要是相近了，習起來障礙就少了，我想大家都懂這個道理。理和事的關係，你心裡高興，愛做那件事，這理能成事；很容易成就，做起來就很快。你不高興的事，非讓你去做，這是勉強，你心裡抗拒根本就不願意做，這個事你就做起來困難。事就是你現實的生活，現實的外面一切境界相，如果你不願意做，又對這個事物不熟悉，你做起來非常困難。

假使懂得這個道理，你所學的一切佛法，都在你日常生活當中，佛所說的法就教導你，教授我們改變你的日常生活，改變你生活的習慣。不要隨著世間相去流轉。要是翻過來，用佛教導你的那個心去指導你的現實生活，這樣你在現實境界中，就能夠漸漸地得到解脫，得到自在。佛法是圓滿的，在你日常生活當中，能夠很順當很圓滿的。佛所說最圓滿的教義，最高深的教義，都離不開你現前的一念心。懂得這個道理，你用現前一念心去體會，就是這現前一念心。你學什麼就容易進入什麼，學什麼就會什麼。

為什麼？佛教導你的都是理，理能成事，那在事上無礙。無礙了，是沒有障礙了，心跟事沒有障礙了，這是心跟境；外邊客觀的現實，他沒有障礙了，也就是說你所做的事跟那個理相合了。相合了就是事就是

理，因為你心遍於這個事上。凡是一切事做不好的，是你心裡先起出障礙來了，心裡就有個抗拒，不願意幹。你心裡不願意幹，事情圓融不了。心裡高興，理能成事；心不障礙了，那事也沒有障礙了。每件事都是以理相合，理事無礙，使每件事都入於理，使每件事理遍於事；事遍於理，理遍於事，理事無礙境界。

從理事無礙，達到事事無礙，這就是廣。但是這個廣這個無礙，不壞事相；事相是什麼，就是什麼。壞事相的，把這個事相破壞了，那叫狹。因為心裡一切無障礙，狹也好、廣也好，都沒有障礙了，這叫自在。所以這叫廣狹自在。一微塵是狹義，很小很小的。大千世界是廣義，很大很大的。大千世界攝了好多微塵呢？狹就拈一微塵，說一微塵裡演無量法門，無量法門還歸於一微塵。一切法還是從你心上起的，還歸你的心，這就自在了。這叫「廣狹無礙自在門」。

我講這個是很通俗的講，若是按《華嚴經》講，你沒有辦法懂。你把它反過來，會歸於現實，越高深的，你越鑽不進去的問題，你不要去鑽了把它放下，從最淺處入手。你最熟悉的是什麼？生活、妄想，還有你最熟悉的煩惱。智慧從哪來的？煩惱中來的，煩惱出智慧。我說的不見得對，但是我是這樣想法的。

華嚴經玄的不得了　就從吃飯穿衣入手

煩惱的時候，就坐下來想，想想就不煩惱了。你看開一點，我們看人家誰煩惱，家庭出點事，就勸人家，哎呀，看開一點。世間無常都會說，輪到你自己了，看不開了；勸人家可以，勸自己勸不了。看不開了，為什麼？我們沒有智慧，想想煩惱就開智慧了。你煩惱好多，把煩

惱變成智慧。這靠什麼呢？靠你的觀，觀就自在了。每件事講什麼理法界、事法界，又說《華嚴經》玄的不得了，把它放下。從最淺處入手，你懂得的事，吃飯你懂？穿衣服你懂？吃飯穿衣你都懂？就從吃飯穿衣入手；出入息，你應該懂？不出氣憋死你了，對不對？你從這上入手，你去思惟，這就是佛法。

如果加上觀力，觀就是覺，不觀就是不覺。你一觀通了。通什麼？通事通理，明白事也明白理，你就自在了。一自在，你的心光發現了，「照見五蘊皆空」，智慧來了。任何都離不開你現前一念心。這就是密宗最高的密。修大手印法，達到現前一念心。你隨時這樣體會，學什麼都能入；因為你的心跟事沒有障礙了。在這部經上說就是境，境就是事；心境無礙了，心就是理，理事無礙了。因為事就是理，每件事都是顯理的，你這個理遍於事了，你的心幹什麼事，全心專注，這就理遍於事；那個事情一定能做得好，所以叫以理成事。

看經文隨經文轉，你會轉不出來的。你沒有辦法懂，在〈華嚴疏鈔〉或〈華嚴合論〉去找，越找你越進去鑽不出來；找不到，你把它放下，就從你生活去找。

佛在世時，目犍連尊者神通最大的，他是很自在的，但是只限於阿羅漢果的境界，他不是無礙的自在，是有礙的。有一次，他聽佛講經、說法，他聽見這個聲音很美妙，平常他沒有感覺到，這次聽法他感覺到很美妙。他說我在這講堂裡聽見，我離開講堂看如何？他離開講堂還是如是，還如是，他就用他神通力到須彌山頂再聽，還如是，佛的聲音就在他耳邊。完了，他到四梵天，到大梵天還如是，還在他耳邊。儘量往

東方世界走，不曉得走了好遠了，假佛音聲力的加持，一直都聽見佛的音聲在他耳邊。走了好多個佛世界了，他到了一個佛世界，就是佛的音聲力的加持，他看到一個城牆，這個城牆很怪，像是城牆，又往裡頭彎斜，他圍著城牆上頭來回轉。這個城牆是什麼呢？是那個佛世界的菩薩，沒有羅漢，盡是菩薩，正在吃齋、過齋堂，每人一個鉢，他是在那個鉢邊上轉。那個用飯的菩薩一看，一隻很小的蟲子，就拿手想把他彈下去。那個世界的佛說，你不要彈，那是東方的佛國土，釋迦牟尼在說法，他是聞法的，一直聞到這兒來了。

佛就跟目犍連說：「你念你本佛的名號，你身體就大了。」目犍連聽見佛的教導就念釋迦牟尼佛，南無本師釋迦牟尼佛，一念，他的身就跟那個世界的弟子的身相等了，這是他的神通力。不過他的神通力是狹窄的，不是大的；佛的音聲是普遍的，他到了那個世界，他仗著佛的音聲身量大了，佛一教導，他念佛的聖號這就廣了，這就是廣狹自在，他不自在，假佛力才自在。

舉這個例形容「廣狹自在」。目犍連尊者斷了見思惑，他的自在是有限度的。他不自在的事還太多太多，現在我們什麼都不自在。不過你把這個一切不自在放下，看破。怎麼樣呢？用你現前的一念心，觀你自己，相信你自己是毗盧遮那；釋迦牟尼是化身，毗盧遮那的妙用。但你這麼觀，不是你一觀就成就，你得觀那個心跟那個事無礙了。心是廣義，你現在那個事是狹義。用心的廣，觀住你那個狹義的事，那就廣狹自在了，因為心自在故一切事都自在，這叫「廣狹自在無礙」。

我們再舉個例子。苦，我們是看見苦，沒有看見苦的性，我們看

見的苦是相。你有病了，心病嗎？是身病嗎？研究研究這個病，當你觀照的時候，苦境現前了，你能沒有障礙嗎？如果說你能過得去，就不苦了；苦是相，不是性。悟了理，跟事上通不通？理能成事，是通的。

例如禪宗慧可大師見達摩祖師，立雪斷臂這個故事。慧可大師跪到雪地求法，兩三天了，完了達摩祖師才給他說法。達摩祖師說：「你這是輕心、慢心。」他跪在雪地兩三天了，雪都快把他埋上了，達摩祖師還說他輕心、慢心求法。大家想想看，我們是怎麼樣求法的？他就把戒刀拿出來，立雪斷臂。這個故事大家都知道，把一個臂斷下來，拿這個作供養。他斷了一個臂膀，拿刀砍下來不會不痛，這是現實，他心裡很不安。他請達摩祖師，「哎呀，我心很不安，請大師慈悲給我安心。」達摩祖師就說：「將心來我與汝安。」把你心拿出來，我給你安上。他就找，就不注意痛了，他說找不到，明心了不可得，我找心找不到，達摩祖師就說：「我與汝安心已竟。」我給你安心，安完了他馬上就開悟了，開悟了胳膊也不痛了。

有兩句話形容痛，「有覺覺痛，無痛痛覺。」每一位道友，當你有病的時候，痛得心裡不安的時候，痛得身上出汗，出冷汗，你找找這個痛在哪裡？完了，再去觀，誰在痛？痛在心嗎？痛在身？雖然不能開悟，痛苦能減輕一些。你們試驗試驗，當你最痛苦的時候，誰也沒傷害到你；你心裡煩惱，煩惱很苦的，睡不著覺、吃不下飯。假使你放下來，找找何者是苦？苦在什麼地方？怎麼樣產生的苦？你把心思這樣一用，那個苦就減輕得多了。

如果功夫再深一點，不痛了。因為他那個覺，覺是覺悟的覺，有覺

覺痛，有個覺才感覺到痛，沒那覺了，痛覺沒有了，感覺不到痛了。為什麼打了麻醉針或者開刀，把你那神經麻痺了，這是靠麻醉的藥力，為什麼麻醉的時候你明白了，麻醉時候有明白的沒有？是藥性過了，你明白了。如果藥性沒過，你還是明白？那不是你現前肉體的覺，是你肉體之外的真心的覺。這個得靠觀力才知道，這是廣狹義，廣義和狹義。狹也自在，廣也自在；痛也自在，不痛也自在，痛不痛都自在。

　　我說這個就是希望我們學法的人，一定要連繫事實；不管多玄多妙，連繫到你的生活。有沒有研究「味」？吃酸的、吃辣的、吃鹹的、吃淡的、吃甜的，為什麼每個人的覺有這麼多差別？覺就是知覺的覺，就是你的心念。吃辣的人辣不辣？喜歡吃辣的人辣不辣？喜歡吃甜的人，不願吃苦的人，他吃了苦，苦不苦？我們炒菜吃苦瓜的人，苦瓜苦不苦？他喜歡吃，認為苦不苦？如果不能進入佛教甚深道理的話，你可以在日常生活中找出這些問題來，你就觀照；觀明白了，那個道理你也懂了。每一件事，你克服它，克服一次，難；兩次，也難；三次，四次，五次，十次以上，不難了。這叫什麼？習慣成自然。

　　我們講〈大乘起信論〉，講兩種熏習。在這個當中，你可以體會到熏習的力量非常強。我們現在是凡夫，沒有證到聖果，因為學了佛所教導的法，我們才明白才能進入，我們的心量多大，好多事情能夠包容得下來。我們跟人發生爭執，人一說，哎呀，你是個和尚，你是比丘尼師父，怎麼跟我凡夫這樣爭？你心裡感覺慚愧不？你怎麼樣對待這些問題。廣義跟狹義就是在這個道理上分。這個道理你多想一想。如果在十五，天氣很晴朗的時候，月亮很亮，你到那個水邊上、河邊上，或者你擺著一盆水，都有月亮的影子。月亮是沒動的，這些只是它的影像。

這個水距離月球有好遠，你能拿里數來計算嗎？為什麼它能顯現？司空見慣，可能都見過，但是你沒做如是想，你想過嗎？大地的水，哪地方有水的都能現月影，月亮本身沒動。廣狹的意思，你得這樣體會，你的心包容這個地球，包容整個的世界。

我們是凡夫，沒有證到聖果，這是我們學來的，學法聽來的。這一聽，我們心量大了，才知道三千大千世界。我們看一個太陽，就照這個地球很不得了了，一百億的太陽，一百億個三千大千世界，我們以前能想得到嗎？不是佛說，我們能知道嗎？我們只知道釋迦牟尼佛說，西方極樂世界距離我們這兒過十萬億個佛土，太遠太遠了，我們只知道一個世界。佛又說，南無西方極樂世界，三十六萬億一十一萬九千五百同名同號的阿彌陀佛，那就是同名同號的極樂世界。

我們平常連一個極樂世界都想不出來，更不用說三十六萬億了。這個西方極樂世界，其實就是你現前一念。廣義跟狹義，看你怎麼想。好多事你沒有注意觀察，沒有用腦筋，你要是用這個腦筋就知道了；你混淆是非的事太多了，錯知錯覺，換句話說就是邪知邪覺；再換句話說不知不覺。我們是什麼？不知不覺！不知不覺的笑那個知覺的，他不懂得，人家有知有覺的，他這不知不覺的笑那個有知有覺的，這類故事很多了。

我在上方（房）山房山縣，離北京只有一百四十多里，有個地方叫峪兒村，村裡住著一位滿清遺留下來的老秀才，他不知道在哪聽說發明飛機了。他在屋裡頭作〈無飛機論〉，大概作了好幾個月了，正趕上張學良跟山西閻錫山打仗的時候，東北有飛機，他正作〈無飛機論〉的時

候，飛機就在上頭飛來了。哈哈，他一看，得了，〈無飛機論〉也不作了。

現在講「廣狹自在無礙門」，道理是一個樣子。爲什麼呢？他心量小，不知道，就是他沒有那個知識。換句話說，就是沒有那個智慧，聽起《華嚴經》，是天書，不是我們人讀的。現在這裡的人都在學，我們就有好幾百人在學，也沒把它當成天書，把它當成什麼呢？日常生活必須的，這叫廣狹自在。廣義上講很普遍的，無所不包，無所不容；狹上講不同了，懂得廣狹自在的意思，懂得這個道理，你才能廣也好、狹也好，都是自在的。這是第二個「廣狹自在無礙門」。

第三個，「一多相容不同門」。一多相容，也是廣狹無礙的意思。因爲有廣狹無礙，就講一多相容。多就是廣，一就是狹，廣狹無礙，一多也無礙。現在我們這好幾百人，你自己思惟一下，要把心靜下來，思惟一下，廣也好、狹也好、多也好，我們四百來人在一個屋子裡頭，這一間房子是一，四百來人是多呀，一多無礙。你心裡可以這樣想，你個人是一，我這個一就是多。怎麼理解？一個人，我這一個人就是一個人，多是什麼？誰能把自己汗毛數好多？有好多毛孔，你數過嗎？誰也不知道，從來沒數過，你也數不清楚。你說太多了，我不說一身，你腦殼有好多頭髮？你還是不知道。

大家可以這樣想，在你的思惟當中，你就是一，但你包容很多。我剛才說這個你都沒辦法算，你好多頭髮？好多眼眉？好多汗毛？好多毛孔？你一概不知，答不出來。你身體在屋裡坐著，你可把你到過的地點，到過的處所這一作念，包括代縣、繁峙、太原，可以想很多。你可

在屋子裡坐著，這是一呀，你容量好多？你心量有好多？你要是修成了，三千大千世界就在你一念之間，也如是。

能容天下事　能容天下人

能容天下事，能容天下人，正的、反的、邪的、正的，你都能容。自他的相，何況你再回歸一心，再回歸一真法界，不但能容而且能觀照。你如是，他也如是，四百多個人都如是，人人相通，人人的一多無礙。一好像是少，多好像是多，一能容多，多即是一，一多互容。多容一是容易了，就攝多入一，把它收攝入你的心。

你說你的念頭有好大？不知道自己念頭有好大，但是你要一想，把你這念頭放開了一想，一想都在你心裡頭，這叫一多相容。現在你的肉體跟很多的肉體是並存的；舉一個人的肉體，你就想到很多人肉體就是這個樣子，這是相容義。容的時候，各住各位，並不是壞那個容這個；這個壞了容那個，不是的，很多的體是並容並存。你這樣作意，這樣思惟，這樣觀察。

我以前看〈清明上河圖〉，有十來丈長，看起來很大，但是卷起來就只有一卷。打開來就叫舒，卷起來就叫卷，卷舒自在；這都是事物，眼前的境界相。清涼國師舉這麼個例子，一個屋子裡點上一千盞燈，燈的光互相攝的，我們這個燈是十二個，這個燈攝那個燈，那個燈攝那個燈；光沒有障礙，燈光互涉，光光互涉，這個燈裡頭那些光都在這裡頭。清涼國師舉的是千燈，「一室千燈，光光涉入。」應該從這個意思體會到，你分辨光，哪個燈是這個燈光，哪個燈是那個光，等那個光涉的時候，你分不開的。這個光涉到那裡頭，那個光涉到這裡，互涉的意

思，這叫一多相容。

你自己也可以想，懂得這意思是顯什麼呢？顯你的心，顯你的念。你的現前一念能攝一切法。光光互涉的意思就說我們眾生的心，你這心念可以攝一切；心念是一，所攝的是多，這就一多相容，這是第三個。

第四個，「諸法相即自在門」。我們懂得容的意思，此能容彼，彼能容此；由此遍彼，由彼遍此，這就叫相即。一切諸法相即，這一個微塵，跟那一切微塵全是一個。舉一法，只舉微塵這一法，這一微塵變成了一真法界，一真法界攝一切法。自己被他攝入，他被自己攝入，這叫諸法相即。一法就是一切法；一切法回歸此一法。若理上來說的，有一個諸法相即，而且自在，互不妨礙。一個微塵，跟它的微塵，你廢掉這一個微塵，全體都是微塵。這個微塵體不存在了，那個微塵體也不存在，一在一切在；一不在了，一切都不在，這就是廢一切法，歸於一。一是什麼呢？一真法界；廢了一真法界，遍於一切法，一切法即是一真法界；一真法界即是一切法，這叫相即，諸法相即自在。

自在義是思惟修得來的

自在義，這是思惟修得來的，思惟修就是觀，你這樣做就是觀自在，他這樣做就是觀自在。不觀，你是自在不了的，不觀不自在。觀的時候，就把一切事都觀於理。這個觀就觀你現前的一念心。一念心，這就是《華嚴經》的開闊義。十玄門，玄者都是在理上玄，理上能玄了；理能成事，事也就玄。我們向外說自在、無礙，你想想我們這個妄心，你感覺想到自在上，一切都自在，我相、人相、眾生相、壽者相都自在。

為什麼？因為沒有我相、人相、眾生相、壽者相。立的時候，四相具在；攝的時候，四相不在。我這個人相不當主位，把一切人相當成主位，自己當副從，我相就沒有。我相融到哪裡去了呢？我相融到人相裡去；反正一切人都是我，我就是一切人，你要常常這樣想，我相就沒有了，我的人相遍於一切人。一切人的人性，只要他是人，人都有人性，我的人性沒有了，都是一切人性；一切人性沒有，就是我的人性，這叫相即。我即是人，因為我是個人；我即是人，一切人都是我，這就是相即的意思。一個人性是我的人性，一切人性還是我的性。我是個人，他們也都是人，我的人性不存在了，遍於一切人性，這就是相即的意思。

大家都會背《心經》，「色即是空」，一切色法不存在，觀想空的。空從什麼地方表現？空是從色表現，空也就是色。「色即是空，空即是色」。這叫相即自在。也就是空即是色，色即是空的涵義。但是那個沒說遍，我們這個說遍。在這裡講的，比「色即是空，空即是色」更深入一些。涵義是什麼呢？遍意。

再舉個例子，我們經常戴戒子，或者打成耳環，打成種種裝飾品。耳環不是金子，但是它是金子打的，金子打的是耳環，金子本身沒有了，變成耳環。打個戒指，戒指不是耳環？它是戒指，也不是金子。但是，它的本體是金首飾，凡是金首飾都是金子打的。把耳環化了，把戒指化了，又還歸於它的原體了，還是金子，沒有別的相。

拿這個意思反反覆覆的說，體是一個，相，千差萬別。人，總說是人。男人女人？這也不能分別出來？女人多得很，哪個女人？出家的女人？在家的女人？老的女人？小的女人？知道諸法相即的時候，這是同

類說的。還有異類呢？異類相即。金、銀、銅、鐵、錫，錫不是金子，鐵也不是金子，但是它叫金屬，叫相類。達到毗盧遮那的境界，才能夠沒有障礙。華嚴的境界，毗盧境界的境界，你達到了才能相即。一即一切，一切還歸於一；一切是事，理能成事。事沒有了，以理奪事；事不顯了，光顯一個理。事上有障礙，理上無障礙；金子是理，你打耳環打戒指，隨便你打什麼都可以，它沒有障礙的。

過去沒金子，拿石頭做裝飾品，像西藏的九眼珠、珊瑚子，可以做裝飾品。理上通了，事上就無障礙。現在我們說一真法界，因為你沒有證得，還沒有修得。現在說你是毗盧遮那，你還信不得！約理上說的，你還有障礙。即使你信了，信了你還沒有修證，還沒有達到，還是有障礙。理上無障礙了，事上你還照樣有障礙，理能成事，事變成理了，才能無障礙；這個無障礙，只是你學來的，還沒有修。沒有修，你還證明不了無障礙；等你修了，事跟理融合一起，才能真正無障礙。你在病苦的時候，用心觀照，你的病苦不苦了。像我剛才說的二祖斷了膀臂，只要一開悟、一證得，理上通了，事上他不痛了。這是理能成事，事也能顯理，理確實有這個作用，這才能達到理事無障礙。

我們現在是理事隔絕的

我們現在是理事隔絕的，現在是理不能成事，事也不能顯理，即使我信了我是毗盧遮那，辦得到嗎？理上你信，有這個信心，這是性體，不是事，你在事上有障礙。假使你要修，修就是你觀想，相信而能修，修完了而後能證，證而後能得，得了你才能自在，這是真正自在。觀還沒修，信還沒信即，信完了之後得明白，這就叫解；解完的時候，你再

起修,修而後還能證得,那能達到自他無礙理事無礙,這樣才能夠是你的自在。因為沒有觀,所以你不自在;但是觀的時候,你達到證得,觀的時候,你能有一分的自在,兩分的自在,不能達到究竟自在。遇著這個事物現前,你要觀,衝破它;部分的自在,不能全體的自在。全體自在了,成就一份自在,這才叫觀自在。

等你自在的時候有什麼現相呢?色、受、想、行、識五蘊都是空的,那個空是智慧照了的空。因為空故,你才一多無礙,廣狹無礙,一切都無礙了。這個自在有一定程度,按圓教法門,按華嚴義講的,一切都圓滿。離開事的現相,純在理體上來講,一切諸法都是相即的,互攝互用的。在事上,因為我們還沒修成就,通不到;但是明理了,在理上你是通得到。你這樣認識一切法,最初先從你自己認識,認識我就是毗盧遮那,毗盧遮那就是我自己;這個認識是讓你生起一個信心,我就是毗盧遮那就是相即的意思,毗盧遮那就是我,這是相即的意思。

現在我們所處的地位,就是讓你相信,真正的相信很不容易。從講〈大乘起信論〉到現在,天天如是說。我們是不是現在相信自己是佛?相信自己是毗盧遮那佛?你不能相信自己是釋迦牟尼佛,因為那是化身,那是妙用,辦不到的。相信釋迦牟尼佛你辦不到,那是妙用,你做不到,只能是理即佛。僅能夠相信,是理即佛。

這種十玄門,已經玄了四個。信嗎?信不信由你。法法如是。「是法住法位,世間相常住。」世間相就是這樣,因果誰也改變不了。華就是因,佛就是果,沒有因華不能成就果德。這就是建立在你一念信心上,將來你成了毗盧遮那,毗盧遮那就像光明遍照,阿彌陀佛稱無量

光，諸佛同是以智慧顯的，這就是多佛即一佛，一佛即多佛，一個涵義。

相信自己是毗盧遮那，你就是一切佛，一切佛也就是一佛。信不信？這是法身佛。貓、狗、馬、牛、羊、雞、犬、豕，牠的體全是佛性。佛性是一，一即是多，一多無礙，廣狹自在，自他無礙，這就是十玄門。

每玄門都是這個涵義，一門具足十門，十門即是一門，一通一切通；翻過來，一礙一切礙，都不通。你入門了，相信自己是毗盧遮那，能相信就通。通了什麼？你只要相信一定能成佛，一定能成就毗盧遮那佛，雖然是本具的，你連信都不信。先得信入，信入了學，學完了，學解，解完了就行；行就是去做，一做就證到了。這就是信、解、行、證。

第十五講竟

信自己是毗盧遮那

　　現在講圓教的分齊。昨天開始跟大家講的全是事，就是在你生活之中的玄和妙，意思就是讓我們信入。昨天講的是「諸法相即自在門」，毗盧遮那佛就是我自己，我自己就是毗盧遮那，這是相即的意思。這裡頭含著一個秘密、隱顯。隱了，顯現了，這個意思就是秘密。比如講密教，《華嚴經》都是密教；昨天講的就是生活，把生活密起來了、把它圓融了。如果你自己多動腦筋，別把它看成很深的，你這樣就能入；他相自相都入於自己，或者自己攝他，這不是在相上，是在性體上。

　　所以最初跟大家說，你必須先具一個信心，沒有信，華嚴義你入不了的。信什麼呢？信自己是毗盧遮那，毗盧遮那就是自己的現身。隱在你的身上，毗盧遮那佛是隱的，但是毗盧遮那佛攝你，你攝毗盧遮那，這叫隱和顯。第一個得建立基礎，相信自己就是毗盧遮那，毗盧遮那就是你，這樣你才能夠理解華嚴的自在義。

　　現在開始講「秘密隱顯俱成門」。由於秘密隱顯俱成互相攝故，圓融就是互相攝。顯是顯露，看得見摸得著想得到；隱就沒有了，看也看

不到想也想不到。攝自向他，就把我們攝入毗盧遮那，攝入性體，我們就信毗盧遮那就是自己，能夠攝入，自己的相就沒有了。體就跟毗盧遮那合了，攝毗盧遮那歸自己，自他相攝，又是相即義；攝他入自己、攝自己入他，這樣子來理解。

但是最初沒有相信自己是毗盧遮那，你就沒辦法進入。相信一切眾生都是佛，這是理，理就是你的心。覺林菩薩讚歎佛的偈子：「若人欲了知，三世一切佛，應觀法界性，一切唯心造。」這個秘密隱顯就是心造的，現在我們還沒有造成，只要有信心，等你修行功夫到了、造成了，這才叫秘密顯現；或者隱，或者現。我們經常講，相信自己是毗盧遮那，相信自己是觀世音菩薩，相信自己是文殊菩薩，你相信什麼都可以，相信就是體會，體會就是你理解到了。

往往你夢見一個人，可是你並沒有見著過這個人，等你見著這個人了，好像認識，其實不認識，只是夢見的。夢見的時候，就是他在你心裡頭顯現了，顯現了不是事實，你還沒有見到，那是叫隱密。隱密而又顯現，顯現事實上沒有，這叫秘密隱顯。

我們念觀世音菩薩，念得相應了，你在夢中見觀世音菩薩，觀世音菩薩給你顯現，那就叫顯。夢中見了不是真實的了，是夢；真實的還是隱，隱了就是見不到。其實毗盧遮那的法體，就理上講，諸佛、一切諸大菩薩全在你身體、在你心裡顯現；沒現的時候就叫隱，顯現的時候，也不是真實的，那叫秘密。因為你現在學《華嚴經》有了這種理解力，過去沒有這種理解力，沒有這個智慧；現在這個智慧不是你的，是聽來的，是菩薩的，是《華嚴經》的。

如果你能夠跟《華嚴經》合了，你就認識到這個完全是對的，那時候你才能相信。從你的行證實了，你的信更加增長了。在十信的位置很模糊的，在三賢的位置是相似的，登地的菩薩是分證的，他才知道真實的；但是只知道一分二分三分，乃至全部知道了、成就了。比如說你都沒有入，沒有出家沒有學佛，你對佛法僧三寶根本不理解，沒有這個理解力。對一般居士，你跟他講：見著泥塑木雕的、銅鑄的，這個像是佛像；三藏十二部經文，這是法；一切剃髮染衣的僧人，這是僧。佛法僧三寶。

從現相的三寶顯現自性的三寶

但是這是現相，還有自體三寶，應該從現相的三寶顯現自己自性的三寶。你這個理解力從學習來了才知道；知道但不確實，你心裡是模糊的。你本來是毗盧遮那，但是現在你不是，毗盧遮那佛隱了，秘密的，他是隱了，你顯現的是眾生；但是你智慧成長了，行的理解力夠了，你從智慧攝入，毗盧遮那佛就是你自己的法體，就是你自己的自心，自己相信你就是毗盧遮那。

例如我們看一個人，平日很要好的道友，隔個一年半載，或者隔三個月、兩個月，你再看他，看他變了，你生起恭敬心，相由心生，因為他修行的功德顯現在他相上，你認為他變了；他沒變，他的德就是他所做的德行，不為人所知的德，或者念經念相應，或者救人度人，做好事了，人家見他自然生歡喜心生恭敬心；如果他做壞事，做了不可告人的事，相貌就變了，相由心生也是這個涵義。

這本來是在理上的，它會顯現到事上。如果你自己念經，或者修

行有了進步，自己心裡歡喜，這叫法喜。如果過去的宿業發現，你又克服不了，就生煩惱，什麼事都沒有，自己跟自己過不去，你看見什麼都不順眼，煩惱來了，煩惱來叫什麼呢？我們經常說的業障發現。業障顯了，你那個道心就退了，這是個秘密。誰的秘密呢？你自己的秘密，這是心理作用。

修密宗法的　只認受灌頂的本尊

修密宗法的，他受哪一個灌頂，只認這一個本尊，其他諸佛菩薩全都不認。他修文殊法的，專認文殊師利菩薩，其他都不認。例如說你修文殊，觀想文殊師利菩薩，當你觀想力達到一定程度，你自己的相沒有了，變成了文殊師利菩薩。

我聽一個道友講，跟他同住的一個道友，回去看他媽媽。他在那個床上坐著思惟修，觀想他的本尊文殊師利菩薩。他媽媽叫他吃飯，他正在那入定，叫他幾次都不來。他媽媽就進去看他在幹什麼。一看，他沒有了，只有個文殊菩薩像，那是什麼呢？就是他的觀想力變了。是不是這樣就修成了呢？不是的，當他修的時候，觀想力達到了，並沒有修成。修成的是什麼相呢？他媽一叫他吃飯，就來吃飯，什麼都沒有。他不能自在。

這個就是叫隱，顯現的不是他了，相沒有了，變成文殊師利菩薩像。你修白度母現本尊，有時現的是長壽佛像。白度母，你觀想長壽佛就是阿彌陀佛，阿彌陀佛坐在你頂上，常時這樣觀想，當你修成了，別人見到是阿彌陀佛不是你，這就是秘密隱顯。你隱了、佛菩薩現了，你現了、佛菩薩又隱了，這叫自攝他攝，這種例子很多。

再從現相上說，東方人、西方人、紅種人、黑種人，這是分別，理上是沒有的。這個現了，那個隱了；那個隱了，這個顯現了。自攝他攝，這種例子是很多。《華嚴經》說：「東方入正受，西方從定起」，在東方入的定，在西方出定了。這道理怎麼講呢？實際上沒有東方，也沒有西方，也沒入也沒出。在西方出了，那就是顯；東方入定了，就叫隱。有時候俱顯，就是東方也現，西方也現；有時候俱隱，西方也沒有了，東方也沒有了。觀自在菩薩在西方極樂世界，到東方度眾生，他到東方度眾生，在西方就隱了，東方就顯現了。觀世音菩薩在東方隱了，西方又顯現了；觀世音菩薩在西方也在，在東方也度眾生；沒動，那就是俱現，東方也沒在，西方也沒在，俱隱。

舉這個例子來說了，這就是相即的隱和顯，很微細的、很相容的。我們現在是現眾生相，毗盧遮那佛本具的法性理體隱了，一點都沒有了；但是我們主要的觀是周遍含容，隱也能容、顯也能容。能容這個就是秘密，周遍含容、互攝互入。

清涼國師在顯示這個義理的時候，用兩面鏡子來互相對照，他在屋子裡修行的時候，坐在中間，顯示重重無盡的意思。兩面鏡子，就形容著東方入定，西方出定；東方入定就叫顯，西方定起來就叫隱。他出定時沒人見，誰看見了？不見起故。西方起了、東方不見了，或者西方入正受，東方從定起；東方現了西方隱了，這都是互相攝入，互相隱顯。隱也好，出入也好，這是個秘密。懂得這個道理，你就經常想互相攝入，互相隱顯，最好用鏡子照。

另外的，你到海邊看看大海漲潮的時候，波浪非常地大，只看見

浪，看不見海水了。等浪退了，過了那個時間，大海是潮不失時，它是一定時間漲，一定時間退；一退下來，波浪沒有了，就是水了，從那個義理，你可互相地思惟修。

還有很多的例子，你自己用功的時候就思惟，思惟就是觀照；當你坐著的時候，心煩的時候，意念不能攝入；不能定下來的時候，很煩的時候，或者小鳥叫的聲音，或有颶風吹那個樹葉的聲音，你都能聽得到，而且你非常地煩。如果你真入定了、入了正受，什麼聲音你也不煩了，那時候就寂靜下來了。

因此你用淺近的功夫，都可以往甚深的義理去會，用你的智融攝它。寂能攝動，你寂靜下來，一些動的境界相，你都可以能攝入能觀察。觀察道理，思惟道理是相當多的，隨你自己怎麼用；遠的觀察不到，先觀察近的。從你身體觀察，如果你們學過醫學的，看過醫書的，我們生理的構造，我們的肉體，誰安排的？你在媽媽肚子裡的時候，每個人都如是，為什麼長眼睛、長鼻子、長嘴巴，誰安排的？這是自然的，大能容小、小能容大。我們腦子裡的腦血管，細的像頭髮那樣，但是你周身的血液，一天必須從腦血管裡經過一次，你能觀察得到嗎？這是在你腦殼裡，近的你也不知道！眼前的事你也不知道，這得心靜。

〈普賢行願品〉說，在普賢菩薩一個毛孔裡，有無量三千大千世界，你的毛孔跟普賢菩薩一樣了，為什麼他的毛孔神通那麼大，你的毛孔就那麼沒神通？如果善財童子入你的毛孔也一樣的；境隨心轉，一切境界相隨行者的心轉化了，這是什麼道理呢？讓你對圓融的法、不可思議的法，生信。因為你沒有信心，從什麼證明呢？你不能入，唯信能

入，你們從來沒有相信自己是毗盧遮那，不相信你能成佛，你怎麼能成佛？根本成不了，現在你連最起碼一個，佛門修道成就的「無我」，一舉一動，心裡頭一起念，第一個就是我，我要怎麼樣，我怎麼的都是從我出發的，沒從無我出發。

無我是佛弟子最初修道的根本條件

這是佛弟子最初修道的根本條件，要達到「無我」。我們感覺到苦，感覺不苦。感覺苦，苦不到你這感覺，就連這個觀都沒成；沒成就苦，成了就不苦了。就像我們說的，「有覺覺痛，無痛痛覺」。覺，就是明白了。痛不是你，痛也沒有是空的。你觀力強的時候，你找這個痛是什麼？當你觀力強了，痛沒有了，了不可得，這是起碼的。我們所說的那空，也是最起碼的。苦、空、無我、無常，這是初入門的；乃至小乘教義最開始的，但是它也是最深的。「無我」變成盧舍那佛，無處不是我，無處也沒有我，周遍含容，這便是周遍含容觀。但是最深的法，要從最淺處入手，你才入得到；你想讀大學，得先從讀小學開始，就是這個道理。所以相攝、相入、秘密、隱顯，你得在日常生活中去找答案。

清涼國師跟賢首國師，都用鏡子來給我們顯現這個答案。經常這樣思惟，漸漸的能進入；看著是秘密，其實並不秘密。比如你進入法堂的，前門上站的人，看你是進來了；但是你沒在法堂、從後門出去了，他並沒看見，他只看見你進來了，沒看見你出去，這個道理誰都能懂。

像我剛才講，「東方入正受、西方從定起」，這就是看你前門進來，沒看你出去，但你從後門走，就是這樣子的意思。在後門的人，看

你從這兒出去，他就沒看你進來。這就是你把法性的理上的，跟事上的現相上的，現相顯了；本質就隱了。本質顯了，現相就隱了。

在《彌陀經》或者《無量壽經》，阿彌陀佛每天都有無量的化身，在無量世界接引好多的眾生。誰看見了？為什麼呢？因為他不一定現的是佛身、佛相。我們所看見的是化身，那是顯現的。我們所念的阿彌陀佛，所見的西方極樂的相，都是他的化身、報身，法身沒有，法身是隱的。現相呢？不論化身、報身，現相都是假的。

修觀就是觀想，觀想就是我們的思惟。思惟大多是在現相上思惟，思惟到現相變成無相；思惟多了觀多了，你才能夠相信。我們天天講信心，《華嚴經》學完了，信心該有了，唯信能入。修觀呢？就是思惟，你在現相上信，現相是事，事能信的懇切了，就能入理了；理上再能信，那成就你的事了，在所有的現相上多加思惟，你能相信了。

非人來迷惑　是自己心裡的問題

最近有道友反應，說非人來迷惑他了，像這類事是因為自己心裡有問題了，這些才能趁虛而入！若你心裡沒問題，沒有這些現相的。這是什麼呢？這是隱跟顯，你根本見不到的，你跟人家說，人家也不相信，都是你自心顯自心！就是你自己心裡起的一些妄相，這是過去的冤業；若是以華嚴義說，過去冤業就是業造的。觀觀這個業，業的性是什麼？業性本空，唯心造是你心造的。就是妄想心所造的妄業，妄想心本來就是妄，就沒有；妄想心所造的業，業所現的相更是妄。業的性沒有，業性本空，本來是空寂的，是你心裡頭造的。

如果遇到這類事，念念《地藏經》，念念地藏菩薩，或者念念〈普門品〉，念念觀世音菩薩。如果平常有修的，他一念效果就靈，幫助別人也靈。如果你平常沒有用這個功夫，臨時的用起來效果還不大，不是你當時就能去掉的，你得有力量。你這樣來觀心，這樣來觀業，妄心造妄業兩個都是妄；業性本空是心造的，心都沒有了，妄不是真實的。用真實一觀就沒有了，妄心所造的妄業不存在。

古德教我們念的偈子，「罪性本空唯心造，心若亡時罪亦無，心亡罪滅兩俱空，是則名為真懺悔。」還有什麼罪可懺嗎？還有什麼業障可現嗎？這樣來修觀，這樣來思惟。平常多用這種思惟，多思惟的時候，你就能相信，相信什麼呢？相信佛教授我們的法，傳給我們的方法真實的，不可思議的。我們經常求密法，或者修空觀修假觀，一門深入都一樣的；八萬四千法門，目的是讓你解脫，你用哪一法都要深入！

比如一隻老鼠掉到一個木箱子裡頭，如果這隻老鼠能只在一個地方啃，它就可以啃通，就跑了。如果它在這啃兩口，這個不行，心裡又打主意，啃那邊啃兩口，它啃死也出不去。像我們在三界苦難當中，一會找找外道法，一會當老道去；我看見一個和尚，一會當老道，一會修外道，這樣永遠出不去，出不了三界。

這種道理很多。除了佛教導我們之外，歷代祖師教導我們的也很多，就是要思惟，思惟就是觀，觀就是想。現在講《華嚴經》是著重全經的意思來說懸談。比如修清淨觀，你就念文殊師利菩薩給我們說的「善用其心」，修〈淨行品〉，完了修〈梵行品〉就夠了，也會成就，也會入法界的，這是入法界的初步。

　　所以要理解隱顯的意思，怎麼理解呢？修毗盧遮那。現在我們就修個相信，我自己是毗盧遮那。修這麼一個信心，你自己就隱了，心裡顯現的都是毗盧遮那。

　　在西藏時，有位道友一天當中就是修持「度母法」，給他照相的時候，他的相沒有了，照出個度母相；他心裡一天想著他就是度母，自己變了，「心生則種種法生，心滅則種種法滅。」道理就是這樣。隱和顯，你就這樣理解，不要在經文上去找，在文字裡你鑽不出來。

　　「秘密隱顯俱成門」，那意思就深了。修水觀的，他把他身上變成水，他的身體隱了，他看著一屋子都是水，身體隱了。當他一出定的時候，身體還是身體，水沒有了。上次我跟大家講五臺山的高峰妙禪師，為什麼小鬼能把他一鎖鏈子鎖住，他有貪愛心！他把貪愛心一放下，馬上又空。為什麼鎖鏈子鎖不住？空，都如是。等你功夫用到了，心能轉境，心把境界轉了，轉不動呢？身是身，境是境，身本身就是境。

　　第六個，「微細相容安立門」。我們前面講的是由他來攝受自己，或者由自己攝受他，不是攝哪一個是互相攝的，攝他是什麼呢？是指著一切法。由此法攝他法，由他法攝己法，但是這個中間是微細相容的。秘密隱顯、微細相容、互相安立的，這是一攝一切、一切攝一。每個人都具足的，可以互相攝入，這就叫重重無盡。這種道理講起來時很微細的，但是微細都能互相容攝安立。

　　清涼國師給我們舉這個例子，拿一個玻璃瓶子裝上芥子粒，你往瓶子裡頭看，微細頓現。在〈十迴向品〉中的偈子：「一毛孔中悉明見，不思議數無量佛」，一毛孔中能見無量的佛。就像善財童子到了普賢菩

薩一毛孔中，參了無量諸佛，還包括依報的無量世界。一毛孔不大，無量世界也不小，無量佛剎同時具足。而且入的時候是剎那際，不是很長的時間。在我們平常就是念頭的念，只是念，沒有作什麼觀想，但是你這一念的念，就是華嚴義。你有沒有這樣用過？這一念如是，念念都如是，念頭是非常微細的，微細念安立；你這一天有好多個念頭？從什麼地方起的？消失了又到什麼地方去了？你觀一觀。一毛孔中無量剎，無量剎就代表了一毛孔中有無量諸佛。這一毛孔中就像那玻璃瓶一樣，無量的芥子就像那無量的諸佛一樣，一個毛孔如是，各個毛孔都如是。

大家都拜過懺，都磕過頭，但你想過沒想過，一禮遍十方，你這一個頭磕下去，禮了十萬億諸佛，這恐怕沒想過，怎能有這種力量呢？我們每個禮佛的道友可能都作過觀想，特別《占察經》上拜占察懺時都這樣做。「能禮所禮性空寂」，體性是空的，空的能容一切。能禮的人沒有，所禮的佛也沒有，它的體性是空的是寂靜的。禮佛的人是感，諸佛是應，「感應道交難思議」，這個道交是什麼呢？菩提道。我們是具足菩提道，諸佛是成就菩提道。菩提道具足也好，成就也好，就是菩提道。你的感、諸佛的應，這是菩提道的一個，互相交感。

我禮佛的處所，就像帝釋天寶珠一樣的，比如在我們禮佛的處所上頭懸一面大鏡子，佛也在鏡子裡，你也在鏡子裡，攝入到一了。諸佛是應方，我們是感方，同是一個菩提道。難思議，我就是毗盧遮那，毗盧遮那就是我；能禮的是我，所禮的還是我，能禮所禮都沒有了，就是我，我不存在了，我是空的什麼都沒有。在體性上講，是空，是寂靜的；但是光明之中現。什麼是光明之中？在法性的理體上諸佛也如是，我們的理體也如是，都顯現在一起，但是這個是不可見相的，可見都是

妄。當你見無所見了，見不可見，這是真的；見不到的是妄，見到的才是真，佛是如是教如是講的。你看到的聽到的，假的、不實的、幻化的。自性、法性，它是不可見的。你證得了契合了，才知道，說是說不出來，說出來的都不是。言語道斷，言語那條道沒有了。心行處滅，心裡的思惟也沒有了。想不到，見不到，撈不著。求個什麼呢？求個明白，明白就是智慧，菩提道的智；菩提就是覺，覺悟了就是明白了。

這個時候你思惟觀照，沒有了，心行處滅。「言語道斷，心行處滅。」你思惟的時候，唯觀能入，但這不是你一生兩生辦得到的，是十生、百生、千萬億生修來的。到相應時了，一念頓斷；斷也沒一個能斷，也沒個所斷。凡是有能所的都是惑不叫智，無能所的才叫智；有能有所就有分別，智照沒分別。「何藉劬勞，肯綮修證」，在《楞嚴經》上是這樣說，換言之，就是不勞肯綮，何假修證，頓斷的。

第七個，「因陀羅網境界門」，這一門是用比喻來說的，我們沒辦法理解。因為這個比喻是佛在哪說法，就取哪個現實的境界來做比喻。因為佛在忉利天說的，忉利天有個因陀羅網，罩著忉利天的天宮。那個網很大的把忉利天宮都罩住了；每張網裡頭都有個珠子，忉利天的帝珠。我們形容著就像打魚那個網。但是魚網裡頭沒有珠子，帝網裡頭，每個網裡頭都有個珠子。這個網如是，那個網也如是，珠珠互映。佛每次說法都舉這個帝釋天的帝網，形容萬象互相交錯，萬法互相交融，無窮無盡。每一個珠子都把我們這個世界收攝進去了，影子之中又現影子。

北京總站燈光互照　重重無盡

就像大城市商店門口的霓虹燈，那些燈光是互攝的。一九七八年我在北京總站，那天趕火車，大概是趕一、兩點鐘的火車，總站那個燈光，街道的燈光互相攝照，人很少，就我們那一部車的幾個人，這幾個人在總站前頭那大玻璃上，往這個燈光裡看。我一看那境界相，就觀想《華嚴經》所說的，我沒有開悟，但是我認為這是事實。這個事實讓我想起佛在《華嚴經》所說的道理，眾生跟眾生之間，眾生跟諸佛之間，就是光光互攝。影子之中又現影子，影子之中又現影子，這個燈裡頭現的影子那個燈裡攝去；那個燈裡頭現的影子這個燈裡攝去，互相攝入。這個顯現什麼呢？重重無盡。

佛所說的法沒辦法進入，就拿因陀羅網這種境界來說明，形容我們這個心能夠轉境。《楞嚴經》上說：「心能轉境，即同如來」，跟佛無別，心被境轉那就是眾生。現在我們被客觀的境界所轉，不能了生死、不能解脫，主要是被這個肉體束縛住了。我們的觀念是我的身體，我的身體就是我的存在；沒聞到佛法的如是，就是聞到佛法的；沒證得無我的時候也如是。有句俗話，這不是佛教裡的，「無我無人觀自在，非空非色見如來。」以前看有間廟，殿裡頭有副對聯：「風聲、雨聲、鐘磬聲，聲聲自在。」廟裡頭打那個鐘，打那個鼓，外頭下雨颳風，「風聲、雨聲、鐘磬聲，聲聲自在。」面對這幅對聯，我站著想了很久，下一聯是：「山色、水色、煙霞色，色色皆空。」聲聲自在，色色皆空。就這個觀我們能修上，修完了，再入你的心裡把它圓融一下。我們眼睛所見的一切境界，耳朵所聞的聲音，如果是以毗盧遮那的心性，相信自己是毗盧遮那，圓融無礙才能夠看見任何的色相，都是空的。色空無二、色即是空，空又不空，不空才顯現一切色。色的性、聲音的性，圓融無礙的。颳風的聲、下雨的聲、打磬的聲、打鐘的聲，都是自在的；

聲聲自在，色色皆空，這就是圓融的意思。

寫這副對聯的人，他是妄想心寫的。我們看的人是用妄想心去看的，但是這副對聯告訴我們，到什麼樣的境界才能達到聲聲自在呢？當你心裡頭修行到什麼程度，才能認得色色皆空呢？空了才能自在，因為達到自在了，你才能證得空理。怎麼來的呢？觀和照。照是用你智慧一照。今天講十玄門那麼玄，就是一念心的作用。在文字上越說越糊塗，不說還明白點，一說你就糊塗了。要回歸用你的現前一念心，你這一念心能容好多？不說大千世界了，就你現實所知道的事物，它在你的一念心顯現。前生不知道，今生所有的事一念頓現，這是妄心，就是現在這個妄心，要證真更不用說了。

《地藏經》第一品釋迦牟尼佛放光，無窮無盡的光，還沒有說經之前先放光。如來在最初時候放各種光，這叫光召。那不是下個請束下個通知，一放光，有緣的就遇見光，遇見光就來了，這叫光召。地藏菩薩在南方世界感到佛的光召，讓他說《地藏經》，我是這樣理解的。所以光有種種光，或說眾生有種種類，下個傳單也沒有那麼快，請不到那麼多，而且是無窮無盡的。懂得這意思了再想十玄門，你感覺著不玄，所有的問題不成問題了。我們的心靈跟我們的妄想是很微妙的，自己觀察觀察自己，不管你活好大歲數，哪管五年前的事，你裡頭有很多微妙的。你說我們一生做了好多事，沒有一件是真的，有一樣真的就好了，你就知道真了。妄有妄的境界，真有真的境界，境界不同，妄是隨境轉的，見什麼境界隨什麼境界轉。真的不隨境轉，它能夠轉境的。

離開妄　哪又有真呢

大家知道這個真裡頭有妄，我們本來跟毗盧遮那佛無二無別的，但是加了很多妄，真裡有妄，妄裡也有真，所以說「煩惱即菩提，生死即涅槃。」現在要把這個境界相擴大了。這一擴大了，妄不是妄了，妄妄皆歸真實。這叫還源觀。我們相信毗盧遮那，我們的真心跟毗盧遮那佛，無二無別。完了，你再翻回頭看你這個妄，離開妄，哪又有真呢？沒有真哪裡又有妄呢？我們則是把妄、真隔離開了，真即是妄、妄即是真，純真無妄，妄是沒有的，妄是虛幻的。

在經文裡頭則用因陀羅網來作比喻。因陀羅網就是光和光，沒有什麼妄和真，是一個。光顯什麼呢？就是智慧。智慧是什麼呢？是性體，只有一個性體，因此才說毗盧遮那佛就是眾生，眾生就是毗盧遮那；我自己就是毗盧遮那，毗盧遮那就是我。先相信這麼一個根本基礎，完了再說重重無盡。

你這個心是重重無盡

我曾經遇見一個老道跟我說：「你做夢？」我說：「做夢。」他說：「我告訴你一個方法，如果昨夜夢不祥，把它貼到南牆上，太陽一照就變成吉祥。」這個方法聽了好像很簡單，哪有這麼回事！完了我跟他說：「做夢是假的，還要照什麼，你別把它當真就好了。」夢中不是真的。我們活著所見一切事，你所遇到的境界相，是真的？是假的？我們聽著、講著《華嚴經》是真的是假的？看你怎麼樣認識了。你用智慧認識是真的，用你那個妄想心認識，那是假的。說者、聽者，乃至經本全是假的，但是他顯真的。你從假的裡頭找真的，能找得到嗎？找得到，不是從有相上找，是從無相上找。

　　懂得這個意思了，你才懂得你這個心，重重無盡。想普壽寺，想到太原，太原想到北京，北京想到哈爾濱、大連，乃至於出國了，紐約、華盛頓、亞特蘭大，你一想，在你心裡重重無盡的，什麼都沒有。

　　懂得這個道理了，還是重重無盡，妄之中的重重無盡，不是真的。一切境界相，它那重重無盡就像因陀羅網一樣的。你這樣來修觀，人間境界相也夠你修的。

　　我們這裡有四百多人，都有各自的境界相，把每個人境界相講出來，也是重重無盡。這幾百人，他有家庭，還有眷屬，還有師父，還有徒弟，這一牽涉重重無盡。你有你的六親眷屬，他有他的六親眷屬，他有他的朋友，一個一個延伸下去，四百變四千，四千變四萬，重重無盡。不過現在這個重重無盡，都是每個人的妄想心，說不盡的。

第十六講竟

一真法界就是現前具足的心

現在講第八個「託事顯法生解門」。

託事顯法的法就是指我們的心說的，法就是理，就是我們經常解釋的一真法界。一真法界從名義上講，也就是現前具足的心。一真法界也好，亦名真心也好。一真法界我們沒有辦法理解，怎麼辦呢？用事來顯。這個問題用事來顯，就是說有了；一真法界沒有，沒有就用「有」來顯，或者用「無」來顯。有就是這物質存在的，這是有；說這個物質沒有了，不存在了，那就是無。或者用樹木，用花草來顯，就是我們在有的事中來顯沒有的。

禪宗六祖大師參五祖的時候，他說了一個顯理的偈子。怎麼顯的呢？上座師父寫一個偈子，「身是菩提樹，心如明鏡台，時時勤拂拭，勿使惹塵埃。」說我們這個身就像菩提樹似的，心像大鏡子似的，你勤時常擦擦，乾淨了就能照物了；不讓它有塵垢，不被貪瞋癡慢疑這些惑所迷戀。六祖大師作的偈子則是，「菩提本非樹，明鏡亦非台，本來無一物，何處惹塵埃。」六祖大師的偈子，純粹是指心說的。心沒法顯

現，就託這個事，託鏡子託樹等等都是形容詞，這就是什麼呢？一個是漸修，一個是頓悟；漸修就是使我們的心不迷惑，經常把它擦一擦。

就像學戒律，規範一下，使它不越軌。心常時的行道，就像菩提樹那樣。「覺」，心裡是靈知靈覺的，使這個心不染垢。你經常照顧它，觀照它，不讓它被六塵所染，這是漸修。六祖大師說的那個頓悟，菩提不是樹，明鏡亦非台，什麼都沒有，本來無一物，還有什麼塵埃可染嗎？這就是舉事，托這個事來顯法的意思；假事修真，像我們修觀，觀一切事物的成長，就這個意思。

託事顯法生解，生出你的慧解。前頭託事都舉忉利天、帝釋天的帝網，假借帝網來顯一切法。如果我們有一粒水晶珠子，水晶珠子能把底下的蓮花瓣，都變成水晶珠子。如果你把你腦殼伸進去看，蓮花瓣裡都有你的腦殼，那是水晶攝的。你的腦殼沒變小，蓮花瓣也沒變大，你在蓮花瓣看腦殼還是原來那麼大。但你的腦殼還在蓮花瓣裡，那是水晶的光攝的。你遇到一切境，那真心把你的一切境都攝盡了；境不是你的心，心也不是境。但是它為什麼能攝？你用這個力量理解，托一件事，顯我們那個不可思議的妙明真心。什麼是解？就是明白。在理上你不明白，在事上給你顯，讓你明白。

前天講了重重無盡，這個道理講了很多了，明白之後你才能修，這個修就是你能觀，不明白又怎麼去修呢？必須得先求解。解它還有個條件的，什麼條件呢？信才能解，你信了之後才肯去學，學了之後才能解。越明白越往深裡鑽，越能深入，越解越深入。諸位道友，最初受個三皈而已，你從學佛法，一部經一部經學，漸漸就明白了。經常講到

信，信是前提，沒有信你不肯去學，不肯學你不能明白不能解。

念阿彌陀佛就是修你自己的妙明真心

託事顯法，念阿彌陀佛就是修你自己的妙明真心。念阿彌陀佛是事，極樂世界也是事，不是理。但是這個事含著理，十萬億佛土你怎麼去得到？現在火箭一秒鐘就一萬里，但是一萬里、十萬里、百萬里，我看你也到不了極樂世界，這是事，借這個事，完了是理證。舉例子說帝網，你見一個就是一切，往往都如是。你見一朵花，或者見一片樹葉，或者見一粒飯，隨便你見一件事物，你把它做為法界想。你說吃飯你明白，吃飯往口裡吃飯，明白？你還是不清楚，我吃飯我自己還不清楚？我問問你，你一天吃好多粒飯？你那一碗飯有好多粒？你明白嗎？別說一碗，你吃那一口好多粒，你數過嗎？你還是不明白，真正的明白，我這一口知道有好多粒，不用去數不用作意，我就知道這口吃了好多粒，我這碗是好多粒。我愛吃油炸黃豆，有時一顆一顆夾，這能知道，因為它顆粒大，今天我吃十顆，自己知道。飯，你就沒法數了，飯煮的糊一點，你還分出顆粒來，乾飯還可以，喝稀飯你一口喝了好多粒？根本不知道。

這叫不明白，不明白不要裝明白，不懂不要裝懂。我們不明白的事太多了，當然要有慧解。有智慧的人，他從理上來明白，事上沒辦法。理能成事，理明白了，你證得了，事上也明白了。那個作意不是作意，是智慧的照，用深般若，用智慧一照就都明白了。

在中國的禪宗有好多例子，像丹霞燒佛。丹霞祖師到五臺山廟裡去，冬天很冷下大雪，他把木頭佛像拿來劈了燒了。廟裡當家的就跟他

吵起來了，說你是個出家人嗎？你怎麼燒佛？他說：「我不是燒佛，我在找舍利！」他說：「木頭裡哪會有舍利？木頭沒有舍利！」「木頭沒有舍利！沒舍利再燒一個。」什麼意思？他跟他有緣，是來度他的，破除他的執著。

在禪宗我們經常聽到，如何是祖師西來大意？有些舉個手指頭，有時踢你一腳，有時打你一拳，你怎麼樣理解呀？這都是祖師西來大意。意思看會得會不得，這叫託事顯法；因緣成熟了，假這個事顯那個理，不要起執著，消除你執著的障礙。見一花見一樹葉都是一真法界，都如是。古人說：「一葉落天下秋！」看這一片樹葉掉下來，秋天到了。看一個微塵，一塵起大地收，大地就是微塵成就的。

為什麼呢？因為你在這個上頭知道一切法，從來就是無生的。一切法無生，無生而生的；無生而生，那根本就沒有。無生又是什麼呢？在那無處，你能懂得這就是一真法界，一真法界是不生一切法的。但是為什麼《華嚴經》又說，「無不從此法界流」，好像它能生一切法的？怎麼樣理解？一真法界，怎麼還會能生起一切法呢？一切法又是怎麼有的呢？我們經常說參觀。你觀什麼？你怎麼樣參？把這些看成法塵影事，依法而起的，這叫法塵，法塵就是一切法的影子；一切法的影子就是妄想，妄想依什麼而來的？

〈起信論〉就講一念不覺生三細，境界為緣長六粗。妄不離真，而且再深入一點，妄即是真。界生一切法，界是什麼？就是心。心生則種種法生，心滅則種種法滅。法法都如是。這個道理很深很深的！

有個師父住在山裡，他做個夢，有隻老虎要來吃他，其實他在做

夢，嚇醒了，沒有。哎呀！他說：「我該讓老虎吃掉。若知道是夢，我就該讓牠吃掉了，我也投身飼虎了。」做夢嚇醒，沒讓牠吃，他若知道是夢，就讓牠吃。這個道理是什麼道理呢？這叫一切法緣起的道理，這叫緣起。一切不生是性空，緣起的諸法沒有自性的，無自性故沒有。緣起的不空，緣必有因，因緣因緣，沒有因就沒有緣了，因緣和合了，「因緣所生法，我說即是空，亦名中道義，亦名為假名。」這叫妄盡還源，還歸它本來的實體。這種觀在《華嚴經》叫妄盡還源觀。妄盡了，還歸你那個自心，還你一真法界。

一般的教義是不承認一真法界生一切萬法；真的，真的怎麼能生呢？不生了，一真法界不生，這樣說得通嗎？說不通。所以才講性空緣起，緣起性空；有是緣起，空是性空。體空，相用不空，相用是因體而起的。體能成一切法，不做生一切法。因為緣起的，緣起是依著性空緣起的，緣起諸法因為性空故不存在。這個道理在我們參禪的禪宗說，如何是祖師西來大意？或者舉一個拳頭，或舉個手指頭，這都叫託事顯法。我們這個題目叫託事顯法。託這件事，顯你那法性的理體；法性因因緣而生一切法，一切法回歸於法性，借事顯理。

所以法法皆真，能夠於一毛端現寶王剎，坐微塵裡轉大法輪。不然這個彎怎麼轉？這個彎就是這麼轉的，法法皆真，沒有一法不是真實的。哪一法沒有法性？哪一法都是依著法性。法法都是法性，法法都是一真法界；一微塵也是一真法界，這一微塵是一真法界，所有的一切微塵都是一真法界，法界沒有界限；因為沒界限故，不是一。不是一就是多了，也不是多，前頭我們講隱顯，也不是隱也不是顯。

你見到一片樹葉一瓣花葉　那就是無盡的法界

　　十玄門一共有十門，專門顯示一真法界。你見到一片樹葉，一瓣花葉，那就是無盡的法界；無盡法界就是這一瓣的花，隨便你拈一法都可以，這叫法法皆真。佛教說話都是圓的，什麼叫圓的？無始終無內外。你說哪個是起頭？圓的你找不找起頭，沒有個起頭，也沒有個結尾，是圓的；法法都如是，這叫意會。言語是說不出來的，但是一說出來沒有實義了。但有言說都無實義，說的都是假的；但是不假說，你怎麼又能進到真的呢？沒有這個假，真的你怎麼能去入呢？因著緣我們才能進入，不說真理是絕緣的嗎？絕緣就是沒法入，那是以言遣言。用言語說的把它遣掉，假言說讓你達到意會，我們說心領神會。

　　第九個是「十世隔法異成門」。什麼叫十世？先把三個定了，過去、現在、未來三個，過去有現在，有未來；過去的現在未來，三個，一個變成三個。現在有現在的過去，有現在的未來，這是六個，未來有現在的未來，有未來的現在的過去，這就九個，這叫九世，再加剎那際那一念，這叫十世。世就是你所依之法，十世隔法，隔就不同了，有間隔了。若是十世融通了，不叫隔了，沒有十世之說。

　　你現在的身具足過去，具足現在，具足未來；十世就是你現在，你都具足。我們現在這個肉身，這是現在。所受的業報是過去，過去積累的業報。你現在所做的事，無論大事小事都有果報的，未來受果報，這就是三個了。你經過這樣好多生，這是隔開說、區分說。隔法，分隔開來說。過去的果報，現在成熟來受了。這叫異成。十世各個世相隔的，你現在做的，到未來感果了，這叫異成。

　　我再舉個例，這個人跟那個人借了一筆錢，本來說定的期，他沒有還，隔了很久很久，想起來了。或者隔十年隔八年，他也發財了，去還那個錢，這叫隔世。借的債現在才滿願，才還成了。我們好多做的夢，本來都是虛幻的，有時候你做的夢，不曉得是怎麼回事，但是你想起這個夢，好多年前有這麼一回事，這是你當生的，你會想得起來；還有好多生的好多世的，不可思議。

　　夢各個有不同，它有隔世的夢，不曉得大家做過這個夢沒有？我曾經在美國紐約的時候，我有這麼三個月連續做夢，腦袋一沾枕頭就做夢，這個夢就接著昨天晚上沒完的那個夢，完了就是一直夢，夢了兩三個月，沒有了。好像自己的事，又好像不是自己的事。夢，醒來沒有了。因為自己知道，哎呀！我怎麼穿這個衣服，那衣服不是現在的，或者唐朝的，或者明朝的，一代一代的。從衣服來辨別，從生理行為上辨別，隔法異成。我們現在生存都是在做夢，但注重在什麼呢？在異成上。雖然是隔法異成，但是十世不離於當念，為什麼最後九世加個一念，過去修的，或者現在成就了；現在沒成就，還等到未來，未來成就了，過去學的現在用上了。

我對佛的教導　不是現在學來的　是過去學的

　　我自己感覺自己，對佛的教導、教授，不是現在學來的，要是現在學來的，我沒有這麼大本事。我是過去學的，有的時候自己並不感覺，但確實體會到。現在的時間，所有的條件，你學不成，但是為什麼你能用呢？你過去學好的，現在用。我們看見他頓修、頓證不是頓，是他過去的漸，這就是華嚴的行布、圓融。你現在今生修的沒有成，未來成

了，未來享受你現在修的。今生現在修現在成就的，這不叫異成，這是隔法異成。

所以說十世，九世加個最後的剎那際，剎那際就是一念。你從小學中學大學，完了你到社會用上了，這叫異成。也有所學非所用的，在學校讀的書本讀的，到社會上完全用不上，簡直沒用過，這就形容著過去、現在、未來，你所成就的叫異成。

最後第十個，「主伴圓融具德門」，法法都如是。隨舉哪一法都可以，舉這一法這一法就為主，其他就為伴。大家都是同學，現在我來講，就以我為主大家就為伴；明天輪他來講，他就是主我就是伴。現在我們在《華嚴經》講毗盧遮那，這個法會就以毗盧遮那為主。或者這一會，普賢菩薩為會主，其他又是伴。到了〈淨行品〉，文殊師利菩薩為會主，其他的菩薩就為伴，主伴圓融。法法都如是，法法都是心，法性隨緣，隨一切緣，這是性空緣起；連帶緣起有著主伴之分，這是圓教義。

一個道理不是孤獨生起來的，必有很多眷屬。例如〈如來現相品〉，佛從眉間出來勝音菩薩，佛放眉間光，勝音菩薩帶著無量的眷屬。勝音菩薩跟文殊菩薩、普賢菩薩同等的，位置同等的證得同等的。佛放眉間光，勝音菩薩隨著眉間光而出現，佛放每一個光，每一個光就有無量眷屬光，都是光明；完了那些光都屬於這個光的眷屬，那叫無量億百千光明來作眷屬。

在法界修多羅都是以佛剎微塵數作為眷屬，這叫什麼呢？叫法眷屬。就像我們有父母有妻子，妻子的父母，你父母所生所有弟兄姐妹，

再有你父母的弟兄姐妹、六親眷屬，這一牽連幾百口，這就叫眷屬。一個為主，他就為眷屬。

例如我們晚間看星星的光明，月亮離我們最近，它的光最大。月亮旁邊無量的星星，以為那些星星很小，其實那些星星比月亮大幾千萬倍，多少萬萬倍，可是為什麼它看起來很小，因為它距離地球太遠了。以月亮為主，那些星星就圍繞月亮，就是月亮的眷屬，這就是形容著重重無盡，主伴圓融；這一門把前頭九門都攝了。十玄門，玄就是玄妙，不可思議，說你話說的太玄了，不可理解，這叫玄。坐一個微塵裡轉大法輪，我們身上有好多微塵，這是不可理解的問題，你只能夠用華嚴義去理解。

例如佛十二年講《阿含經》，《阿含經》就為主，其他的經就不談了，那就是伴了。二十二年講《般若經》，以般若為主，其他的經就作為副從，就是伴了。隨舉一法，哪一法就為主；其他的法，都附屬這一法，那就為伴了，主伴圓融就是這個例子。前頭的理事、教義、境智、行位、因果、依正、體用、人法、逆順、感應，前面我講圓融，講了十個法門。隨拈哪一法，隨便你舉哪一個，舉個因果，它的外面境界相很多的，不論山河、大地、草木、房舍，隨便你舉哪一法，這一法就為主，其他的法就為輔，就是伴。

懂得這個道理了，就像我們以前說的，「一塵起大地收，一葉落天下秋。」落下一片樹葉，整個天下都是秋天了，這就是主伴圓融。因為我們現在講這個題目，總的題目就是圓義的分齊。《華嚴經》屬於圓教，圓教的分齊是什麼呢？我們這幾天講的都屬於圓義的分齊。佛所給

我們說的法，教導我們的言語，現在把他立成文字，所有的言語都叫教。尊稱就是聖人被下之言，就是佛加被我們的話，都叫教；這個教是圓的，圓滿沒有缺陷的，這叫圓教。

苦集滅道，最初開始說小教法，現在我們用圓教義，用後後攝於前前，舉這一法，是緣起義，苦也是佛所說的。佛說一切法都是圓的，這是後後說的。因為在理法界來說，圓教來說苦，不苦，苦是果，集是因；沒有集的召感，沒有苦果，這是世間的因果。這世間因果不存在，是事不是理，理上沒有。苦和樂是一對，沒苦也沒樂，沒樂也沒苦。沒因沒有果，沒有果了也就沒有因了，舉一個理就是一切理，但是這個理遍於一切事，舉一切事，全事都是理。

法不孤起　遇緣即應

法不孤起，遇緣即應。一切法都不是孤孤獨獨起的，它遇著因緣就應，沒有緣就沒有應。我們經常求佛菩薩加持，求的時候是感。如何求的應的就如何，如何的因就生如何的果。因為我們講的是《華嚴經》，《華嚴經》是契理的，理能成事，因理能成事故，事攝於理；事被理所攝了，所以說法法都如是。理遍一切法，法法都如是，主伴圓融就是這個涵義。剛才我們講的是苦，拿苦法作主，其他都是伴。但是苦，不苦；苦是事，事攝於理，理不苦。

大家都讀過《金剛經》，釋迦牟尼佛在因地的時候，歌利大王割截他的身體，一刀一刀割，苦不苦？我們切菜，刀碰一下割個口子，痛的不得了。一刀一刀割你，一塊一塊肉割，支解身體的時候，把它觀想為理上。這肉體是虛妄的，他就不苦，是這樣解釋的。託這個事，為什麼

呢？因為苦沒有，根本就沒有什麼叫苦，什麼叫樂！所以見到圓理，沒有苦沒有集；沒有因，沒有果。因為在說苦的時候，苦為主，一切法為伴；在說不苦的時候，不苦為主，不苦是什麼呢？是它的性，性不苦。我經常跟大家說，「有覺覺痛，無痛痛覺」。痛的時候是苦，有個覺，覺到苦，覺到痛；沒有痛能痛到覺上，痛到性上，因此就說它不苦。不苦是從理上講，苦是從事上講。

如果我們有病，這叫病苦，受生叫生苦，現在我老，叫老苦。老本身就是苦，但不是都一樣的。到六十多歲、七十歲，眼睛看不見，耳朵聽不見，他有特殊的，有不同的。像我九十歲了，眼睛看得見，這個字我還看的見，那是不同的。這是說有同緣，有別緣，還有不緣的。一切法都如是。

我們判教的時候，什麼小教、始教、終教、頓教、圓教，都是對機說的。法沒有大小，沒有什麼大乘小乘，我們學圓教義就懂得，他是看當機者的領會是什麼。如果你學圓頓教，他的思想把它變成小教，他學小教，他的思想把他變成圓頓教。主伴圓融。

十玄門看著很玄妙　你用日常生活理解就很簡單

十玄門看著很玄妙，其實很簡單，你用日常生活理解就很簡單。簡單了你能進入；完了，你要開始漸漸的修。修行一般是從事上修，修的都是事，但是要把它會歸到理上。理，就把你這個事成就了，理能成事。因為你修行，證羅漢果才有了神通，在事修，成就理，理上就起作用。在圓教講，一切處都是妙用，妙用就不可思議。你沒有修到那個程度，那個用，你就用不上；你用不上，沒有達到目的，你學的沒學好，

觀想沒做成，你帶什麼都有障礙。世間法也如是，人家做那樁事，順順當當的很好。你做那樁事，棍棍棒棒的，盡是障礙，這也不舒服那也不如意，這就如是，這是心理的作用。

在家不如意，當和尚去，和尚更難當，知道嗎？因為你要想成道，比你在家造業的時候更困難。宿業都現，不成道沒事；道越高，業障來的越快。道高一尺魔高一丈，這是真的，這魔是哪來的？是你自己，另外沒有，一切法都是你的心。你所說產生的一些煩煩惱惱，複複雜雜的。如果你認識它都是假的，認識它就害不了你，魔也障不了你。如果你一不作意了，一不作意了，魔也沒有，到那個時候，鬼本來想害你的，但是你這不對應，鬼害不了你的。

有個甕鬼，長的像個甕子。在過去，廁所離住處很遠，夜間他拿個燈，要到廁所去，哎，那甕鬼就來，在前頭一跳一跳的；他心裡說：「呵，我拿這蠟臺還很費事，來，你給我頂著！」蠟臺擱到那鬼頭上，鬼就在前頭那一蹬一蹬的，帶到廁所；解完了，蠟臺一拿，「你走，我現在用不著你。」得有這個膽量，鬼本來是想迷他嚇他的，不但沒把他嚇著，還給他馱著燈，跟他上廁所。

我是看小說看到這麼一段。嘿！我說這很有道理，這叫什麼呢？心生則種種法生；你不怕他，他就怕你，你要是怕他，越怕他越有鬼，那鬼就來，事就來。

還有夜間走路鬼打牆，往這邊走路，一道牆，往左面走，左面又一道牆；往右面走，又一道牆，他就明白了不走了。他是四川人。四川人一開口就是什麼老子，這個老子那個老子。他坐那看你怎麼打。他這一

作意，一不理他，四面牆一個也沒有。我聽到這個故事，我說，「心生則種種法生！心滅則種種法滅！」萬法由心生。

如果遇到境界相　你沈著冷靜　這是你的用

如果你遇到什麼境界相，你沈著、冷靜，這是你的用。一個兩種：一個用你自己心裡頭，另外，念念觀世音菩薩，念念地藏菩薩，我沒有力量制伏你，找我師父來。一念地藏菩薩這些都沒有，什麼境界相都頓失。你到地獄門口去念幾聲地藏菩薩，地獄都空了。但是有個前提，要信，如果你平常都是這樣信，什麼也害不了你；你不信，不信就不行，得懂得這個道理，這叫周遍含容。心遍一切處，什麼玄哪？一點不玄，就是現前一念心。你的心若圓明了，具足無障礙。這一念心不是念念的，念念就成佛，一念心生起佛心，現在你就是佛，你放的光明，就是佛；你生個地獄心，那就是地獄。

我經常講，地獄沒有，哪有地獄嗎？誰造的？誰修的？那獄牆拿鐵築的，誰築的？誰去跑那兒築的？業。你有業你就進去，那就是你築的；沒業就沒有。從現實生活講，我不說地獄，說監獄、看守所，五臺山也有看守所，也有關你的地方，五台縣也有，忻州、太原都有。我們看報紙上，監獄滿了裝不下了，還得新修。不只是我們國家，好多國家都是這樣，你有業犯罪，監獄就有了；你沒犯罪，監獄跟你沒緣，因為你沒這個因。

你們都沒有，我是有的，等業消了就沒有了。有這麼個因緣。「諸法因緣生，我說即是空」，一切因緣法所生的，沒有。把這個意普遍了，就叫周遍含容。周遍含容就是這個意思，玄嗎？妙嗎？也不玄也不

妙。你回頭從你自己心上去找，從你自己心上找不玄不妙，就是你身旁瑣碎的雜務事，你把它放下看破，就又圓又妙；看不破放不下，他就不妙。障礙是自己給自己做的，業是自己造的；自己造業自己受，平等平等。

聞到甚深的法　要從最淺近的入手

懂得這個道理了，你聞到甚深的法，要從最淺近的入手。離開現實生活，一切法不存在；離開你現前的心，一切法都不立。一切成住壞空，生住異滅全如是；你把你一念心看好，萬法從心生，萬法也由心滅。

佛就是這麼教導我們的，心生則種種法生，心滅則種種法滅。你只要依著佛的教導去學，學完了去行就夠了，找一個跟你有緣的，念阿彌陀佛沒緣嗎？你修個觀；修觀沒有緣，你讀一部經，看哪個你念起來生歡喜心，你就念去，管他大小、方圓、長短，一律不管。

法是修心的，把你身口意修好了，就好了。我們所說的經，在印度話叫修多羅，修多羅的意思就是契合你的心，所以翻經為契，契理又契機。契理，佛所說的教義的理體。契機，你讀了生歡喜心，看見了生歡喜心。一部大乘經典好多眷屬、好多經，這叫法眷屬。一法為主，其他法為輔，輔就是眷屬，就是主伴圓融的伴；伴都是圍繞主的，這叫主伴圓融。今天他作主，大家都是他的伴，圍繞他；明天他作主，又圍繞他，主伴圓融就是這個涵義，這叫圓融具德。

這些都屬於十玄門之內的。十玄門隨舉哪一門，這一門就為主，

其餘門爲伴，這叫主伴圓融。但這個意思要進入的話，必須懂得緣起法，緣起法是沒有自性的。因緣所生法都是空的，爲什麼呢？因爲空故才能無礙；因爲空故才能緣起，性空才能無礙。因爲無礙，你才能舉一切法，法法都無礙。現在共同來學習《華嚴經》，聞法就是修行，聞、思、修。因爲從聞才能去思，因爲思才能修，因爲修才能成就你戒、定、慧。但是現在我們學的《華嚴經》，一修全性起修，稱理而修，理遍於事，事事無礙。稱著全性起修，全修在性，經常這樣觀這樣想。

念一句阿彌陀佛　全性起修

我念一句阿彌陀佛，全性起修，全修在性，這是一法；念阿彌陀佛，這是你修行的一種方法。誰在念？所念的是誰？能念的我沒有自性，性是空的，能念性空；所念的阿彌陀佛，阿彌陀佛也是性空的，也是沒有的。哦！就是一個性。這種性空觀是觀理體的，緣起的，性空不礙緣起。一說緣起了，阿彌陀佛發過四十八願，攝受一切眾生。我念他，我也是緣起的；我念他的名號就是緣起，我的緣起是性空，他的緣起也是性空，性空是一個，這叫緣起性空。因爲性空故，性空無障礙，成就緣起。你念佛也好，修觀也好，拜懺也好，聽課也好，聽就是聞，聞完了就要想，想完了就要去做，這叫聞、思、修。

現在講的十玄門，每一門都具足十門，這十門其實就是你現前的一念。門就是通達義。你怎麼能夠進入《華嚴經》？先得學這些門，門門都可以，門門都通達，看你從哪個門入。一門具足十門，十門具足百門，百門具足千門，千門具足萬門，這就叫重重無盡。再翻過來說，無盡重重，完了就是現前一念。一微塵含攝無量無邊無數的微塵，其實本

質就是一微塵，你要是分別，那就多了。懂得這個道理了，一個微塵含著無量無數的微塵，無量無數的微塵就被一個微塵所攝受；這一微塵就是主，其他微塵就是伴。

有什麼因緣，可以讓我們進入《華嚴經》？有何因緣令這一切法圓融無礙？要是說廣了，太多了，說十年八年，只說名詞都說不完。略說，收攝說，一切法都是你心裡顯現的，你心顯相，從普壽寺裡頭來，顯現了，唯心所現，一切法都是心裡顯現的。法沒有性，沒有一定的體性，哪一法有什麼定性？沒有。水是濕性，蒸成氣了變成空氣，太陽一曬把水蒸發了，水沒有了。這樣來觀照。一切法是緣起的，緣起得有個緣，沒緣怎麼起？

年輕的時候好多人請我講講《華嚴經》，我都沒有去做。想做了，住監獄了。出來了，這兒找那兒找，也沒有個地方靜下來的因緣，緣不成。緣不成也說不成。現在因緣成了都老了，每回一找我，哎呀，九十歲還講經，生活都顧不了了，說不定哪天死。這麼一想，打退堂鼓了，算了，還是養養精神，省點氣力，別找麻煩。要講《華嚴經》，得定時定量，講經就得膽子大一點，膽子小了，好，說錯一句話，下了一句轉語把人誤導了，下地獄還出不來。但是另一方面想，還有功德，下地獄是一方面，說法還有功德呢？兩方面考慮，專注一方面，說不成。

一切事都如是！諸位道友，你修行也如是，就是修行不起來。懈怠，誰都做得到，人人都做得到；精進，這就是不行了。懈怠也有人不敢做，為什麼？懈怠不敢做？有些道友我看他沒有懶惰的時候，剛要懶惰，他說不得了要下地獄，要受生死要還人家債，他用這來警惕自己。

我們一天當中不曉得起了好多念頭，那個念頭起了就完了，它不落因果的。菩薩的信心成就了，不怕念起。不能制止你念不起，怕什麼呢？怕覺遲。覺悟慢了，這個念頭就要造業了。覺悟得快，第一念起了第二念趕緊把它消滅掉。覺知前念起惡，止其後念不起，不相續。要不要懺悔呢？要懺悔。菩薩是在起念的時候懺悔，為什麼？起念已經犯了罪。凡夫必須得成事實，每個國家法律，說我想偷人家，不能把你抓起來說你想偷，要判你罪。想偷人家還沒偷，我沒偷他的東西還沒拿到手，不犯罪的。講戒律也是這樣的：殺戒，你得把人殺死，當場殺死；當場殺他沒殺死，後來住醫院了，又住了好幾天死了，因傷致死，不是我殺死的，他因傷致死，在法律治罪都有這種情況。佛的治罪也是這樣，殺人必須殺死。斷他的命根，才說犯了究竟的；要是沒有，只是打架鬥毆，那會打傷。打傷是二等罪，僧伽婆尸沙，還不到根本罪。我們的戒律都有開緣的，像在弘一老法師戒相表記中，每條戒，有六緣的、有七緣的、有八緣的。

另一種，論裡頭的戒律，在〈僧伽婆尸沙論〉中，這也是戒，但是它大多數都是十緣成犯，我想注這個注解的法師，可能是華嚴的法師，因為華嚴都講十，必須具足十個緣都具足了，才算你犯這條戒。犯戒也很難，有時候你只有三、五條，有時候四、五條，不犯，懺悔。學戒，先學開、遮、持、犯。什麼是開呢？我學的時候，專找開緣學，為什麼？使我這條戒犯不成，遮就不行了，佛叫你做的。《華嚴經》就把這些圓融起來了，什麼叫圓呢？沒有另外的，這叫圓融起來了。圓融怎麼理解呢？心生種種法生。

道濟禪師他喝酒，但不是喝酒；他吃狗肉，但不是吃狗肉，瘋癲濟

世，以酒度人；看著是個酒瘋，實際他那裡頭深沉得很，他喝著酒把你度了。他這個喝著酒，聽說人家哪幾個縣裡頭，東門失火了，就把這個酒，啪，一甩，你看他這個喝醉了，耍酒瘋，嘿，那個縣的火滅了，這叫神通，這叫妙有。

妙用怎麼得來的？你得修。你不修怎麼能得到呢？修才得。聞到甚深的法，《華嚴經》一來就重重無盡，都用十，十是數字之終，一個十，兩個十就重重無盡了，很深。你不用去鑽那個甚深的；你鑽淺的，把它搬到日常生活。你一天生起好多個念頭，把這收攏來，不說別的，就說今天起好多念，哎呀，我記不清楚了，念頭太多了，每一個人都如是。

念念都如是，是什麼呢？造業。我們一聽到造業，先是生起恐怖感，聽經也在造業，但造的是善業。你拜懺也在造業，造業沒什麼關係，看造什麼業，完了你最後再加一個觀，業性本空，造業沒有關係，假的、空的，沒有！可別造業，造業就是事實。不是空的嗎？嘿，你還沒空得掉，沒空得掉還得受報；如果你有這個本事，受報的時候，不要在造業上想，在受報上想，空的；腦殼痛，空的，打打腦殼，腦殼不存在，空的。你別笑，你真空了，腦殼不痛了。信不信？僧肇大師就是這樣的，「將頭臨白刃，猶似斬春風」。別人拿刀砍他的脖子，他卻像在風裡頭過一下的，沒有事，要有這本事才行。

不怕念起　只怕覺遲

我們要經常注意，不怕念起，只怕覺遲。念頭要是生起了，覺悟要快一點，這個念頭不對，不符合佛的教授。現在你不管圓融不圓融了，

反正你先懂得這個道理。圓還辦不到，因為我們在說空的時候，一定觀想跟空相應，不要口裡說的是空的，做起來都是在有的，那簡直矛盾了。你說的是空的，你想的時候做的時候，都是有的，那就叫不相應，轉不了業，要受報的。怎麼樣才不受報呢？空的。業沒有，做好事了不去貪有，布施了不見布施相。做好事幫助別人，就算了，過去就沒有了。過去心不可得，未來心不可得，現在心不可得，在不可得處，你得個什麼？去參！

第十七講竟

無相之相

法界的境界相是重重無盡的,這個境界相是緣起的,這個境界相是建立在無境界相的境界相。有相的不能圓滿,是有障礙的,我們講圓融是無相的,無相才能圓融,但是我們都是有相的。我們這肉體就是有相的,我們所依止的依報是有相的,正報是有相的。把有相觀成無相,無相是心,有相是境。你怎麼能夠把有相的觀成無相?無相才能圓滿,但是就在有相的體上不壞一切相。不壞相就顯它的性,哪一法為主,見到這一法,曉得這一法是緣起的;緣起的法,它的體是性空的。因為在體上來觀,無相;就體上來說的,體空才無礙,但是這種的觀須要修行的過程,不是一下子就能成熟的。

為什麼能生起這種觀?為什麼能夠在無相上產生一些諸相?在一些諸相上又能回歸無相?你必須得從因緣說起,因太廣了。比如說我們每個人每天做的事情都很多,我在屋裡頭念經了,或者我在屋裡頭修禪定了,好像什麼事都沒有。但是你心裡所起的念,你的念頭都是因為緣起而起的;你生起一念,一念一定有緣,有緣必有因。為什麼生這個念?這個念是心裡所現的,但是我們這個心不定,心法是無定性的。唯心所

現，法無定性，不是定個什麼樣子。那由什麼來的呢？緣起來的。在法性上是融通的，在相上是不通的。你觀一切諸法，如幻、如夢、如影像。因是沒限量的。因的事物太多了，它是無相的。但是事必有因，任何事一定有因，因無限。佛所證的果，果也就無窮無盡了。因無限故，果也無窮無盡的，這時候產生的甚深定力，甚深的德用，神通解脫。

上面我提了十種因，唯心所現的因，法無定性的因，緣起相由的因，法性融通的因，如幻夢的因，如影像的因。因無限，佛所證的果德也就無限了。所能產生甚深的妙用，神通解脫，就自在義，這裡頭含著什麼呢？含著很多的差別相門，差別相顯著緣起之法。但是不能以五蘊、六入、六識來執取。

那應該怎麼解釋呢？清涼國師把它總成六相。總相、別相、同相、異相、成相、壞相。總相，一含多；別相，多非一。這法堂是總相，一個法堂裡容納了我們這麼多的人，這麼多人就是別相，人人不同都是別相。這個多不是一個，多非一；但是這麼多的人，同一個義，就是人。人是人性，含多種義，各各不相同。不相同就是異了，不同就是異；緣起成故，就是成相。各有各的緣，各住自己的本性，各緣各住自性，不動移，這叫壞相。

拿房舍來作比喻，就像一間房子，房子有椽子、有樑、有柱子、有門窗，各個都是別相，但總的就是一個總相。但是這個又互相地無礙，誰也不障礙誰，各各建立。諸法如是圓融無礙，因太多了，要講它的因，為什麼能達到這樣？依照《華嚴經》的義，這些諸法都是唯心所現的。

　　第二，法無定性，哪一法都沒有定性。緣起相由，法性融通，如幻夢故，如影像故，因無限故，佛證窮故，深定用故，神通解脫故。由這十種因緣，才有這種玄、才有這種妙，這十種因緣都是不可思議的。我們講苦，拿這苦作本位，這苦就是一法界，苦能攝受的，以苦為主；攝受那一切伴，攝受其他的一切法。為什麼它能受？圓融故，它沒有自己的體性，是緣起的。沒有體性就是沒有，緣沒有體性。緣沒有成就苦的，苦也沒有，苦是假名。就前頭我們講的十門之中如幻、如影、如夢，沒有實在的一個物體。沒有實在，就是沒有自性，是多因緣所合成的。苦是現相，苦的性不苦，不苦也沒有樂，不是相對的。

　　覺林菩薩讚歎佛的偈子：「若人欲了知，三世一切佛，應觀法界性，一切唯心造」。心造的，在你心的想像，那個苦是你所顯現的一切境。這個苦只有你自己受，別人不見得受，別人沒有這個緣起。你要曉得這一切苦怎麼來的？唯心所現，不但苦如是，三世諸佛都如是。三世諸佛是斷了苦，一切苦都斷了；他怎麼斷的？修因來的。怎麼樣修因呢？修因就是修你的心，心所顯現的，心空則法空，心滅則法滅，唯心所現。你觀一切諸法都是唯心所現的。說我心寂靜下來了，法沒有了。我們一天的所作所為，都是你唯心所現。這個心在沒有成佛之前，沒有一個能明白心的。悟！悟什麼呢？悟心，悟到你這個心，認識你這個心很難！人人都不認識。

　　你的心如是，他的心也如是；修道修成了，你心跟他心是通的。別人心裡想什麼，他所做的什麼，你大體是能知道一些，他心跟你心是通的。通的，你才能知道；不通，你怎麼能知道呢？他心通，是他的心通了，不是你的心通。他心通，這「他」字很有意思，他心通你怎麼知

道？是你心也通了，他心通到你心，你心通到他心。好比我們觀察每一個人，這不是真有神通，同學之間、老師之間，像我們相處的十幾年或者幾年，你心裡常注意他，關照他；他心裡常注意你，也關照你，他有點什麼事，你心動了，通了；你有點什麼事，他也通了。這是我們和尚、佛弟子的特產，不學佛的人沒有這種境界相。

　　以前我在南普陀寺，也好幾百位學生，女眾比男眾多一點。女眾住的離男眾很遠，坐汽車還得一個小時。男眾住在南普陀寺，女眾住在植物園，以前是弘一法師閉關的地點，萬石巖寺。後來我去了恢復閩南佛學院，就辦個女眾道場。那女眾一有事了，我心就動了；一會電話就來了。我不是看不起妳們，別多心。

　　例如說，我們在哪都定個規約，不要吵架，不要鬧嘴，嘿，沒辦法，女同學事就是多。上下鋪，兩個人的鞋都脫到床底下，上頭她就倒著身子下來，那一定說要找鞋的時候拿腳去摸了。不是眼睛，拿腳去，她把她的鞋踩了。這點事算什麼事呢？打架了，先是對罵，互相抓扯，還好，沒頭髮。在家打架抓頭髮，麻煩得很。我們那邊的監學老師解決不了，打電話找老法師。這麼點小事，你得從南普陀坐汽車跑來解決問題，來回差不多兩三個鐘頭。這是唯心所現，如夢幻。

　　還一個同學害個什麼病呢？醫生說是癔病（神經官能症），我們沒法治，也沒有藥可吃。這是什麼病呢？突然間，不知道怎麼想的了，什麼都不能動了，手一動都不能動了。把她抬去，擱到那床上，那時我沒有在南普陀，到北京開會去了。等我回去，人家跟我說。我就很奇怪了。我說什麼叫癔病，沒聽說過，突然得了那種症，動也動不了，手抬

不起來，神經系統不能指揮了，指揮不靈了。我心裡想很奇怪，因為她們三姐妹出家，帶她姐姐，帶她妹妹，到軍醫院看她，我心裡想，別跟她說好聽的，別安慰她，反而要刺激她。去了，我們好多同學在那照顧她，看她的。我進去，我叫她，我說：「起來！」她就起來了。我說：「穿上鞋！」她就把鞋穿上了。我說：「跟我回佛學院去！」我在前頭走，她在後頭走。好了，什麼病都沒有，以後也沒犯。

等你心通了　一切法通

到現在我想起她這個病，莫名其妙，這叫妙。妙什麼呢？不明白，叫莫名其妙。緣起諸法，唯心所現。你要想瞭解這是怎麼回事嗎？這個事，我現在也沒弄清楚。究竟是怎麼回事，裝的？不是的，是事實，她是不能動，一動不能動。這麼一吼她一振動她，她就動了，莫名其妙，這叫妙。這個妙，你不可理解。在這個法上重重無盡的，唯心所現的，弄不清楚。用語言、行為，怎能把它說得清楚，這叫修因。當你修因的時候，因多了，哪來的？心來的。修心，一切諸法唯心所現，心裡所顯現的，說不清楚，唯心所現。等你心通了，一切法通。

在這個日常生活當中，你懂得了唯心所現，法無定性，你就知道了，都是緣起諸法相成的，唯心所現；心緣境，境又返回來，助成的，境是緣。無明不覺生三細，境界為緣長六粗，大家學〈起信論〉都學到了。他一打妄想，就碰見那個外緣巧合了，世間事很多都是巧合的。巧合是什麼呢？就是緣助成這個因，這些因又起另一個因；另一個因又有無窮無盡的緣，法性緣起，一切融通，法性緣起的，這就圓融無礙。從這個事引申那一個事，那個事又引申這個事，互為因緣，重重無盡，叫

緣起相融。無論唯心所現也好，法無定體、法無定性也好，緣起相由也好，如幻如夢。這些法看著像那麼回事，實際上沒有，像夢幻化一樣。人、地、事、物、時，這五種任何事情離不開這五種。人，哪些個人？在什麼地方？發生什麼事情？這些人在這個地方發生這些事情，是什麼時候發生的？人、地、事、物、時，無論是大小，你用這五種把它結合起來，融通起來，你就瞭解到了。那麼這些合成的東西能有真實的嗎？現實的事物，就是我們現在的事物。現在講究基因，不過還沒有基因造人，造羊有了，造動物有了，造牛也有了，但是活得都不長。還沒有說造人，人的識很不容易造，那個識說就是他們所說的基因。這些事你想起來是很微妙的，非常不可思議的，以佛的智慧看，是沒有問題的；我們現在沒有這個智慧，在佛經上經常用夢來引說慧，所以《金剛經》最後說：「一切有爲法，如夢幻泡影」，你看任何事物應該這樣識它，這樣觀照它，《華嚴經》也不例外，它引證好多事物，都是如夢如幻。

做夢是有預警的

做夢是很奇怪的，它有預警。你做的夢有預警，告訴你了小心，你要有個感覺，但是不能制止。因爲你的果已經成熟了，業也成熟了，躲是躲不了的，非去不可。例如我進監獄，大概前兩百天就預感到不祥，夢中本來讓我不要往東走，要往西走。我在拉薩，往西走可以到印度去了，不要回大陸。誰相信夢？我們都不相信夢，我的名字叫夢參。我過去很相信夢，有些時候不相信夢。爲什麼？業障發現就不相信了。相信了，這個業就躲過去，禍就躲過去；是福不是禍，要是禍，你躲也躲不過。你說躲得了？業障來了，任何人都躲不了。一切人跟人之間的冤業、是非、人我；你說我躲脫了，躲不了。今生爲什麼他見你就煩；

今生你沒惹他，你看我們在茶館裡喝茶，或者是到舞廳裡跳舞，毫不相干，誰也不認識誰，在美國這類事很多，同時坐餐廳裡吃飯，這個桌子上的人跟那個桌子上的人毫不相干，不認識的，他就看他不順眼了。那邊說話他聽見了，他說：「這小子也不認識我，他怎麼說我。」其實人家說人家事跟他沒相干，他質問去了，質問人家當然就打了，打了就掏出槍來，兩桌子打死四五個人，這種事報紙經上常登的。

這裡頭有許多因果！是佛法。你要認識它才認識真實的，這叫果報自受。毫不相干的事，你要找因緣，沒有因緣。有一位大陸人剛到美國去，他是藝術家沒有錢，到美國自己畫畫賣畫，那人看見了，喂，你畫畫很好，可以畫像，自己畫畫賣畫。你站那，他就在那地攤上給你畫，兩三塊錢，三五塊錢，畫得好，你高興多給錢。到那裡還不到三個月，他在唐人街，我是住在樓上法雲寺。法雲寺不是像這個寺廟，街上租這麼一棟樓，完了就掛個牌子叫法雲寺。是公司組織，沒有什麼和尚當家的，叫財團法人。那個老法師是虛雲老和尚的弟子，跟我是同學，我們到美國，住他那去了。在那樓上看見底下，唐人街很擠，不像別的路。

唐人街永遠是人山人海的，那街上人很多，人擠人，撞一下子，本來沒事的，若遇見我撞一下子沒事了，一者我不會英語，二者撞一下也無所謂。但是那個畫畫的撞到一位美國黑人，二人爭執了幾句，那黑人掏出槍就把他打死了，當場就死了，這是我親眼看見的。毫不相干，他從千萬里地到那裡去，果報還自受。過去你知是什麼因嗎？他來還他命債來了，都是因緣，無因無緣絕不會。緣是什麼呢？撞一下。因是什麼呢？過去宿世因緣，不然你沒法解說。什麼道理？不認識，過去問那黑人，黑人也說不出什麼名堂來，說他撞了我一下，我們倆吵起來了，我

也不曉得怎麼衝動了。法官說他當時是喝醉了。

你要理解到，這雖然是夢幻泡影，是緣起的，那就一定有因。前世的因，那個因就是心，億劫無量的，永遠的也是無明，但是都是唯心所現。心裡所現的無明，所現的一切法，這一法沒有定體，沒有自性的，由緣起相結合的，緣起的因由，在理上是通的；在緣起上、事上是不通的，這是如幻如夢。人打死人如幻如夢，一殺你，你醒了，這個夢常時有的，還有的夢延續很長。

佛經上好多處，就用如夢如幻來說這個事，是真的是假的，告訴你這些事都不是真的，是做夢。再回過來說，你現在能做夢的這個時候，是不是夢？夢當然是人做的，人做夢，豬做不做夢？馬做不做夢？狗做不做夢？一樣的，只要有情的動物都在做夢；我們就是在夢中再做夢，叫夢中夢。有時你做夢的時候，一個夢套一個夢，好像是醒了，還又沒醒，又進入第二個夢境，不可思議！但是，你做夢你知道是假的，不要留戀，現在的生活是真的嗎？為什麼留戀？為什麼這麼計較？為什麼這麼操勞？嗨，你明白了，開了悟，知道這是做夢。

說到這裡，想起了諸葛亮，在沒學佛的時候，我認為他很了不起，學了佛，簡直是個二百五。劉備拜訪他的時候，他在裡頭醒了說：「大夢誰先覺？平生我自知。草堂春睡足，窗外日遲遲。」說的不錯，大夢誰先覺，沒人明白。平生我自知，他說，我諸葛亮明白我自己。

諸葛亮明白什麼？五十多歲就死了。好多的事物，古來的人、古來的事，如果你學佛了，用佛教的觀點看到是自作聰明，又可笑又可憐。笑他無知，不管社會怎麼推崇他，我們學佛的人還是認為他無知，不了

生死。你說大夢誰先覺，沒人知道，就你自己知道；你應該放下，還跟劉備去打江山幹什麼的，用計策殺死好多人呢！不造業嗎？不還命債？那才怪。他知道什麼？他根本不知道，還繼續造業。知道的人、明白的人，不會再去造了，絕不會再造業了。

我們這樣來解釋玄門，大家能懂，這也是不可思議！這種玄，在每個人的身上都有。你想，心佛與眾生是三無差別，我現前這個心，能主導我的，跟十方諸佛，跟馬牛羊雞犬豕，一切眾生、一切人沒什麼差別的。通的，沒障礙了，你要懂得這個涵義，法趣於心，有德有用，德用在你心。心裡產生一種不可思議的妙用，你自己享受，一天活的高高興興，愉愉快快的；如果翻過來，你會苦苦惱惱。沒誰跟我們過不去，自己跟自己過不去，把一切都當成真的，有什麼是真的？依妄起妄，從妄想心又生起很多的妄想；把如夢幻泡影的事，硬是當成真的。依妄起妄的影子，影子還現影子，可變異故，這都是可變化的，你的心很不可思議！他一天都在變。

好多算命先生，他的卦攤上都擺著八卦圖，都是乾坎艮震巽離坤兌，八卦圖畫的很精彩，可是他沒有懂得那個原理！你算卦也好，看風水也好，要掌握一個字，「變」。他心裡一天在變。今天他利益一切眾生，度一切人，幫助別人，那就變了；利益眾生，他是菩薩。一會他想那個人過不去，我要整他；得了，他又變了魔鬼，又變回來了。

每一個人一天心裡不曉得有好多變化呢。一會是聖人，當你一時糊塗的時候，就是畜生；畜生沒知識，一天隨時在變，千變萬化。懂得這個道理，你才知道因果報應，自己做的業自己受，你自己做的誰受？當

然你自己受。做的業因太多了，起心動念的因太多了，眾生造了無窮無盡的因，感了無窮無盡的業果。

佛成佛之後，才說不可思議不可思議；眾生的業不可思議，佛的妙用不可思議，這樣來的。你要是真正的靜下來思惟，因為眾生造的業無限，佛證的果亦無限，是因眾生而顯現的。就是他過去所種的因，現在修成了，都變成無窮妙用，在眾生就是無窮的障礙。

我們說殊勝因，這位師父說法，你聽了，那位喇嘛給你灌頂，你受了；你參加了很多法會，一會打念佛七，一會拜藥師懺，一會拜三昧水懺，這都是因！這因都是要感果的。因如夢幻泡影，感的果也如夢幻泡影，都是唯心所變的；因是你的心，果也是你的心。現在你受報的，受報也如夢幻泡影；好報如是，惡報也如是，一切報都是如幻夢泡影。你度的是幻化的眾生，成就幻化的佛果，要有這個認識。

唯心所現，法無定性，緣起相由的；法性融通的，如幻夢故，如影像故，因無限故，佛證窮故。當你修因假到無礙的緣起給你助成，十玄、六相都如是。

第九深定用故。修定的時候，修的是海印三昧，三昧就是定，正受，又叫三昧。修海印定的時候，像大海一樣，大海把一切現相都收攝進去了，這是形容海的深；一到海裡去沒有邊際，看不見邊。佛經上經常用性海，這個性就像海一樣的；形容它沒有邊際，沒有障礙。佛得了這個定，就像海一樣的，入了海印三昧，才能無礙。

不過方山長者李通玄是講刹那際定，這當然就神通解脫了。證果

之後，他就講十定、十通、十忍。有十定了，才有十忍；有十忍才有十通，十通在最後。在小乘教義或大乘始教教義裡講了六種神通，神通是無礙的，無窮無盡的神通。六種是小乘的阿羅漢聲聞緣覺，叫小乘教義。大乘的始教，都是講的六種神通。《華嚴經》講的十通，什麼叫通呢？通就是智慧。有了智慧，什麼都沒有障礙；沒有智慧，什麼都成了束縛。佛有十無礙智，在《華嚴經》上哪一品都講。在〈淨行品〉，智首菩薩問文殊菩薩，怎麼樣才能得到佛的十無礙智？文殊菩薩告訴他，善用其心。這個心要是靈了，一切都不思議；不思議就是解脫的意思，因為有了不思議智，你才圓融無礙，才能託事顯理，任何事都能顯法，在你生活當中全是無邊無盡的妙用。

有一本書，叫〈大乘了義分齊章〉，是解釋十玄門的，賢首國師著的。在〈大毗婆娑論〉、〈十地經論〉當中也講這些相。這些相是什麼相呢？沒有境界相的相，無相之相；翻過來，無所不相。相、無相，無所不相。真空不空，就包括一切相，一切相非相；非相即是真空，所以十玄門的一切法，就是顯現緣起性空，性空緣起。你用法相的名詞呢？六根六塵六識，三六十八，這十八就把什麼事相都包括了。我們就在這十八相裡執著取捨，解脫不了。識去分別六塵境界相，這些相就變成緣起了；又返回你自心，六識都變成智了。在這個時候你就圓融了。在《華嚴經》裡，把這個說成總、別、同、異、成、壞，這叫六相。因為前面名相你知道了，到經文裡沒有說名相，是說義理。你把名相加到義理，就明白了，心裡就領悟了。

總就是說一法，總相大法門體；具足一切，所有世間、出世間的，凡夫聖人的，全攝無餘；沒有一法在法界之外，就是沒有一法在你心之

外，叫「一含多德」，這叫總相。什麼叫別相呢？「多德非一」，我們說起來三身一體，實際上若是別相來講，化就是化，報就是報，法就是法；法、報、化三身不同，都是一樣了。三德本來是一個，但是他要分三個作什麼呢？他在法義上，有一定道理的。法身德、解脫德、般若德，這叫三德，三止三觀。法相的名詞非常之多，為什麼這樣分？因為多德非一；波羅蜜多講的是智慧，絕不是布施；布施也不是忍辱，忍辱更不是禪定，這叫別相。六波羅蜜，各是各的。

　　前頭講法相的總體來說，那是一個，圓融的、無礙的，那是總相。別相呢？各是各的，各有各的作用。當你證得了，手可以看得見，相信嗎？我們不會相信；六根門都通了，那時候你可以圓融的說，現在別相不能這樣說。別不是總，總也不是別；總是把一切別相都收攏來了。同相呢？像剛才講的道理很多，智慧是智慧的作用，布施是布施的作用，忍辱是忍辱的作用，精進是精進的作用，但是它是不相違背的。你把它合起來說，能施、所施，沒有能布施的人，也沒有受布施者，也沒有所施之物，這叫三輪體空。但是在事上說叫行布，行布又說圓融；圓融之後又說行布。你在分別，但要去掉分別妄想，多即是一，是這樣意思。

　　你籠統的，又給你分別，那叫差別智；分別的時候，執一切事物叫差別智。你悟得的總體，那叫根本智。根本智我們都具足的，學成了，解成故，修成的這叫後得智。只要說到智，智是不著相的，智者無相的，多義不相違，這就叫同相。異相呢？這一相不是那一相，男的絕對不是女的，這都很容易明白的？這叫異相。但是人性，男人女人都是一個人性，都是人，這叫同相；在性上說同，在相上說不同。

一切諸法都是依著性空而緣起

一切諸法都是一個緣起，依著性空而緣起。性空緣起，緣起性空，性空成就一切法，一切法的安立，這叫成相。總相、別相、同相、異相、成相，這是成相。成就緣起所生的一切相，叫成相。

壞相呢？和合法；各住各的本位，又分開來了。我們是地、水、火、風四大種，《楞嚴經》上加空見識，七大種。光說地大、水大、火大，這個我們不能代表人性，所以《楞嚴經》上加個空見識。分開來說，水大住水大，火大住火大；那分開來就是壞相，合起來就是成相。

清涼國師把這六相舉成像一棟房子，有樑、有柱子、有椽子、有磚、有瓦、有門戶，都成就了，才叫房舍。誰也不妨礙誰，誰也不違背誰。這樣才是一舍房舍。把大樑當椽子用，大材小用了；把椽子當大樑用，根本用不成了，房子蓋不起來。你用什麼比喻都可以，反正你說總、同、別、異、成、壞，一切法都具足這六相；既然是緣起之法，緣不起則已，要一生起，一定要圓融。十玄六相，道理只有一個。

賢首國師在教義分齊中要顯示什麼？知道緣起法了，而且能達到性空；因為性空故，必假緣起，沒有緣起怎麼能明白性空呢？沒有性空成就不了緣起。緣起之法，不起則已，起則一定要圓融；隨便你舉哪一法，緣起法，沒有緣絕不能成立。起了一定要有圓融，沒有無性起的。

緣起性空、性空緣起，掌握這個運用到一切的了義經典、一切圓教的經典，都能解釋通的。如果不明白，緣起性空，性空緣起，對了義的大乘教義，你沒有辦法進入，不能夠理解，也不能信受。但是，也因人

而差別，為什麼因人而差別呢？三賢位的菩薩，住、行、向，他相似沒親證，相似懂；相似懂，不算真懂，必須登到歡喜地菩薩，登到初地，他真正的見著；見著了，他知道後頭還有很多很多。二地到九地，他只證到一分，證到一分只能明白一分，這叫前前不能明白後後；後後一定明白前前。前位的菩薩，初地不知二地事；他不知道二地境界是什麼樣子，乃至度眾生，說法都不一樣。

《華嚴經》教義說的很圓融，說行布的時候少了。說行布，我們容易理解；說到圓融的時候，感覺在文字上就不能夠理解。所以你經常看前頭講的大意，必須以這個緣起性空，琢磨思惟，非常的透徹了，拿它做個鑰匙。你要想進這個屋，門鎖著進不來；打開了，你才能進來。緣起性空就像一把鑰匙。

你要是明白這個道理了，就用這個道理來瞭解，《華嚴經》如是，《圓覺經》如是，《法華經》如是，一切經論都如是。有的單門說緣起，不說性空，那就說是分開了，分開這就小了。講性空單講性空，不講緣起。單講性空，就是空宗；單講緣起，就是有宗，都不圓。那就是說什麼呢？緣起性空，性空緣起，把它合攏起來。

我們上面所講的，就叫圓義分齊，這是圓教的分齊。圓教的分齊是沒分齊的，經過分析顯示，你懂得了。圓教分齊還有很多，圓教的分齊就是靠你，這叫思惟修觀照；思惟就是智慧，有智慧的人他所觀照，觀照的時候是從差別起，也有就從性空起。禪宗的直指人心，叫觀心，直接觀心，不假方便也不假善巧；所以達到頓悟明心。明瞭心了，理通了，事上不能，不起德相作用，必須得具足。性空了還要回來，成就緣

起諸法，緣起達到性空，性空達到緣起，這兩個是不能分的。性能圓融，緣起就是行布；修行一定要有次第的。我們所看見的事實，這個事實不是事實。我們說眼見的，現在的心所了知的，事實不是事實，不是事實是什麼？如夢幻泡影。這個事實本身就像影子一樣的，在水裡看見的月亮不是月亮，是影子。

佛所說的一切法，是讓你達到真實不是真實。比如說是非，是就是對的，非就是不對的。什麼是對的標準？什麼是不對的標準？沒有標準的。真正的標準是什麼呢？是你的心。是非從何起？從什麼地方起的是非？找那個是非起處，有起處必有落腳點；什麼是它的落腳點？等你把起處知道了，落腳點知道了，沒有。起無起處，落無落處，這個沒有的才是真的。萬法由心生，心生萬法，萬法還歸於心，就是心。

現在我們講華嚴大意也快二十座了，講的能夠理解一點不？理解什麼呢？信，就是這一點，你信不信？俗話說：「信則有，不信則無」。但這不是這樣一個標準。你信也有，不信也有；你信也好，不信也好，法性是常存的，它不由你信不信。你信了，能證得、能解脫、能自在；你不信了，就苦惱了，就受。

第十八講竟

緣成熟的時候就是性空圓融

在懸談當中,清涼國師用十玄門、六相來解釋它的大意。十玄六相的涵義是什麼?總說就是緣起諸法。在《華嚴經》,緣起就是圓融。緣沒有成熟的時候不能生起諸法,緣成熟的時候就是性空圓融,一起就是圓融義;因為緣起沒有離開法性,法性圓融,性圓融故,所以緣起諸法都是圓融的。圓教的這個圓義,它這個分齊是沒有分齊的。

在〈華嚴合論〉,李通玄長者對《華嚴經》的解釋就是明心見性,相信自己是毗盧遮那佛的性體,舉一就概括一切,不用十對十對的去分別。他先分別教義。教就是佛所說的一切言教。每一法都有法的道理,為什麼要說一個圓教?像我們互相說話,我跟你說句話,你知道我說的話是什麼意思,你照著去做就對了。佛教授我們所說的法,是要我們去認識自己所原具的佛性,如何認識你這個心。心能生諸法,心生種種法生;種種法就是境,你怎麼轉這個境。

教跟義,因為教有很多的差別,義也就有很多的差別。佛說的八萬四千法門,這是總說,每一法門都含著無量義。像我們說總說,昨天舉

這個例子，說人，這是總說；但人絕不包括畜生，也不包括餓鬼，就說的是人。這就是別義，例如說人，人就是人，不是畜生。

方山長者李通玄他是以十為標準的，說一句話都要拿十來形容，他把佛說的法定為十教。佛日出興教主別。佛成道了之後像太陽出現，照一切眾生得到溫暖。這個教主跟世間為主的其他教不同，有差別的，這是以佛為主。先把佛定出來，能說法、演法的利益眾生者就是佛。佛說法有時候用語言說，有時候不用語言，而是用光明。《華嚴經》裡頭好多菩薩請問佛，問這個法那個法，佛沒有跟他說什麼，就是放光；光就是法，就是說法，不用語言表達，用放光表達。光明就表達智慧，但有言說都無實義，不用言說去顯，用光明去顯。

放光就是答他的問題

當機眾都是大菩薩，他請問佛各種的道理，佛就給他放光；他一見到光明，他明白了，明白他所問的問題，佛已經給他答了。光明的涵義就是答他的問題，但不是語言，這就用光明說法。但是在問答的時候，一定要有主有伴，每一位品裡頭都是問答，華嚴教義全是問答，不是佛說。現在我說，大家在聽，但也不是我說的，我是學著把佛說的說出來。但這個不同，看哪一會，每一品裡頭都有問答。

大家經常誦〈淨行品〉，在〈淨行品〉中智首菩薩問，文殊師利菩薩答。到了最後的〈離世間品〉，普慧菩薩問普賢菩薩答，他問的程度不同，就有了次第，有了次第就有差別了。但是經裡往往有這麼樣意思，大家特別要注意，好像我們聽著是所問非所答，其實他已經答完了，他問的次第不同。例如你問張三姓什麼？李四姓什麼？張三就姓

張，李四就姓李，他不是這樣答的。他是怎麼答的？他是總答的，他說，凡是人類的名字全是假名，管他什麼張三李四，他是這樣答你的；不要在張三李四執著，都是假的沒有真的。問的人明白了，這名字是假名。

例如說〈如來現相品〉有許多菩薩問，問的太多了，佛沒辦法用語言答覆就放光，問的人明白了，明白就答完了。〈光明覺品〉也是很多菩薩問，佛不答，佛就放光，那些問的菩薩在光中就得到答案。如何行菩薩道？光就告訴你了，他就知道怎麼樣去行菩薩道了；問如何利益眾生？光明也告訴你，你怎麼樣利益眾生，就用光明答。光明就表智慧，這是來表法的，現相不同。問的那個道理，在光明就給你解釋這個道理是什麼意思，這叫對什麼機顯什麼相。對我們，佛就不是放光了，就得跟你說明白，不但說還要解釋；解釋完了，還要用問答的方式解釋。問答就看問的人，問的法主。就像十地以後，十地、十通、十忍，普賢菩薩作會主，那就普賢菩薩答；那是主和伴不同，雖然主伴不同，可是主伴圓融。但是所示的因果，修的歷程過程不一樣，因為所修的過程不一樣，就有這個行布。善財童子五十三參的時候，他經歷五十三位修成的，他就即生成就。他成佛的次第，跟《法華經》龍女成佛的次第，完全不一樣，但是都是修到因圓果滿。到果滿的時候，各個的不同。

毗盧遮那佛的化身佛—釋迦牟尼佛，他是經過三大阿僧祇劫修成佛的，但這是化身，法身呢？不是的，化身的經歷是這個樣子的，這是問答的時候，講主伴圓融的意思，各個不同。這修因的時候，因圓果滿的時候，各個諸佛因圓果滿的時候都不同。阿彌陀佛不同於藥師琉璃光如來，修因的不同故，果滿也不同。每一個地位都是別別不同，因為他

在行菩薩道的時候，行道所修行的不同，不是依著一個法修行的。八萬四千法門，有的修觀想的，有的是參禪，參禪跟觀想是相通的，有的時候他從修教義入手的，讀誦禮拜各個不同的，《華嚴經》特別的不同。善財童子他的證、他的修、他的行，完全不同。

《華嚴經》〈入法界品〉，跟其他的經完全不一樣，單提出來善財童子五十三參。文殊師利菩薩讓他去參訪善知識，他就一位一位的參，參訪善知識就問法了請法了。我們學一個法，學完了之後，很難修到成佛。善財童子不一樣，他聞一位參一位，一聽到說法他就證得了，一位一位這麼證。從十信、十住、十行、十迴向、十地，完了，這是五十位；等覺妙覺五十二位，為什麼多出一位來？別人都是十地就滿了，他修行到十一地，加等、妙二覺，所以才五十三參，這是《華嚴經》特有的十一地。十一地加等、妙二覺，所以叫五十三參。

這是因，從初發心參文殊師利，到了最後成就，彌勒菩薩還叫他去參文殊師利，文殊師利又叫善財童子去參普賢菩薩。在《華嚴經》裡頭有個〈普賢行品〉，所以加個「果後行因」，成佛了還修普賢行，這叫果後普賢。普賢菩薩讓善財童子重新認識佛的功德，這就是成了佛之後行普賢行的功德，但是說不盡的。

在《地藏經》的第二品，佛對地藏菩薩說，他不是只以佛身來度眾生，意思就含著他沒有入涅槃。說完《地藏經》佛從天上下來，就入了涅槃。《地藏經》暗示佛並沒入涅槃，他不是光是以佛身來度眾生，什麼身都現，佛身隱了，隱顯具成；佛身隱了，他又現眾生身那就沒完沒了永遠無盡。成佛之後行普賢行，果後普賢，但是這些都是依著佛的願

力，度生的願力，普賢行十大願就是重重無盡的意思。

這些我們可能在理解上有很多困難，在世間相上，大家為了生活為了生存，都想發財，或者是現在做房地產的，做建築公司的，有的開餐廳的，有的開百貨商店的，沒有本錢開個小雜貨鋪的，不管你從哪一門入手，目的只有一個，求利，求利就是發財。不管你怎麼修，修成了就對了就這個涵義。如果你修不好，修不好就是不精進，就等於你做的事業賠本了，那就不精進的表現，懈怠，沒有做好。我們不理解因果的關係，說運氣不好。不是你的運氣不好，你沒有那個因，因不對果就圓不到；你想要發財、布施，沒福報你怎麼發財？

捨得是捨才能得

我們經常說捨得，你捨得捨不得？問人家你捨得捨不得，這兩個字，好像是一句話似的；不是的，是兩句話，捨才能得，你不捨怎麼能得？在《地藏經》第十品，地藏菩薩問佛，他說為什麼在捨的時候好像是一樣的，你也做布施，我也做布施，為什麼你這個布施就享受的那麼多？多少代還能得到；有的布施了兩代就沒有了，有的布施現生得現報，報完了就沒有了；有的布施，沒完沒了，今生得福報，來生還得這個福報，延續很久。那就講這個心的作用，發心不同，不著相的布施，那個福德就大了，這個因就深厚了，生生世世的都能享受。我們修行的時候，你不好好修行，修行的不踏實；三天打魚兩天曬網，修修又斷了，又去找別的法門，你怎麼能成嗎？成不了的。大家都懂得做飯，一次燒開把它煮好了，如果你正煮著煮著，有點什麼事一離開，回來火也滅了水也冷了，再煮，吃也沒法吃。

　　我們的修行，第一個你修行的理解力不夠，做的方法不對，不合乎佛教導的方法，很難得修成。要方法對，教導也對，你也去執行。我們好多道友最初讀經，讀《金剛經》也好、讀《彌陀經》也好，你讀任何經都可以，就是中斷，讀讀不讀了，你經常中斷，在西藏教義叫中斷魔，這是障。

　　因修不好，你想得果嗎？你想發財，不老老實實好好去做，投機取巧騙人，矇別人，你能發財？一樣的。修因的時候，要踏踏實實的，老老實實的修行。所以印光大師教人家念佛的時候，他都說：「老實念佛就好了。」但是我們看一看，誰又肯老實念佛呢？都在念，老實的不容易。我們好多修行的時候，一想想去求個灌頂，到密宗找個喇嘛大師，求個神通，神通沒求到，求個鬼神來把你迷上了，你又脫不了手，什麼也沒得到；有的還入了外道。老老實實學、老老實實修，就對了。

　　對佛的教法，就是佛化導眾生的方法，他的法門不同。我們看佛教史上，佛在印度說法利益眾生的時候，最初都遍於事，都是在事上，對比丘也好，在家居士也好，是以戒律為主的。戒全是事，你在事上不犯就可以，沒有給你講理，更沒有講圓融，講過一成一切成嗎？假使我們用法界觀來說戒律，用《華嚴經》的意思來釋攝，那就不同，有理有事。你犯一個戒遍法界的，那個罪過就大了。圓融法，一切都圓融！你犯一戒也圓融，也是把犯戒遍了，你犯了一戒，遍滿十方；你用法界觀來看戒！但是一到圓融的時候，有事有理，只有事不行，就是持戒也有理。不殺戒，不殺一切眾生，在菩薩戒裡講，你殺一眾生，罪都是殺戒的根本戒；比丘戒，則是指殺人，殺畜生不是。菩薩戒，殺人、殺蟲子、殺眾生，平等平等一樣的。

　　所以在教化當中，有純事有純理；有理事無礙，有事事無礙，現在我們學的是事事無礙。圓融當中，理就是事，事即是理，在理上是不錯的，階位不同。現在我們是凡夫，能說你是佛嗎？在《華嚴經》，就把你當毗盧遮那看待，那就理事無礙圓融；理跟事所攝受的不同。應當懂得這個道理，懂得佛所施的教法，對機說的，對什麼機說什麼法。我們從事上理解了，在你修行的時候，修觀的時候，觀想相應入到定，好像是解脫；一出定一歷事，神通又沒有了。你到某一個階位，修到什麼位子，說什麼話，不能超越的，圓教也如是。當你到三賢位不能說十地的話，十地的菩薩那個境界量，三賢位的菩薩做不到，初發心的菩薩做不到。一地不知二地事，後後能知前前，前前不能理解後後。相差一位你都不知道，信、住、行、向、等、妙六位，你理解嗎？不能圓融。華嚴法會所來的這些大眾，不論從哪個世界來的，這裡頭很多是果後行因的佛，果後行因的大菩薩，有的是登地的菩薩，三賢位的菩薩很少。有沒有？有。有剛發菩提心的菩薩，參加這個法會，他能理解。

　　因為有這麼多的差別，這麼多的行布，這叫機不同；佛所說的教法也不同，所施設的法門也不同。有的純講空門的，純講理的；有的純講事的，有的講理事無礙的。小乘、中乘、大乘三乘所修的因不同，果感的也不同。這個在〈疏鈔〉、〈合論〉兩者的解釋是有差別的，歸到最後成佛的時候，沒什麼差別。

六、所被之機

　　十玄門跟六相簡略的說這麼一下，為了將來你學經的時候，沒有罣礙，沒有滯礙。這個法是總？是同？是別？是異？大概就是被六相、十

玄所攝。事上不通到理上去找，理上就通了；理能容事，用理來容事，事就通了。如果是參禪的學者，參一個善知識，如何是祖師西來大意？祖師就給他豎一個手指頭。那參的人他明白，但是往往的舉意說，顯示的時候，理解的跟他所指示的完全相反。他明白了就行了，他也磕頭謝法走了，理解不同！就是顯的法跟那個求法者理解，在事上是完全不同的。事上他舉個手指頭，在理上他明白！一切法一真法界！心外無法，法外無心，他這樣理解的。

在禪堂，如何是祖師西來大意？或者他理解，一即一切，一切即一，他也算理解。但是表法的時候，說法的時候不一樣了。例如佛有一次說法，拈著一朵花，迦葉尊者就微笑，什麼都沒有，佛就下座了，就把法傳給他了；其他人就不知道這是幹什麼，這是對機。

有的禪和子來參的，他並沒悟也不理解，他再去參別的祖師。我記得有這麼句話，就是柏林寺的創始祖師—趙州祖師，「趙州八十猶行腳」，他八十歲了還到各地去參學了，「只緣心頭未了然」，他心裡還沒有悟得；不是沒悟得究竟，沒了然，就是還有問題。看禪宗一千七百公案，各有各的看法，你不要被人家矇蔽了，你學你的，各有各的門風。

以前到常住去參學，這個常住有這個常住的規矩，那個常住有那個常住的規矩。為什麼？他已經脫離佛制了，佛制的戒律都一樣的，這個經上都是講佛制戒律，殺人就是犯罪的，二百五十條戒，比丘是同的。到中國來的祖師，各立各的門風，馬祖看見這些僧人到處流蕩，沒有安心辦道的地方才建道場。馬祖建道場這才開始修廟，有了廟大家共住，

沒個規矩還行嗎？那時候也不是大家都學戒，戒有一定規矩，應當以戒
為師。「馬祖建叢林，百丈立清規。」百丈才立個清規戒律。

清規是什麼呢？你到這個寺廟來，這個寺廟有規矩，得照他的規矩
做，做了你才能在這個寺廟住；不照這規矩做，就不能在這寺廟住。所
以百丈祖師本身就給你做規矩，「一日不做，一日不食」，今天沒有勞
動，沒有去生產，你不要吃飯。那時寺廟都在山林裡，曠野地方，有很
多土地要種地。大家都學過戒律？常住清規種地，你拿鋤頭去刨地，犯
戒不犯戒？那不能按戒律講，得按清規講。

這就是所被的機不同，它是直指人心，見性成佛。把戒律擱到一
邊，參禪也得有個大家共住的規約，一天坐幾支香？那麼多人在一起
坐，你碰到我的鼻子，我又碰到你的眼睛，那不一天吵嘴鬧架嗎？那有
清規戒律的。你們有些個坐過禪堂的，稍微不對，維那師現在不那麼打
了，以前那香板打的很厲害。這都不是圓義，不是華嚴義；機不同，方
也不同。佛說的法都是對機說的，沒有機佛就不說，沒有所對的機，就
是沒有可度的人，因緣不契合的就不說了。

佛說法的意義，就是為度眾生；沒有眾生可度，眾生不聽你的，佛
法也就滅了。但是是什麼因緣、是什麼根機，就能明白什麼法。佛是現
十身的，對哪一類眾生就現哪一類的身體。懂得這個道理，就知道佛在
《華嚴經》所說的圓教，《華嚴經》純粹都是圓義，行布顯圓融，圓融
即是行布。你看〈梵行品〉，梵行本來是空的，但是這個全是說有；有
裡頭顯空，攝機不同。

現在就解釋《華嚴經》加被哪些人？哪些人能得到好處？這也分十

種。前五種不是學華嚴的根器，沒有信不是器。不信，就是不相信自己是佛的，不相信自己是毗盧遮那；非機，不是華嚴教導的機沒有信心。有的聞著《華嚴經》生毀謗，那要墮惡道的；不相信一真法界，不相信自己是毗盧遮那，這也不是《華嚴經》所教授的根機。或者依止《華嚴經》這種大法，成佛的大法，相信自己是佛。但是假這個甚深經意，依著《華嚴經》求名求利，這叫不淨說法，屬於邪師、邪善。善還有邪有正嗎？有的。

第三種，乖實非器，跟實際理地、一真法界乖違了，依著言，依著文，依言取文，在文字上打交道。不能超前，不能自理，不能入於心，這叫凡愚，都不是《華嚴經》的根機。

還有狹劣的，狹劣的是指的〈如來出現品〉那些二乘人，不聞此經，他連聽都沒有聽到，他在法會上如聾如瞽，像聾子一樣，像啞吧一樣，像瞎子一樣，這不是《華嚴經》的根器。

守權非器。守權，以三乘教義，狹劣的思想。三乘共教的菩薩，隨他所相信的，他所對的宗旨，所修行的行布、緣位，不信圓融俱得，這也非器。

這些菩薩在那麼長時間行菩薩道，沒有聽到《華嚴經》；或者有時候聞到，不信不解，不順不入，不隨順《華嚴經》，不隨順華嚴的意思，不得名為真實菩薩，不屬於《華嚴經》所教授的，這都是非器，非器就是不是華嚴的根器。《華嚴經》對哪一類根器說的呢？一乘圓機，專對著唯一無上乘，一乘的圓機。此經不為餘眾生說，只為圓機一類眾生說的；單為大乘不思議乘菩薩說的，這就是當機眾。《華嚴經》來的

十方諸大菩薩,都是當機眾。一運一切運,行布及圓融,深不思議,又能遍達諸教。前頭所說的諸教義,都被華嚴所攝受,廣說是不思議的,這不是餘境界所能知道的。

修普賢行的人,入普賢行方能入;純粹第一機,華嚴機,一乘圓教機,這是正機。又能遍達諸教,廣不思議,不是其餘的境界所能知道的。在〈如來出現品〉上經文是這麼說的,像食金剛一樣,他能成就。吃了金剛,金剛不會化,不會壞的,乃至於十地頓入,大海、劫火、山災、水災、火災,不能被炸,這還沒悟入,只是說信。信就是不謗毀,認為這才是真正的事實,成佛的種子,這叫兼為。當機正為的,就是一乘圓機;兼為的,他雖然沒能悟入,但是他能信,信《華嚴經》是成佛的種子,所以第二種叫兼為。

三種是引為。引是引入,引權教的菩薩,沒有受圓教法的,在十地之中寄位的菩薩,借著三乘行布的名,同於我法,同入法界法,後一熏習,信入圓融。離開這個究竟的圓滿法,無所歸故。權教的極果,就權教的佛果,無實事故,權為的,不是真實的。二乘人、聲聞、緣覺、不聞,連聽都聽不到,何況能受持嗎?不能受持,還能行嗎?講〈普賢行願品〉,或者《華嚴經》的教義,一單行本的,乃至〈淨行品〉、〈梵行品〉。

你到泰國、緬甸、斯里蘭卡,南傳的佛教,他根本不信,他說這是胡說八道,他沒有辦法進入。或者是二乘人,在法會參加華嚴法會,如聾、如啞、如盲,不能啟悟,也不能回小向大,不能回心,如果回心了還能入。但是《華嚴經》加被的一些凡夫、外道、闡提,他們都有佛

性，現在雖不信，他只要能聽到《大方廣佛華嚴經》的名字，以後因緣成熟了，還是可以信。

〈如來出現品〉中，如來的智慧如大樹王一樣的，到處都能生長，但是有兩個地方不能生長沒有利益，哪兩種呢？二乘，墮無爲坑；壞善根，非器眾生，邪見、貪愛，這部經他沒辦法進入，這都是非器。不信，還要譭謗，他能不能得到利益呢？也能得；由譭謗的緣故，他接觸這部經了，他有醒悟的時候，不過時間就長了。什麼時候醒悟？對於生下來就是瞎子，從來也不知道太陽，太陽是什麼樣子，他得到利益不？他能得到利益。得到什麼利益？太陽出來，曬著溫暖，陽光的成長；一切眾生都有佛種性的基本觀點，一切眾生都具足佛的種性，如果等他的因緣成熟了，聞到這部經，乃至加持過或者他謗毀過這部經，這都算種了善根。

一切的眾生都是華嚴經所加持的

這部經所加持的眾生，從遠的來說，一切的人都是所被之機。加被哪一類根基呢？有遠的有近有未來的，這種道理非常非常的深遠。這一法是應機而說的法，應眾生根機而設立的教，但是這種教義非常的深遠，非常的宏大。

究竟是對什麼根機說的呢？約明能應者，應者就是聞到這個法，能夠信入，非要信不可的。像我們應當慶幸，比這個非機的多一個感；有個感，《華嚴經》就應了。感是我們的希求，我們的願望；應就是教海，就是佛所說的教義，佛說的教義來加被我們。佛說的是圓滿的教義，佛的語言是圓音。

如來一音演說法，眾生隨類各得解。他要有這個因緣，如果因緣很少，例如邊地疑城（八難之一），怎麼能聞到佛法？聞不到的，除非轉化。但是從學《華嚴經》你才知道，把佛所說的圓滿教義，簡簡單單的說，了生死斷煩惱，這就是佛所說的法，這完全是小乘教義，不夠完整的。佛所教的是圓滿法，叫成佛，你要想了生死，成佛才是真正的了生死，成佛才能解脫，這個意義非常的廣非常的深。必須得有這種根機的人，才能聽這種法。說《華嚴經》的是究竟的佛，說究竟的法，但是把它總合起來還是十種，前五種不是法器，後五種就是法器。

第一種無信，不信就不是法器。這個不是法器，不是《華嚴經》的根器，他不信還怎麼能學呢？他不學還怎麼能解呢？不解怎麼能行呢？不行怎麼能證呢？所以他不入。不但不信他聽了還要謗毀，以為很荒唐，這樣理解的就是生謗毀；生謗毀就有罪，謗圓滿的教義，要墮惡道的，這不是華嚴的根器。

第二種違真。不信一真法界，不相信自己的真心，不信自己就是毗盧遮那，這不是法器。你必須相信自己是毗盧遮那佛，有這個信心，才算是法器。沒有這個信心這就叫違真非器，那是沒有辦法學的，不信怎麼能學呢？

「違真非器，依傍此經，以求名利，不淨說法，集邪善故。」他不信，但他可要依著《華嚴經》騙人、騙錢、求名利，這些都不是華嚴的根器。想得個好名聲，求人家的供養，所以讀《阿含經》不如讀《華嚴經》，讀《華嚴經》的功德好大！讀《般若經》也不如讀《華嚴經》，誦《金剛經》不如誦《華嚴經》。為了名、為了利，這樣並不是信仰此

經，那不是此經的法器，這叫不淨說法，為名利故。為名利就是不清淨，就叫污染。什麼叫邪善呢？凡是不信自己是毗盧遮那佛，所做的一切善事都叫邪善。僅《華嚴經》這樣說，不然人家受了三歸五戒，乃至持戒律的，都叫邪善，那還行嗎？不是這樣解釋的，就是不能入法界的，在《華嚴經》叫邪善。持五戒的功德，十善的功德，受比丘戒的功德，如果以這些心情來讀《華嚴經》，還是三皈五戒的那種理解，這在《華嚴經》是不正知。這僅在《華嚴經》說，其他經論不能這樣說，這是《華嚴經》的正知正見。學《華嚴經》的不能求名利，連二乘的、權教的、大乘的都把它放棄了。在《華嚴經》這些都叫邪見，不能圓滿究竟一乘，都屬於邪見。

清涼國師、方山長者李通玄和道霈禪師，他們都是這樣認識的，這是《華嚴經》裡所說的。這個「邪善」跟下地獄的「邪善」不一樣，這是根據「唯此一事實，餘二則非真」的，叫它邪。只有華嚴才是正知正見，其他業都不合乎華嚴的要求，因此而說邪，這跟邪知邪見的邪是有大大的區別。可不能說行十善，受三皈五戒是邪知邪見，《華嚴經》是這樣批評，這是深不可思議的！龍樹菩薩取回來這部經，不叫大方廣，叫《大不思議經》，專為大乘不思議菩薩說的，這是第一種，正為之機。

在一切教義之中，遍達一切諸教，這種菩薩他所說的法，沒什麼大小，不起分別。你要把他分別了，就跟他的知見不一樣，所以這樣來定他邪知邪見。像苦集滅道、十二因緣、六度萬行菩薩法，《華嚴經》都能容攝都能通達；但是苦集滅道的法不能通達華嚴，乃至人間的星相、醫卜、法術，學華嚴的菩薩都應通達，廣不思議妙用無妨。《大方廣佛

華嚴經》不是其他境界的人所能知道的,唯有行普賢行願的方能得入。

不相信佛的功德　你最好多讀讀普賢行願品

如果我們入不進去,連基本的條件都建立不起來。不相信自己是毗盧遮那佛,不相信佛的功德,你最好多讀讀〈普賢行願品〉。如果讀不懂、發不起行願來,你把時間延長一點,讀上十年二十年天天不斷,你對華嚴境界信得及。但是起碼得二十年的功夫,不然你沒辦法進入。讀二十年《華嚴經》,不要誰給你講,你自己就會懂得。懂得之後,不能代表你就解脫;懂得歸懂得,信了不譭謗了,懂得了你還要修。修的時候就是使你的心跟普賢的行願融合在一起,圓融無礙,這樣才是當機眾,才是圓機的菩薩。因此說前頭的那些功德不大了,不淨說法,或者邪知邪見。在哪一教義,說哪一教義話。

華嚴經七處九會是頓演的

此經七處九會,沒有行布的,是頓演的;七處都在說,這是當機眾,圓融法是不捨一切的;完了又是兼為,說現實他不能用,只要有一個信不思議法的信心,就變成華嚴大法的種子。而後這個種子要生現行的。所以在〈如來出現品〉說,就像吃了金剛似的,不會消化的,胃怎麼能消化金剛?所以在經文裡頭,「地獄天子,十地頓超」。在地獄裡頭,一下子頓超十地就成佛了。大海、劫火都不能作障礙,劫火焚燒也不能給他作障礙,他是通行無阻的。但是他還沒有證入還沒有悟入,所以叫兼為;兼為不是正為,前面是正為。在〈十地品〉是這樣說的,「雖在海水劫火中,堪受此法必得聞」。不管你在什麼苦難之中,能聞

到《華嚴經》的法，雖然在地獄或在餓鬼道，或在劫火，或正在受苦難的時候，他也能聞到此法，這叫不可思議！一聞即能入，這叫兼爲。

　　第三種引爲。什麼叫引爲呢？前面說的不是當機，不是給他們說的，他可以作將來的引導。權教菩薩不能接受圓融法，但是有些大乘菩薩，寄到三賢位，顯示殊勝，寄位顯勝。借其三乘行布的名，作他華嚴一乘的法，對他左右的熏習，使他們能夠信入圓融。「欲令入佛道，先以欲鉤牽」，讓他入佛道，引誘他。佛教導我們，要想引導不信佛的，必須用五欲境界來攝受，使他漸漸的能夠進入，進入之後他自然就能斷五欲；最初不信，要漸漸引導他信。

　　還有熏習，用圓滿的教義來熏習他；用淨法來學習，就是薰染變成淨法。如果你遇到惡的朋友，惡的道友，他把你熏習從淨變染，變染的時候越陷越深。如果你周圍的朋友都吸毒，你很好奇，只吸一口，漸漸就熏上了。究竟了義的大菩薩，對那不信圓滿教的，經常熏習他們，那些道友們共同學習的時候，漸漸地學習，他漸漸就信了；信圓融法了，最後也歸入此法界。權教的佛果無實事故，未入理實法界之前，權教的果位不是究竟的。所以在《華嚴經》講十信滿心的初住菩薩，他能示現八相成道，他是示現的，不是真實的；是圓教熏習力故，諸佛加持力故，所以能示現八相度眾生，這是權教的極果，登初住就有這種力量。

　　第五種是遠爲。對一切的凡夫、外道、闡提，闡提翻「信不具」，對佛教都沒有信心，還說什麼圓法？但是一切眾生跟佛都無二無別的，都有個種子。熏習，讓他種子發芽，現在不行，經常熏習他，將來他會念《大方廣佛華嚴經》。念那麼一句《大方廣佛華嚴經》的名字，他毀

謗也種了善根，聞這麼個名字，就結了因緣。所以〈如來出現品〉說，「如來智慧大藥樹王，唯除二處，不能爲作生長利益」。所謂二乘墮無爲坑，壞善根非器。二乘入禪定之後，他認爲入了涅槃，無爲了，這個無爲不是真正的無爲，不是一真法界的無爲，還有壞的善根。一點善根都沒有的，那不是根器的眾生。

還有信大邪見，信貪愛。諸大菩薩要是不把這些眾生包括在內，那就不圓了。就是這些大邪見的眾生，菩薩也不捨，慢慢熏習，沒有一個眾生不能成佛。與彼無厭倦，不捨離他們，這是華嚴義。第三種不是法器的，是諸邪見者。第四種非器的，是墮深坑者。揀別他們的時候，佛對他們也不捨棄，慢慢地熏，誘導他們熏習他們，讓他們成就圓融的種子。在〈如來出現品〉說，那個不信的毀謗的也可以種善根，必須得聽到《大方廣佛華嚴經》，他聽到《大方廣佛華嚴經》才毀謗，聽到了才毀謗，這也種點善根種子。雖然是毀謗，一歷耳根終成道種，總有醒悟的時候。如盲人，他沒有看過太陽，但是太陽的溫暖，他還是享受的到，這是加持義。

又如破塵出經卷喻，若除妄想皆見佛智。妄想除掉了就能見佛智；把妄想除掉了，就是佛的智慧。另外一切眾生都有佛性，要住在性上，那就是所爲，就是爲一切智上說《華嚴經》。況且法性圓融，感應交徹，沒有一法，而非所被，沒有一類眾生不是佛所加被的。先是揀別前五種非器；後來是攝受，這才叫圓義，不如是就不圓義了。這些眾生雖然不是根器，成佛的時間長遠一點，但終究能成佛，只要他肯接近，就能有這麼一個因緣。這部經所被之機，大方廣加持一切人。最後總結說，沒有一個眾生不得利益的；沒有一個眾生不得華嚴的好處，也就是

加持一切眾生。

華嚴經囑託大心凡夫去流傳

此經的法門咐囑何人？囑託誰去流傳呢？大心的凡夫。誰發菩提心，誰發願流傳《大方廣佛華嚴經》，交給他們來傳播。此經付囑的是最上的大心凡夫，這叫大凡勝小乘；大心的凡夫勝過小乘的聖人，唯求如來不思議乘。「生佛家者，若無大心凡夫，此經當滅。」沒有大心的凡夫發心弘揚《華嚴經》，《華嚴經》很快散滅。「何以故？」為此經難信，沒有聖說，凡夫是不信不證，此經當滅！「若聖位菩薩有一切世界微塵數，如來何慮此經散滅？」這部經有一切佛世界微塵數那麼多大菩薩來弘揚，就不會散滅的。「當知如來意，令諸大心凡夫而起信修」；目的是讓他們信，讓他們修。「得生佛家，不念已齊佛位諸菩薩眾，諸有行者，應如是知。」

這都是三大聖的囑託之言。清涼國師、方山長者李通玄、道霈禪師，都囑託這部經的流傳。

我們這是漫談，也叫懸談，還沒有開始講經。根據懸談的義理，大家在經文遇到不通的時候，你把六相、十玄，這麼一懸就懸過去了，經就通了。為什麼要懸一下呢？懸了讓你明白經。特別是〈如來出現品〉，很難的理解，為什麼呢？佛果的事，我們凡夫很難的進入。懸談就是這個涵義。

例如我們常誦的〈普賢行願品〉，看著是懂了，要是一講，你不懂了。人家一問你答覆不出來了，是這個涵義。就像我們當和尚，不管

女性、男性，一出家了平等平等，腦殼一剃，誰分你是男的，是女的，有好多分不出來的。當了和尚入了佛家，這是你當學的；在你當學的時候不去學它，不當學的時候你才要去學，你不是顛倒嗎？我們很少是為了學華嚴來出家的！諸位道友，你們回憶一下，你們哪位是為了弘揚華嚴，為了學華嚴出家？你是剃了頭到了佛教之內，才知道《大方廣佛華嚴經》，以前連影子都沒有。法堂這麼關著，來一個外人不知道的；在哪個門入，到處都是玻璃門，我們裡頭關上他進不來，在哪個門入？沒有你入門的地方，懂得這個涵義嗎？

這五、六十年當中，我所接觸的出家人，沒有聽見說我是學《華嚴經》的，很少很少。辦華嚴佛學院的，越來越少了。在慈舟老法師的上一代，月霞老法師弘揚華嚴的時候，處處是障礙，辦一個華嚴佛學院，搬了好幾次家；這地方辦不成了，又搬到那去了；這又辦不成了，又搬到那去了。他最初讀的只是三年，三年學《華嚴經》，我的老法師跟我講，障礙特別多。我還好，沒有什麼障礙。為什麼？我不講。不講就沒有障礙；我也不弘揚，沒障礙。

現在這回要講了，估計障礙很少了，但也不見得，業障還沒有發現。我的業障沒發現，大家的業障也沒發現；業障一發現了，業不由己，你的願力被業障給你取消了。願不成也沒有關係，我們能夠把《大方廣佛華嚴經》大意講完了，也算是一部《華嚴經》大意，說的都是《華嚴經》，現在我們的收穫如何？信不信你自己是毗盧遮那？好好想一想，信了就是我們的收穫；沒信，現在開始信，還是沒辦法信，多拜拜〈普賢行願品〉！讀誦也可以了！你就信了。

第十九講竟

國家圖書館出版品預行編目資料

淺說華嚴大意/ 夢參老和尚講述/ 方廣文化彙整編輯.
--初版--,臺北市 ；方廣文化 ，2009.09
面： 公分 （大方廣佛華嚴經） （八十華嚴講述）
ISBN 978-986-7078-25-4 （精裝）
1.華嚴部
2212   98015151

《大方廣佛華嚴經》八十華嚴講述

淺說華嚴大意

主　　講：夢參老和尚 講述
錄影/打字：普壽寺華嚴部
文稿校正：釋惟參、釋宏德、釋見輝等
彙整/編輯：方廣文化編輯部
出　　版：方廣文化事業有限公司 ◎地址變更：2024年已搬遷
住　　址：台北市大安區和平東路 通訊地址改爲106-907
　　　　　　　　　　　　　　　　台北青田郵局第120號信箱
　　　　　　　　　　　　　　　　（方廣文化）
電　　話：02-2392-0003
傳　　真：02-2391-9603
劃撥帳號：17623463 方廣文化事業有限公司
電子信箱：fangoan@ms37.hinet.net
美編設計：Ray Ko 、 Michelle
印　　製：鎏坊工作室
裝　　訂：精益裝訂股份有限公司
經 銷 商：聯合發行股份有限公司
電　　話：02-2917-8022
傳　　真：02- 2915-6275
出版日期：2023年6月 二版二刷
定　　價：新台幣399元 （精裝）
行政院新聞局出版登記證：局版臺業字第六〇九〇號
No：H208 ISBN：978-986-7078-25-4
網　　址：http://www.fangoan.com.tw

對本書編輯內容如有疑義歡迎不吝指正。
裝訂如有缺頁、破損、倒裝請電：(02)2392-0003

◎ 本書經夢參老和尚授權方廣文化出版發行　　Printed in Taiwan

.

方廣文化出版品目錄〈一〉

夢參老和尚系列
書　籍

方廣文化出版品目錄〈二〉